Verhandlungen

des

Fünfzehnten deutschen Juristentages.

Herausgegeben

von

dem Schriftführer-Amt der ständigen Deputation.

Erster Band.

Berlin 1880.
Commissions-Verlag von J. Guttentag.
(D. Collin.)

Inhaltsverzeichniß.

Gutachten.

I.

Gutachten des Herrn Professor Dr. Adolf Exner zu Wien

über die Frage:

Ob und unter welchen Voraussetzungen das constitutum possessorium mit der Wirkung der Besitzübertragung für bewegliche Sachen auszustatten ist.

Die gestellte Frage beschränkt sich ihrem Wortlaute nach auf die Wirkung des C. P. hinsichtlich des Besitzwechsels. Wir wollen sie demnach zunächst in dieser Beschränkung beantworten, aber doch schließlich auch einen Blick auf die Funktion des C. P. als Eigenthums- und Faustpfandbestellung werfen; denn hier liegt die Frage insofern einigermaßen anders, als Gründe vorliegen, welche de lege ferenda dafür beigebracht werden können, daß dem C. P., auch wenn man es mit der Wirkung der Besitzübertragung ausstattet, dennoch die Wirkung der Eigenthums- und Pfandrechtsgewährung (oder auch nur der letzteren) durch besonderen Rechtssatz abzusprechen sei. —

Wenn man die Frage so formulirt, wie sie uns oben gestellt ist, ob nämlich das C. P. mit der fraglichen Wirkung auszustatten sei, so tritt uns schon in dieser Fassung ein Anklang an die Anschauung entgegen, welche der ganzen vorsavigny'schen Jurisprudenz geläufig war, und bekanntlich dahin ging, daß das C. P. etwas singuläres sei, ein besonderer Besitzerwerb (solo animo), und nicht ein normaler Fall der Apprehension durch Stellvertreter; denn würde letzteres als feststehend vorausgesetzt, so hätte gefragt werden müssen, ob dem C. P. die (ihm natürliche) Wirkung der Besitzübertragung durch gesetzliche Singularbestimmung aus besonderen Gründen zu entziehen sei? Und in der That ist ja nicht zu verkennen, daß dem C. P., zumal in den Augen der praktischen Juristen, noch bis heute etwas von der Kuriosität anhaftet, als welche es unsere Vorfahren zu betrachten gewohnt waren. Die von allen Lehrbüchern seit einem Menschenalter wiedergegebene Darlegung Savigny's,*) wonach das C. P. ein ganz gemeiner Anwendungsfall der Besitzerwerber durch Stellvertreter ist, hat eben doch nicht ganz durchgeschlagen, obwohl sie eine theoretische Widerlegung von keiner Seite erfahren hat, und in ihrem wesentlichen Kern auch niemals erfahren wird. Woran also liegt es, daß gleichwohl auch heute die Tradition durch C. P. — obzwar nicht mehr als „mirabile mundi" (Azo) angestaunt oder als „nobilissima species, inter traditiones fictas" (Leyser) gerühmt — so doch als eine Abart der Tradition immer noch der eigentlichen und normalen Tradition in Gedanken entgegengesetzt wird? Handelte es sich dabei blos um die Anwendung auf dem Gebiet des Verkehrs mit dinglichen Rechten, so möchte es seine Erklärung allenfalls darin finden, daß man für diesen Verkehr eine für Dritte sichtbare Verkörperung, also eine äußerliche Bewegung des Objektes, aus Gründen, auf die unten noch zurückzukommen sein wird, verlangt. Für die Besitzfrage eben, wo es sich doch um die Feststellung eines zunächst rein faktischen Verhältnisses handelt, können solche Erwägungen nicht in Betracht kommen; auch bestreitet ja Niemand, daß mein Beauftragter, der für mich kauft und apprehendirt, sofort mir den Besitz erwirbt, auch wenn kein Dritter das Stellvertretungsverhältniß kennt, und doch erscheint hier eben wie beim C. P. die Frage, wer Besitzer geworden, ganz und gar von dem nicht greifbaren inneren Verhältniß zwischen dem Vertreter und seinem Prinzipal abhängig.

In der That scheint mir (wie ich schon vor Jahren nachzuweisen versuchte), die savigny'sche Lehre ihren theilweisen Mißerfolg auf dem in Rede stehenden Punkte selbst verschuldet zu haben, indem sie sowohl von ihrem Urheber selbst als von seinen Nachfolgern im Einzelnen nicht ohne Rückfall in die alte Lehre von der Uebergabe „durch bloße Erklärung" durchgeführt ist, was zur Folge hatte, daß dem richtigen Gefühl der Praxis zwischen den Ergebnissen der alten und der neuen Theorien kein durchgreifender Unterschied sich ergab. Hätte man mit der Durchführung der richtigen Ansicht vollen Ernst gemacht, d. h. hätte man nach vorheriger genauerer Feststellung des Thatbestandes, auf welchem in allen Fällen das possidere per alium beruht, die Elemente dieses Thatbestandes auch im Falle des

*) Der Kürze halber nenne ich hier und im folgenden nur die Namen der citirten Autoren; die gemeinten Stellen, sowie weitere Literaturnachweise sind aus Windscheids Pandekten § 155, und Randa's Besitz, 3. Aufl. § 20 zu entnehmen.

C. P. streng erfordert, so würde aller Anstoß zu Bedenken und damit die hier besprochene Gesetzgebungsfrage selbst entfallen sein; es würde offen herausgetreten sein, daß eine Gesetzgebung, welche dem C. P. die Kraft des Besitzerwerbes benimmt, sofort zur Aufstellung von Besitzfiktionen gelangen muß, nämlich einerseits zur Gewährung des Besitzschutzes, wo thatsächlich der Besitz fehlt, und andererseits folgeweise zur Verweigerung dieses Schutzes, wo der Besitz doch besteht, — also gerade zu jenen verworrenen Zustand der Besitzlehre, den Savigny vorfand. Ein alltägliches Beispiel mag dies zeigen. Einem Pferdehändler und Stallhalter, der zugleich aus der Pflege fremder Pferde ein Geschäft macht, habe ich brieflich ein bestimmtes Pferd abgekauft und es ihm zugleich um einen bestimmten Monatspreis in Kost und Stall gegeben. Vom Augenblick des Abschlusses beider Geschäfte wird er natürlich das verkaufte Thier als fremdes behandeln (also z. B. nicht mehr zu eigenen Zwecken benutzen), es in jeder Weise seinen übrigen Pflegepferden gleichstellen und mir zur ausschließlichen Verfügung halten; er weiß jetzt eben auch, daß ein zufälliger Schaden, der das Thier trifft, ihn nicht mehr gefährdet, falls er es nur an der erforderlichen Sorgfalt nicht hatte fehlen lassen, — kurz er sieht dasselbe als ihm anvertraute fremde Sache an, genau wie alle jene Pferde, die von mir oder Dritten sonst bei ihm eingestellt wurden, ohne je ihm eigen gewesen zu sein. Juristisch ausgedrückt, er hat vom Augenblicke des perfekten C. P· an keinen animus possidendi mehr, sondern detinirt das fremde Stück blos ex mente, ut operam dumtaxat tuam accomodaret (L. 1. § 20. D. de acqu. poss.). Würde nun die Gesetzgebung des Landes sagen, das C. P. sei nicht geeignet, den jurist. Besitz zu übertragen, so würde sie unserem Mann im Widerspruch zur klaren Thatsache seines animus non sibi, sed alteri possidendi den Besitz zusprechen, d. h. bei ihm fingiren, und ebenso, auf Grund einer reinen Fiktion, mir den Besitz absprechen, der ich einerseits den Besitzwillen gewiß habe und andererseits durch den Mittelsmann genau dieselbe faktische Verfügung über jenes eine Pferd habe, wie über meine anderen Pferde, die ich ihm etwa vor meiner Abreise persönlich zur Pflege übergeben hatte, ohne sie vorher von ihm gekauft zu haben.

Also das Ob der hier verhandelten Frage wird jede Gesetzgebung grundsätzlich bejahen müssen (womit nicht gesagt ist, daß dieß ausdrücklich zu geschehen habe), wenn sie nicht von den natürlichen Grundlagen des Besitzes und Besitzerwerbes abkommen und in das Labyrinth der Besitzfiktionen gerathen will. Mithin kann es sich uns weiterhin nur noch um die Voraussetzungen handeln, unter welchen ein Besitzwechsel im Wege des C. P. angenommen werden soll.

Ganz richtig hat die herrschende Lehre nach Savigny diese Voraussetzung theoretisch dahin formulirt: Tradent müsse (in Uebereinstimmung mit dem entsprechenden Willen des Empfängers) den Besitz für sich aufgeben und zugleich die Detention namens des Empfängers antreten. Allein für die richtige Anwendung dieses richtigen Satzes hat man sich sofort den Weg verlegt, indem man (und zwar schon Savigny selbst in der letzten Auflage seines Werkes) an Stelle der thatsächlichen Besitzaufgabe unverwandt die Erklärung des Tradenten, daß er den Besitz aufgeben wolle, gesetzt hat. In dieser Verwechslung von Wort und That liegt der Irrthum der heute geltenden Lehre, und in seinen Folgen die Veranlassung zur Aufstellung unserer Gesetzgebungsfrage. Denn, wenn in verschiedenen Wendungen gelehrt wird, es bedürfe um den Besitzwechsel sofort herbeizuführen nur einer hinreichend deutlichen Erklärung, daß die Sache hiermit übergeben sein solle (Goldschmidt), daß sie dem Empfänger nun gehören, u. s. w. ja wenn aus konkludenten Handlungen im Interesse des Empfängers wie Absendung u. dergl. eine solche Erklärung und damit das C. P. gefolgert, und schließlich sogar dieses in jegliche Verabredung des Eigenthumsüberganges hineingelegt wird „sofern nicht ausdrücklich das Gegentheil erklärt ist“ (Hauser), — so triumphirt das Wort, und wir haben in Wahrheit eine Tradition „durch Erklärung“ (wie sie das österreichische Gesetzbuch nennt) anstatt der dem heutigen gemeinen Recht angeblich allein bekannten Tradition durch Besitzübergang. Der Besitz wird durch Worte weder verloren noch erworben, sondern nur durch Thatsachen; Worte, unter gewissen Umständen gesprochen, können Symptome für den Bestand von solchen Thatsachen sein, niemals aber diese ersetzen. Fragen wir nun, auf welche Thatsachen es vorliegendenfalls ankommt, so ergibt sich zweierlei: es muß etwas geschehen sein, wodurch der bisherige Besitzer „das Gefühl seiner unabhängigen Macht über die Sache“ (Keller) verloren hat (was durch Erklärungen nicht geschieht, sondern durch das faktische Zurückziehen des Besitzwillens aus der Sache, Entfremdung), und sodann, es muß der Tradent sich wirklich zum Werkzeug des gegnerischen Besitzwillens machen und dadurch einen faktischen Zustand herbeiführen, wonach jener, indem er in gewisser Richtung über seine Person verfügt, durch dieselbe über die Sache verfügt. Solches Sich-Unterwerfen unter die fremde Verfügung, solche Bereitschaft, sich mit einer Sache, deren wir uns bereits entäußert haben, gleichwohl weiterhin zu befassen, was Mühe, Sorge und Verantwortung in sich schließt, wird in Wirklichkeit nicht vorkommen (was immer „erklärt“ sein mag) ohne einen triftigen Grund, sei es in einem Interesse des Constituenten an dem ferneren Behalten der Sache, oder in einer darauf gerichteten Verpflichtung desselben. — Die ganze Frage also reduzirt sich zuletzt dahin, ob hinter jenen Erklärungen auch die Thatsachen liegen, auf welchen der Besitzwechsel beruht. Und hiermit hat es die herrschende Lehre allzuleicht genommen, indem sie an den Worten hängen blieb, ohne von Fall zu Fall der Sache selbst auf den Grund zu gehen. Denn nur der Grund (causa), aus welchem der Tradent die erklärtermaßen aus dem Besitz gelassenen Sachen gleichwohl auch weiterhin in Detention behält, läßt erkennen, ob jene Erklärung eine leere Formel war, oder der Ausdruck der Thatsache, auf die es hier ankommt, und die auch ohne ausdrückliche Erklärung in sich selbst den Besitzwechsel enthalten würde. Wer also Besitzerwerb durch C. P. für sich behauptet, der hat durch Produktion irgendwelcher Erklärung des angeblichen Tradenten allein noch nichts bewiesen; soll der Richter die Ueberzeugung gewinnen, es sei in der That ohne direkte Apprehension der Besitz auf den Nehmer übergegangen, so so muß ihm dargelegt sein, wieso der Geber dazu kam, von einem gegebenen Moment ab nicht nur seinerseits von der Sache sich loszusagen, sondern überdieß auch noch dem Empfänger derselben seine Kräfte zur Verfügung zu stellen (operam suam accommodare) um ihm die Sache zu erhalten; ersteres ergibt sich aus der causa traditionis, letzteres aus der davon ganz verschiedenen causa detentionis des Tradenten, als z. B. Miethe, Verwahrungsvertrag, Leihe u. s. w. Aus einem Verhältniß dieser Art muß erhellen „daß wenn die Sache körperlich wäre übergeben worden, sie zurückgegeben worden sein würde" (Windscheid). Wo die Sache nicht so liegt, geht aus den noch so deutlichen Parteierklärungen — wenn dieselben überhaupt einen Willen enthalten, und nicht, wie (nach Leyser) die „vox trado" in älteren Verkaufsurkunden, blos dem Kanzleistyl angehören — nur dieß hervor, daß die Kontrahenten jene Rechtswirkungen unter sich herstellen wollten, welche gesetzlich mit der Besitzübertragung verknüpft sind (insbes. also Eigenthumsübergang); ob sie das von Rechtswegen können, ist eine andere Frage, wenn sie aber auch könnten, so würden sie eben ohne Besitzwechsel ihren Zweck erreicht, nicht aber durch ihre Erklärungen den Besitzwechsel bewirkt haben.

In den römischen Quellen findet diese unsere Auffassung einen doppelten Anhalt: Einmal darin, daß alle Stellen, in welchen Besitzwechsel durch C. P. anerkannt wird, die konkrete causa retinendi des Tradenten innerhalb des vorgelegten Sachverhaltes deutlich heraustreten lassen; nirgends wird gesagt, der Besitz übergehe durch die Erklärung, daß u. s. w., sondern immer, wir erwerben den Besitz, wenn wir das gekaufte Grundstück zugleich an den Verkäufer verpachtet, ihm zu Nießbrauch gelassen haben u. s. w. Sodann aber existirt ein Popinianisches Responsum (L. 48 D. de acqu. poss.), welches genau unsere Streitfrage trifft, indem es davon ausgeht, daß der

Empfang einer Schenkungsurkunde mit der darin enthaltenen Erklärung des Schenkers „se tradidisse possessionem“ den Besitzerwerb noch nicht bewirke.

Es bedarf nicht der Ausführung, daß wir keineswegs etwas dem C. P. Eigenthümliches verlangen, wenn wir darauf bestehen, daß beim Constituenten eine causa detinendi erhellen müsse; gilt doch auch der herrschenden Lehre bei jedem Besitzerwerb durch Stellvertreter als erstes Erforderniß, daß der Apprehendirende eben als Stellvertreter handle; dieß aber, die Realität des Vertretungsverhältnisses beruht ja auf der causa in unserm Sinne, d. h. auf jener Beziehung zwischen den betreffenden Personen, welche die eine dazu veranlaßt, sich zum Erwerbswerkzeug der andern zu machen. Nur entfällt in diesen einfachen Fällen die Nothwendigkeit, die causa zu urgiren, weil sie meist ohnehin auf der Oberfläche liegt, und weil zu leeren Erklärungen hier keine Veranlassung und Versuchung besteht. Beim C. P. aber ist der Verdacht naheliegend, daß in der betreffenden Parteierklärung nicht sowohl der Wille enthalten sei die Tradition zu vollziehen, als vielmehr dieselbe zu umgehen, indem man darauf zielt, durch nackte Worte zu erreichen (nudo pacto), was von Rechtswegen nur durch thatsächlichen Besitzwechsel erreicht werden soll. Da erscheint es geboten, jenes Wort auf seine reale Unterlage hin zu prüfen und das geschieht eben durch das Zurückgehen auf die umliegenden Verhältnisse, welche allein aufklären können, ob der angebliche Constituent wirklich für den andern detinirte, indem sie aufklären, warum er es that.

Hat unsere Betonung des der beginnenden Detention der Constituenten unterliegenden Rechtsgrundes den eben besprochenen Sinn und Zweck, so versteht es sich, daß für unsere Frage gar nichts darauf ankommt, ob das betreffende Rechtsgeschäft in concreto ein giltiges und daher rechtsverbindliches ist oder nicht. Denn der Uhrmacher, welcher mit dem Käufer seiner Uhr einen Vertrag auf Reparatur derselben geschlossen und sie aus diesem Grunde behalten hat, ist darum nicht minder sofort faktisch zum Besitzstellvertreter jenes geworden, weil etwa später hervorkommt, daß der Wortvertrag wegen eines Mißverständnisses über den Preis u. dgl. nichtig war. Die gegentheilige Ansicht — sie ist nur von Reuling vertreten, bei Randa irrthümlich auch nur unterlegt und mit Recht verworfen — verkennt durchaus, daß die einzige Funktion der causa in unserem Falle die ist, zur Klarstellung des faktischen Verhältnisses zweier Personen hinsichtlich einer Sache zu dienen, zu welchem Ende es eben nur auf den faktischen (äußerlichen) Bestand des Geschäftes ankommen kann. Die Antwort auf die Frage, wer Besitzer sei, kann niemals von der ganz heterogenen Frage nach der inneren Gültigkeit eines Rechtsgeschäftes bestimmt werden; das hieße die Thatsache von der Rechtsfrage abhängig machen, also das richtige Verhältniß beider umkehren. — Neuerlich haben einige Schriftsteller (Ruhstrat, Vangerow) neue Schwierigkeiten für die Anwendung des C. P. in dem besondern, aber alltäglichen, Falle erhoben, wo der Constituent den zu übertragenden Besitz selbst wieder durch einen Stellvertreter ausübt. Es wird nämlich behauptet, alsdann sei der Besitzwechsel durch ein C. P. zwischen den beiden Kontrahenten allein gar nicht ausführbar, es müsse vielmehr der Unterstellvertreter des Tradenten einwilligen, erst durch dessen Entschluß komme ein C. P., und zwar unmittelbar zwischen ihm und dem Besitzerwerber, zu Stande; die praktisch richtige Folge wäre, daß wenn jener seine Mitwirkung an dem Uebertragungsgeschäft weigert, dasselbe erst auf einem weiten Umweg (indem Tradent vorerst seinem Stellvertreter die Detention, eventuell durch Prozeß, abzunehmen hätte) vollzogen werden könnte. Diese — schon von Randa ausführlich zurückgewiesene — Ansicht beruht auf der irrigen Vorstellung, als ob der Besitzstellvertreter den Besitz des Vertretenen „ausübe" (wie etwa ein procurator das Klagerecht seines Auftraggebers ausübt), wonach dann nichts zu repräsentiren übrig bleibt sobald das auszuübende Recht beim Prinzipal erloschen ist. Aber dabei ist die wahre Natur der Besitzstellvertretung gänzlich verkannt: mein Detentor kann zugleich Rechte an der Sache für mich ausüben, also mein Repräsentant in diesem Sinne sein, aber als Besitzstellvertreter ist er wesentlich nur mein faktisches Werkzeug; nicht er übt meinen Besitz aus, sondern ich übe denselben durch ihn aus, wie in anderen Fällen durch einen Wachhund oder einen geschlossenen Kasten. So lange er mir faktisch zu Dienste ist, habe ich die Macht über die Sache; möglicherweise nun hielt ich diese Macht von Anfang an zur Verfügung eines Dritten; dann war immer dieser der Besitzer, und es kam niemals etwas darauf an, ob das letzte Glied in der Detentorenkette, durch welche ihm die Verfügung über das Besitzobjekt vermittelt ist, Kenntniß davon habe, wem in letzter Reihe die unabhängige Disposition zusteht. (L. 30, § 6, D. de poss.) Was von Anfang möglich war, kann ebensowohl durch nachträgliche Veränderung der Sachlage eintreten, ohne daß der letzte Detentor darum zu wissen braucht. Kommt es ja doch allein darauf an, daß die Kette haltbar sei, an welcher die Sache für den Besitzer hängt, d. h. daß jeder Stellvertreter dieselbe seinem Vormann zur Verfügung halte; so lange dies der Fall ist, kann auch die entschiedenste Weigerung des Unterstellvertreters, ein unmittelbares Eingreifen des Besitzers zu gestatten, diesem den Besitz nicht entziehen; derselbe muß eben die Macht, die er nur mittelbar hat, durch das taugliche Mittelglied in Bewegung setzen, um sie in nur unmittelbare zu verwandeln. Das widerspricht dem Wesen des Besitzes ebensowenig, als daß ich den Schlüssel suchen muß, wenn ich zu meinen versperrten Sachen kommen will, oder daß ich auf der Jagd meinen Jäger herbeirufen muß, damit er seinem, nur ihm gehorchenden, Hunde ein gefaßtes Stück Wild abnehme; oder sollte ich den Besitz des Wildes nicht schon dadurch haben, daß der Hund es (nur) für seinen Herrn, dieser aber für mich zur Verfügung hält? — Weil also der mögliche Widerspruch des letzten Detentors gegen das C. P. irrelevant ist, insolange er seinem Vormann nicht den Gehorsam thatsächlich versagt, erscheint die Vorschrift des sächsischen Gesetzbuches (§ 201) überflüssig, wonach der Inhaber angewiesen werden muß, die Innehaltung für den neuen Besitzer fortzusetzen; immerhin ist diese Norm unschädlich, weil sie nur vorschreibt, was ohnehin zu geschehen pflegt, nicht aber die Zustimmung des Inhabers fordert. —

Nach allem Obigen fassen wir unsere Antwort auf die gestellte Frage dahin zusammen: das C. P. hat allerdings als besitzbegründende Thatsache zu gelten; Voraussetzung dabei ist, daß aus der Gesammtheit der Parteiverhandlungen, oder aus der sonstigen Sachlage, der rechtliche Zweck (causa) erhelle, zu welchem die Detention der Sache beim Tradenten (mit dessen Zustimmung) zurückgelassen werden soll. (Uebereinstimmend Windscheid und Meischeider). Ob der Tradent den Besitz, welchen er durch C. P. übertragen will, bis dahin selbst oder durch Stellvertretung ausgeübt hatte, und ob letzternfalls der Stellvertreter um die erfolgte Veränderung weiß, ist gleichgiltig. (Uebereinstimmend Randa). Ob dies Alles nun im künftigen deutschen Gesetzbuch auszusprechen sei? Mir scheint kein Bedürfniß darnach vorzuliegen; das Gesetzbuch wird ganz ebenso vollständig sein, wenn darin des C. P. gar nicht Erwähnung geschieht (wie dieses ja auch in den römischen Quellen nicht ex professo behandelt ist, sondern nur in der Casuistik des Besitzerwerbes gelegentlich mit vorkommt, daher es auch nicht einmal einen technischen Namen hat). Sache der Wissenschaft und der Rechtspflege wird es sein, die vom Gesetzbuch — in äußerster Kürze und Schärfe — hinzustellenden Grundsätze über den Erwerb des Besitzes an der bunten Mannigfaltigkeit der hierhergehörigen Erscheinungen des Lebens durchzuführen; dabei wird sie alles Einzelne, darunter auch die Anwendung jener Grundsätze auf die Fälle des C. P., aus ihren Mitteln zu bestreiten um so besser im Stande sein, je weniger ihr durch theoretisirende Gesetzesstellen die Hände gebunden sind. Zu einem gesetzgeberischen Akt wäre hier nur dann Veranlassung, wenn man dem C. P., sei es auf dem Gebiete des Besitzes oder nur des Verkehrs mit dinglichen Rechten, die ihm gemeinhin beiwohnende Wirksamkeit aus besondern Gründen entziehen wollte.

Hierüber zum Schluß noch wenige Worte, wobei ich auch auf den

Verkehr mit Eigenthum und Pfandrecht beschränken kann, da nur für diese solche besondere Gründe geltend gemacht sind.

Was erstlich die Eigenthumsübertragung betrifft, so versteht sich, daß jene unter den heutigen deutschen Juristen, welche die Tradition überhaupt fallen sehen möchten (im Sinne des französischen Rechtes), gegen die Eigenthumsübertragung durch C. P. nichts einzuwenden haben, wenn doch einmal die Tradition beibehalten werden soll. Sie berufen sich ja (und der herrschenden Lehre gegenüber nicht ganz mit Unrecht) für ihr Postulat auf das heutige C. P., welches ohnehin schon den Uebereignungsakt durch bloßen Vertrag — in einer leichten Verkleidung hinter einer Erklärung hinsichtlich des Besitzes — darstelle. Um so entschiedener freilich müssen dieselben gegen die oben von uns vertretene Einschränkung sich erklären, welche ja gerade gegen die Elidirung des Traditionsprinzipes durch Scheinkonstitute gerichtet ist. Anlaß dazu, die gesetzliche Unterdrückung des C. P. beim Eigenthumsvertrag zu befürworten, haben nur diejenigen, welche die Besitzübergabe als gesetzliche Bedingung des Uebereignungsgeschäftes ernstlich erhalten wollen, und zwar darum erhalten wollen, weil sie den praktischen Werth der Tradition allein in der Ersichtlichkeit des Eigenthumswechsels für Dritte erblicken. Sie müssen das C. P., auch in der hier vertretenen strengeren Fassung, verwerfen, weil es ihrem Zweck nicht dient (da für Dritte die causa ebensowenig augenfällig ist, als die bloße Erklärung); sie müssen eine Ortsbewegung des Traditionsobjektes zum Empfänger hin erfordern, weil nur eine solche in die Sinne fällt. — Ohne nun auf diese Fragen, die außerhalb des diesem Gutachten gesteckten Rahmens fallen, näher eingehen zu wollen, mag es gestattet sein in Kürze zu bemerken, daß ich meinerseits allerdings an der Tradition, als einem plastischen Zug von hohem Werth in unserem Rechte festhalte, daß ich aber diesen Werth in erster Linie in der scharfen Abgrenzung erblicke, welche zwischen dem blos obligatorischen und dem dinglichen Geschäft für die Kontrahenten selbst (und ihre näheren und weiteren Rechtsnachfolger) aus dem Erforderniß der Tradition hervorgeht; die Sichtbarkeit der Rechtsveränderung für Dritte dürfte bei der Regel: traditionibus, non nudis pactis dominia rerum transferuntur, kaum eine Rolle gespielt haben, und die Erhaltung der Regel im heutigen Rechte nicht motiviren. Von dieser Ansicht aus entfällt aber jeder Grund für eine legislative Singulärbestimmung, wonach im Falle des in der Absicht der Eigenthumsübertragung bewirkten C. P. ausnahmsweise das Eigenthum nicht zugleich mit dem Besitz übergehen, sondern bis zur Abgabe der Sachdetention beim Tradenten zurückbleiben sollte.

Anders scheint die Sache hinsichtlich des Pfanderwerbs zu liegen.

Wenn viele modernen Rechte, im Gegensatz zum römischen, überhaupt nur Faustverpfändung zulassen, so kommt es ihnen nicht sowohl darauf an, daß der dingliche Inhalt des Geschäftes durch unmittelbare Verkörperung klar gestellt, daß das Pfandstück dem Gläubiger in Besitz gegeben werde, als vielmehr darauf, daß es aus der Detention des Verpfänders, und damit aus dem Kreis seines für Dritte sichtbaren und ihm selbst unmittelbar erreichbaren Vermögens ausscheide; dadurch soll das Objekt seiner Verfügung zu weiteren Kreditoperationen entrückt, und all' den Verwicklungen und Streitigkeiten vorgebeugt werden, die bei mehrfacher Verpfändung aus der Unsicherheit ihrer Zeitfolge, und aus der Unmöglichkeit das Dasein älterer Pfandrechte greifbar festzustellen, sich ergeben. Hier also, wo es sich nicht um Plastizität, sondern um Publizität des Geschäftes handelt, ist es wohl gerechtfertigt zu sagen: die Besitzübertragung genügt nicht, der Verpfänder muß auch die Detention aufgeben. Natürlich bedarf es dazu einer ausdrücklichen Gesetzesbestimmung, wie solche sich schon jetzt in vielen deutschen Partikularrechten finden (vgl. die von Goldschmidt gegebene Zusammenstellung). Diese Bestimmung würde nicht in den Abschnitt von der Uebergabe gehören, sondern zum Pfandrecht, und etwa so lauten: durch Vertrag entsteht das Pfandrecht an beweglichen Sachen, indem das Pfandstück dem Gläubiger in Besitz gegeben und zugleich der Innehabung des Verpfänders entzogen wird.

II.

Gutachten des Herrn Professor Dr. Alex Franken zu Greifswald

über die Frage:

Was ist im deutschen Civilgesetzbuche über die Vindication beweglicher Sachen im Verhältnisse zum redlichen Erwerb zu bestimmen?

Der deutsche Juristentag und die von ihm requirirten Gutachter sind der gestellten Aufgabe gegenüber in einer seltsamen Lage. Es fragt sich, ob mit gebundener Route zu marschiren oder ob über einen vor zwei Jahren gefaßten Beschluß, zunächst wenigstens formell, durch eine Ueberprüfung, hinwegzuschreiten sei. Aus folgenden Gründen:

Damals stand zur Debatte, ob de lege ferenda der Mobilareigenthumserwerb an die Tradition oder an die Perfektion des Vertrags gebunden werden solle.

Gutachten und mündliche Verhandlung zeigten eine gewisse Neigung, „Fragen für sich" zu statuiren, in der Debatte aufgetauchte Bedenken ad separatum zu verweisen: u. A. bezüglich des Verhältnisses zwischen Käufer und Gläubigern des Verkäufers, bezüglich der Vindication aus dem Concurs, bezüglich der Beschaffung von Sicherheiten für den Eingang creditirter Kaufpreise nach der Tradition, des Kaufpreisprivilegs u. s. f.; — Proteste gegen diese Einschränkungsbestrebungen blieben andererseits auch nicht aus. Weiterhin erhob sich der Zweifel, ob ein doppeltes Eigenthum, mit oder ohne Besitz, mit stärkerer oder schwächerer „Wirkung gegen Dritte", anerkannt werden solle oder nicht. Vor Allem aber interessirte sich die Verhandlung für den „Schutz des redlichen Erwerbers“ und erging sich entsprechend über die Frage der Vereinbarkeit oder Unvereinbarkeit zwischen „Traditionssystem“ und „Vertragssystem“ einerseits, und „System der unbeschränkten“ und „der beschränkten Vindication“ andererseits.

Lauter Symptome einer nicht ganz sachgemäßen Fragestellung.

In der That erschien[1]) auch ein Antrag auf Vertagung, „behufs Erledigung zweier präjudizieller Punkte“: 1. der Voraussetzungen und der Ausdehnung des wirksamen Constitutums und 2. Behufs „Untersuchung, ob nicht, gleichviel wie wir die Erfordernisse des Eigenthumsüberganges gestalten wollen, für bestimmte Collisionsfälle“ — Creditoren und gutgläubige Erwerber betreffend — „das Eigenthum ohne thatsächlichen Besitz gegenüber dem für das Auge des Publikums ununterbrochen gebliebenen Besitz des Voreigenthümers, ja selbst dem Erscheinen der Gegenstände im Verkehr als Eigenthum eines Andern, zurücktreten muß.“ Auf letzterm Punkt, wurde begründend ausgeführt, scheine die Majorität sich Deckung des erwähnten Sicherungsbedürfnisses von der Beibehaltung der Tradition zu versprechen; indeß sei die Frage, ob der Verkehrssicherheit mit dem Grundsatz: „tradirtes Eigenthum überwindet in allen Fällen Ansprüche aus einer äußerlich hervortretenden Besitzfortdauer des bisherigen Eigenthümers“ wirklich genügt sei, bisher nicht genugsam geprüft; eine solche Prüfung, vorgenommen auf Grund ausreichend orientirender Grundlagen könne aber zu dem Ergebniß führen: „die Tradition ist in Wahrheit eigentlich Nichts als ein formalistischer Akt, der für die materielle Rechtssicherheit nichts Wesentliches leistet“; und so bestehe die Gefahr, „daß wir nach zwei Jahren, wenn wir die jetzt angeregten Fragen isolirt erörtern und durch diese Erörterung eine andere Auffassung der prinzipiellen Frage nahe gelegt wird, sagen müssen: auf die principielle Frage können wir nicht zurückkommen, wir schleppen die Kette eines Beschlusses nach uns, — wir sind dann unfrei.“

Die Vertagung wurde nicht beliebt. Man fand die Sache spruchreif und wie in der Abtheilung blieb auch im Plenum die von der Commission für die Berathung des Entwurfs eines deutschen bürgerlichen Gesetzbuchs gleichfalls approbirte Tradition siegreich, beidemal „mit geringer Majorität.“ [2])

Damit ist die im Vertagungsantrag vorausgesehene Calamität wirklich eingetreten. Denn soll ein legislatorischer Vorschlag innerlich einheitlichen Charakters gemacht, nicht nach Art des Artikels 306 H. G. B. in ein fertiges System eine bloße Correktur oder Nothbestimmung eingerückt werden,

---

[1]) Verhandl. des Plenums S. 262 ff.

[2]) Plen. S. 266, Abth. I. S. 57.

so sind die Fragen, wie das Eigenthum beweglicher Sachen erworben, und wie es verloren werden solle — denn Letzteres ist der Kern der Frage nach dem zu wählenden „Vindicationssystem" — unter keinen Umständen von einander zu trennen. Wenigstens dann nicht, wenn Gegenstand von Vorschlägen neben dem praktisch, für den Verkehr Erwünschten auch die Art der technisch-juristischen Realisirung sein soll. Das näher zu zeigen, gehört zum wesentlichen Inhalt der ganzen folgenden Darlegung. Ich meinerseits also binde mich, zunächst formell wie gesagt, von vornherein nicht an den erwähnten Beschluß, während der Juristentag selbst der Eingangs statuirten Alternative gegenüber erst dann zu wählen gezwungen ist, wenn sich zwischen der Antwort auf die heutige Frage und jenem frühern Beschluß auch eine materielle Discrepanz ergibt.

Was Inhalt und äußere Einrichtung dieses Gutachtens angeht, so schien es geboten, an die Unterbreitung eigener Vorschläge nicht zu gehen, ohne vorher de lege lata soviel immer möglich die bestehenden modernen Privatrechtsordnungen gemustert und verglichen zu haben, und zwar nicht bloß nach der Seite ihres Vindicationssystems hin, sondern entsprechend dem schon Vorangeschickten auch bezüglich des Eigenthums- und des Besitzerwerbs, sowie, wenigstens im allgemeinsten Umriß, bezüglich der Principien des Vertragsschlusses, des possessorischen Schutzes und mehrerer andern, auf den ersten Blick mehr selbstständigen Punkte. Es empfahl sich ferner, da mit dem Untersuchungsfeld auch die Möglichkeit des Irrthums über das Einzelne wächst, eine ausgedehnte textuelle Wiedergabe aus den benutzten Quellen, um das Material zur Controle über die diesseitigen Ausführungen und zur Kritik der diesseitigen Vorschläge nicht vermissen zu lassen. Die demgemäß als Anhang abgedruckten Excerpte sind aber nicht alle gleich erschöpfend: vielmehr ist im Ganzen das unserm gemeinen Recht gegenüber Abweichende oder in der Gestaltung Originelle hervorgerückt, so daß die Lücken den Parallelismus mit demselben andeuten. — Theoretische Literaturnachweise schienen nicht am Platz; Historisches soll, wo es angedeutet ist, nur secundär etwaige Vorschläge als nicht lediglich eigener Phantasie entsprungen erweisen.

Auf Grund der Quellenauszüge [1]) seien nun zunächst die in den modernen Privatrechtsgebieten herrschenden Systeme in Kürze überschaut, — nicht zu dogmatischem Zweck, sondern um möglichst viel de lege ferenda wesent-

---

[1]) Die eingeklammerten Ziffern beziehen sich auf die den Auszügen aus dem betreffenden Recht im Anhange beigesetzten Nummern.

liche Gesichtspunkte zu gewinnen, und deshalb nicht unter schulmäßigen Kategorien — die übrigens bei der erstaunlich mannigfaltigen rechtlichen Regelung dieser ökonomisch eigentlich unter jedem Himmel identischen Materie nur sehr mühsam und sehr lax zu ziehen wären —, sondern in rasch orientirender Weise, den in der fraglichen Materie heute allgemein üblichen Gedankengängen folgend, und indem zugleich auf manchem Punkte bereits durch negative Kritik abgewiesen wird, was meines Erachtens für die künftige Gesetzgebung nicht mehr zur Wahl stehen kann.

Den zweiten Theil bildet naturgemäß die positive Entwicklung der eigenen Vorschläge.

A. Vergleichende Kritik der bestehenden Gesetzgebungen.

Auf dem vorigen Juristentag standen, soviel den Eigenthumserwerb angeht, Traditions- und Vertragssystem gegen einander. Daneben wurde, im Sinne seiner Vertreter als ein Drittes, jene beiden kreuzendes das System der principalen Bestimmung des kritischen Momentes durch die Parteien vertreten: „in dubio" sollte (im Anschluß an eine Reihe bestehender Gesetzgebungen) nach den Einen der Vertrag, nach den Andern die Tradition entscheiden, während ein Gutachter es gelegentlich als indifferent bezeichnete, welches von beiden als das subsidiäre System statuirt würde.[1])

Diese letzteren Vorschläge sind mit wenigen Sätzen beseitigt.

I. Die Bestimmung des Erwerbsmomentes durch die Parteien.

Im Beweisstadium führt sie zu den endlosen Schwierigkeiten, die die „stillschweigende Willenserklärung" mit sich bringt. Logisch spielt der Gesetzgeber eine seltsame Rolle, der einerseits mit Eifer das für den Verkehr tauglichste System sucht, und andererseits jedes von den Parteien beliebte gut findet. Man erhielte so nicht, wie ein Redner meinte,[2]) „ein sehr merkwürdiges Rechtssystem," sondern gar kein Rechtssystem. Aber tiefer: gewiß müssen — wenigstens, wie sogleich zu zeigen, bis zu einem gewissen Grade — die Parteien ihrerseits den Moment des Eigenthumsübergangs bestimmen können. Nur ist es petitio principii zu meinen, sie müßten das drum auch durch ihre bloße Willensäußerung, etwa im Widerspruch zu dem objektiv gegebenen ökonomischen Verhältniß können. Vielmehr haben sie, wenn z. B. das Eigenthum noch beim Veräußerer bleiben soll, den gesetzlich zum Eigenthumsübergang führenden Thatbestand solange incomplet zu lassen, oder zwar zu completiren, aber durch das technische Mittel der

---

[1]) Abth. S. 51, Plen. S. 245 f.

[2]) Plen. S. 264.

Bedingung zu suspendiren. Und dabei kann jenes Parteibestimmungsrecht kein unbegrenztes sein: denn da das Eigenthum als absolutes Recht gegen Alle wirkt, so zieht der allgemeine Wille die Grenzen, innerhalb deren der einzelne diese Wirkung herbeiführen kann, oder anders ausgedrückt, da es sich nicht fragt, wie kann der Private nach seiner Willkür das fragliche Verhältniß zu gestalten belieben, sondern vielmehr, unter welchen Bedingungen hat ein vom Privaten beliebtes Verhältniß den Schutz der Staatsordnung für sich, so liefert das Gesetz die Voraussetzungen, durch deren Beschaffung oder Nichtbeschaffung die Privaten auch diesen Schutz beschaffen oder nichtbeschaffen können. Oder endlich — und das allein genügt, um nicht nur das erwähnte Indifferenzsystem, sondern auch jene „in dubio"-Systeme zu beseitigen — der Vorschlag, die Parteien entscheiden zu lassen, greift der Frage „Tradition (oder was immer) contra Vertrag" vor und statuirt selbst in der nacktesten Form die Vertragstheorie und zwar, da anzunehmen ist, es sei im Sinne des gemeinen Rechts gesprochen, die Vertragstheorie auf dem Boden des schlechthin vollwirksamen Consensus.

Von den positiven Gesetzgebungen weisen nur wenige die Parteibestimmung über den Moment des Eigenthumsübergang in ihrer dinglichen Wirkung ausdrücklich ab: nämlich Bremen (1) und das neue Schweizer Obligationen- und Handelsrecht (2). Ausdrückliche Anerkennung findet sie z. B. in Zürich (9) und Portugal (3), stillschweigende und praktische in weiterm Bereich: gemeines Deutsches Recht, Landrecht (2), England (6), Nordamerika (4, 5) u. s. f. Aber man darf nicht übersehen, welche definitive Grenze ihr die Logik selbst zieht. Gerade die freie Beweiswürdigung realisirt im Urtheilsspruch nicht die kahle Willkür der Parteien, sondern weist die ausdrückliche protestatio facto contraria als widersinnig ab und erschließt den stillschweigenden Willen der Parteien aus dem objektiven Befund, so daß z. B. wenn zwischen dispositionsfähigen Personen der Preis voll und baar gezahlt und die Lieferung geschehen ist, auch ohne ausdrücklich dahin gehende gesetzliche Bestimmung kein Gericht der Welt gegenüber dem Gläubiger, der den Käufer als seinen Schuldner gepfändet hat, den Einwand einer reservatio dominii hören würde, der ja auf keiner greifbaren ökonomischen Ratio mehr basirt. An der Grenze des zwischen vernünftigen Menschen allgemein Geübten also scheitert das angeblich noch so principal bestimmende Privatbelieben allenthalben. — Doch das ist eine zur Kritik des „Vertragssystems" gehörige Bemerkung.

II. Der Eigenthumsübergang durch bloßen Vertrag.

Die letzten Bemerkungen leiteten zu dem kurz so zu nennenden „Vertragssystem" hinüber, — dasselbe vorläufig immer auf der Basis des reinen Consensus betrachtet.

Abgesehen zunächst von seinen praktischen Verdiensten: besteht dieses System gesetzlich irgendwo?

1. In Frankreich,[1]) Italien u. s. w. den Worten der Art. 711, 1138 nach: schlechthin ja, — unter Hinzunahme des Art. 1583 und des Gesetzes von 1855 über die Transscription aber, wegen der unten zu behandelnden französischen Duplicität des „Eigenthums inter partes" und „gegen Dritte": nur beschränkt ja, — unter Hinzunahme der Art. 2279 und 1141 jedoch: für den Mobilarverkehr fast so gut wie nein, — im Ganzen also, die Zweifel der Franzosen selbst bei Seite gelassen[2]), nur als dogmatisches Ornament, nicht als das ausschlaggebende Princip. Dazu kommt (Frankreich 5) bei allen synallagmatischen Geschäften das stillschweigende pactum commissorium des Art. 1184[3]), das, den Consensualkontrakt innerhalb seines Bereichs durch Annäherung an die römische Innominatcontrakts-Theorie schwächend, natürlich auch den „effet des obligations" auf sachenrechtlichem Gebiet schwächt, und praktisch neben sich hat — ob auch in unmittelbar dogmatischem Zusammenhang, muß hier dahinstehen — für Immobilien wie Mobilien das Kaufpreisprivileg resp. die revendication des Art. 2102, Rechtsbehelfe, die wie unten näher zu besprechen, analog in vielen anderen Gesetzgebungen wiederkehren und ökonomisch dahin zielen, trotz perfektem Vertrag in gewissem Maße das Eigenthum der Waare so lange beim Verkäufer zu halten, als der Kaufpreis noch ungedeckt ist.

2. Neben Frankreich pflegt man als Länder des Vertragssystems England und Amerika anzuführen. Mit gleichem Unrecht, — wie die unten gedruckten Stellen aus Blackstone-Kerr und Kent zeigen.

---

[1]) Anh. 1, 2.

[2]) Vgl. Jourdan (Thémis V. 380 ff.): „Jl est bien difficile de concevoir, qu'un système inconnu dans tous les Codes des nations Européennes ait été introduit furtivement, pour ainsi dire, dans notre Code. Les procès-verbaux du Conseil ne contiennent pas un mot en faveur de cette grande revolution qui se serait opérée tout-à-coup dans nos lois anciennes et intermédiaires." Folgt der Wunsch nach gesetzlicher Declaration, „afin qu'après trente années de discussion sur cette matière nous sachions enfin comment et à quelles conditions la propriété peut s'acquérir en France." (S. Troplong, Vente I. No. 40). — Aehnlich Camillo Re, l. c. S. 38. „Jnvano il legislatore francese proclamò il principio della trasmissione della proprietà per solo consenso, poichè la forza delle cose l'obligò a violarlo nelle cose mobili e a non mantenerlo nelle immobili," und für den dem C. N. nachgebildeten italienischen Codex, das. S. 26: „E egli vero che in queste (sc. cose mobili) si perfeziona la traslazione della proprietà col semplice consenso? Assolutamente no." Die Motive zum Codex der Argentinischen Repubik nennen das Vertragssystem wie es der Code civil habe, un mero aparato de palabras.

[3]) Darauf ist unten VII, 3 bei Behandlung des Kaufpreisprivilegs u. s. f., sowie bei Entwicklung unserer eigenen positiven Vorschläge in weiterm Umfang zurückzukommen.

Nach ihnen[1]) fordert die Schenkung Tradition oder onerose Maskirung, das onerose Geschäft „consideration“, Gegenleistung: das bei uns schlechtweg wirksame nudum pactum ist dort schlechtweg unwirksam.

Da ist schon ein Widerspruch gegen den Sinn den wir in Deutschland mit dem Wort Vertragssystem verbinden. Aber weiter:

Auch nach englisch-amerikanischem Recht ist das Eigenthum ein doppeltes, property in action und property in possession,[2]) und der bloße contract not executed überträgt, wie unten ausdrücklich zu lesen,[3]) dasselbe „Eigenthum“, das er an der Waare überträgt, auch am (ausstehenden) Preis, — ein englisches, aber kein deutsches Eigenthum, in action, aber nicht in possession. Und wenn die Engländer das selbst nicht zu sehen scheinen,[4]) so geht es drum nicht minder schlagend aus dem Recht des Stoppage in transitu hervor, der Parallele zur römischen Vindication wegen weder gezahlten noch „creditirten“ Kaufpreises und zu dem französischen, trotz Creditirung zuständigen, eventuell auch als revendication charakterisirten „Kaufpreisprivileg.“[5])

Die englische Jurisprudenz statuirt nämlich ausdrücklich, dieses Recht sei nicht etwa eine Art Resiliation des Kaufvertrags. Die amerikanische zweifelt; — seltsam genug: denn sie erkennt an, daß der Verkäufer gleichzeitig die Waare in transitu anhalten und trotzdem, sich zur Lieferung bereit erklärend, den Preis einklagen könne, d. h. sie erkennt das Fortbestehen des Vertrags an. Ist aber das Stoppage, nach unserer Terminologie gesprochen, kein obligationenrechtlicher Weg: was bleibt anderes übrig als ihm eine dingliche Basis zu geben, englisch „ein“, deutsch „das“ Eigenthum? — eine Argumentation, der nur dann zu entgehen ist, wenn man sich entschließt, das Stoppage nicht in die Construktion aufzunehmen, sondern schlechthin als eine „Ausnahme“ aus dem Weg zu schieben.[6])

Vor vollbrachter Tradition also geht auch in England das „Eigenthum“ in unserm Sinn solange nicht über, als der Preis noch aussteht, — m. a. W. nicht über durch pactum nudum, sondern durch jenseits erfüllten Vertrag. Denn die Voraussetzung des Stoppage, daß Käufer

---

[1]) Anh. England 1, 3, 7, Verein. St. 1, 3, 7.

[2]) Engl. 1, Note.

[3]) Das. 7, vgl. 1, Note: verbis „money due on a bond“.

[4]) S. ab. Engl. 2, v. chose in action u. Verein. St. 4. a. E.

[5]) Engl. 7, Verein. St. 7, Frankr. 6, u. unten VII. 3.

[6]) Für das Verbleiben des Eigenthums beim Verkäufer während des Transportes spricht übrigens einfach schon die Bemerkung des Amerikaners Kent, das Recht des Stoppage könne durch jede geeignete, nicht verbotene Handlung geübt werden.

der Insufficienz verdächtig sei, ist nur eine faktische und nicht die unerläßliche und einzige faktische.

Auf die praktischen Verdienste des Vertragssystems komme ich unten, nach Betrachtung des Werths der Tradition. Ebenso auf die Frage, ob durch Formalisirung des Vertrags praktisch seine etwaige Mangelhaftigkeit zu heben, technisch-juristisch seine Gegensätzlichkeit zum Traditionssystem oder sonstigen Systemen zu retten ist.

Hier fragt sich nur noch, was die, wie gesagt, in der That mehr platonischen Vertreter dieses Systems im Code civil u. s. w. für dasselbe eingenommen hat. Wahrscheinlich der rationalistisch bestechende Satz, daß im letzten Grunde die Willenseinigung der Parteien das Movens des Eigenthumsüberganges sei, — speculativ vielleicht richtig, aber entsprechend dem oben gegen die „in dubio-Systeme" Gesagten, deshalb allein offenbar noch nicht der juristische, jedenfalls nicht der einzige juristische Ausgangspunkt für die ganze Materie.

III. Der Eigenthumsübergang durch Tradition.

1) Praktischer Nutzen dieses Systems?

Das „Traditionssystem" hat auf den ersten Blick[1]) gegenüber dem des Vertrags den schätzbaren Vorzug, wirklich zu existiren, und u. A. bei den Römern zu existiren. Nur ist derselbe überschätzt worden: wie oben ein rationalistischer Satz zum positiv-juristischen, so sollte hier ein positiv-juristischer zum absoluten erhoben und die dort für „das Kahlste auf der Welt",[2]) und eine bloße „Albernheit" erklärte Tradition hier zum unwidersprechlich logischen Postulat der Eigenthumsübertragung gestempelt werden.[3]) Dem gegenüber dürften die Autoritäten heute einig sein — und die Fragestellung des vorigen Juristentags beweist das schon, — daß möglicherweise einmal wie die Mancipation auch die Tradition, oder wie die Tradition bei der Servitutenbestellung auch die

---

[1]) Solange man das Constitutum ignorirt oder als eine harmlose Ausnahme resp. einen „Fall" der Tradition beiherlaufen läßt.

[2]) Worte Thibauts s. Vangerow, Pand. §. 311. Anm. 4.

[3]) So in den Motiven zum heutigen Codex der Argentinischen Republik, wo in einem wahren Hymnus auf die Tradition „die Natur der Dinge, die einfachste Logik, das spontane Rechtsgefühl, das Interesse der Verkehrssicherheit und der allgemeinen Prosperität" für die dem dinglichen im Gegensatz zum persönlichen Recht unerläßliche und angeblich mittels der Tradition beschaffte Publicität angerufen werden. Nò se concibe que una sociedad esté obligada á respetar un derecho que no conoce. Esta es la razon filosofica del gran principio de la tradicion (!). Im Vertragssystem werde „das sociale Element des Eigenthum verkannt", und verfahren als ob es keine mala fides gäbe.

Tradition bei der Eigenthumsübertragung von der Bühne verschwinden könnte. So wenig also unter aller Kritik, so wenig ist sie über ihr, und man sucht sie heute zu halten durch Nachweis ihrer praktischen Vorzüge, — was freilich die bequemste[1]) Entscheidung de lege ferenda abschneidet.

Welches sind diese angeblichen Vorzüge?

Man hat dem Traditionssystem eine Art erziehlichen, bevormundenden Werthes für die Parteien im Verkehr vindicirt: sie überlegten sich unter ihm die Sache besser. Schlüge das ernstlich durch, so müßte weiter gegangen und die Entstehung auch der obligatorischen Verantwortlichkeit von der Tradition oder irgend einem Surrogat derselben abhängig gemacht werden, — ein mit Recht schon früher erhobener Einwurf.

Oder einen Werth im Beweisstadium: bessere Ersichtlichkeit, ob die Parteien dinglichen oder bloß obligatorischen Erfolg gewollt. Dieses Argument ist unbrauchbar, weil es das oben schon abgewiesene System der willkürlichen Parteibestimmung über den Moment des Eigenthumsüberganges als recipirt unterstellt.

Man hat ferner die für Mobilarrechte angeblich mit der Tradition gelieferte Publicität als Voraussetzung jeder allgemeinen Anerkennung von Rechten bezeichnet.[2]) Das schießt über das Ziel hinaus: im Concurs wirken Obligationen auch gegen Dritte, aber an ihre Publicirung denkt Niemand, und selbst so eifrige Verfechter der Tradition wie unsere Romanisten nehmen an der Cession der Forderungen durch bloßen Vertrag keinen Anstoß. Indeß selbst auf die Mobilareigenthumsübertragung beschränkt, — ist denn hier in Wirklichkeit die Tradition ein, etwa mit der Grundbuchung zu parallelisirendes Mittel, die Rechtsverhältnisse an Mobilien publik zu machen? Und wenn ja: läßt sie sich wie jene praktisch erzwingen?

Die Beantwortung dieser Fragen ist entscheidend für das gebräuchlichste Argument der Vertreter des Traditionssystems: dasselbe diene zur Sicherung Dritter, — oder genauer, es diene

1. zur Sicherung der Gläubiger gegen Entziehung der Mobilien ihres Schuldners aus dem Executionszugriff durch die üblichen plötzlich auftauchenden, bis dahin latenten, meist obendrein den Verdacht der Antedatirung herausfordernden[3]) Eigenthumsansprüche, oder, sofern die latente Veräußerung schon vor der Entstehung der Forderung

---

[1]) Vgl. die vor. Note.

[2]) Das. u. Camillo Re, l. c.

[3]) Das französische Recht will hier durch seine Theorie der date certaine (art. 1328) helfen — ein seltsamer Weise in der ganzen Debatte des vorigen Juristentags nicht erwähntes Moment, auf das unten, bei der Frage der Formalisirung des Eigenthumsübertragungsvertrags, zurückzukommen ist.

geschehen, Sicherung gegen eine durch den äußern Schein des Besitzes von Mobilien veranlaßte Ueberschätzung der Creditwürdigkeit des Schuldners;

2. zur Sicherung des Käufers u. s. f. gegen latente ältere Singularsuccessoren des Verkäufers.

So die Vertreter der Tradition. Aber beiläufig: wenn einmal Sicherheiten der fraglichen Art angestrebt werden — und das müssen sie ohne Zweifel — so wäre der Vollständigkeit wegen noch hinzuzufügen:

3. Sicherung derer, die als Creditoren oder Singularsuccessoren mit dem Besitzer[1]) contrahiren, gegen spätere Vindicationen wegen a. unbezahlten Kaufpreises oder (resp. und) b. pactum reservati dominii oder c. deficirender Bedingung, oder d. gegen späteres Auftreten von unbezahlten Verkäufern im Concurs (mit oder ohne Separations- oder Vorzugsrecht) und daraus folgende Minderung ihrer Forderungen zu Dividenden.

Oder endlich

4. Sicherung der Singularsuccessoren des Besitzers dagegen, daß dieser nicht unter einer Restitutionsverbindlichkeit stehe und nur im Weg der Unterschlagung auf sie übertrage.

Und so weiter: denn es sind bei successiven Veräußerungen noch Combinationen und Complicationen dieser Hauptexempel denkbar, — abgesehen ganz von der praktisch fast wichtigsten, später berührten Frage, ob und wie neben dem Traditionssystem für die Sicherheit des tradirenden unbezahlten Verkäufers hinsichtlich der Erlangung des Preises zu sorgen sei. —

Sehen wir der Reihe nach zu, was von diesen Sicherheiten die Tradition zu leisten im Stande ist.

Ad 1 und 2 erscheint sie zunächst dienlich. Nur freilich darf sie nicht lediglich als Constitutum, vielleicht auch nicht als „symbolische", oder durch Ladeschein u. dergl. bewirkte,[2]) auftreten, und es muß nicht der Erwerber hinterdrein die Sache an den Veräußerer zurückgeben. Die Bremische Gesetzgebung hat beide Beschränkungen statuirt und sich damit — den Vorwurf „unerhörter Härte" zugezogen. Anderswo sind im gleichen Streben die Begriffe der „reellen Tradition", des „reellen Besitzes", der „körperlichen", der „in der Regel von Hand zu Hand" vorzunehmenden Uebergabe auf-

[1]) Ob er das durch Tradition oder durch Contrectation geworden, ist natürlich von außen unsichtbar: vgl. S. 23, 25 f.

[2]) Davon unten B. VI.

getaucht,[1]) — meines Wissens ohne daß[2]) die Grenzen zu ziehen irgend versucht oder vielleicht auch nur möglich wäre.

Ad 3a und d, wo der Veräußerer selbst seinerseits den Anschaffungspreis noch schuldet, könnte die Tradition höchstens dann nützen, wenn sie eine Präsumtion geschehener Zahlung mit sich führte. Luzern (Nr. 6) statuirt eine solche, freilich unter Zulassung des Gegenbeweises und dadurch nur zu sehr bescheidenem Nutzen. Gründlicher zu helfen, durch eine praesumtio juris et de jure, eine Fiktion, wird wenig Neigung vorhanden sein.

Ad 3b erkennt die schon citirte Bremische Verordnung die Gefahren der Tradition mit pactum reservati dominii an und beschränkt die Wirkung des letztern auf die Contrahenten. Der Eigenthumsrückfall durch dinglich wirkende Bedingung (3c) geht ganz parallel und ist in Bremen mit pactum commissorium, addictio in diem und pactum displicentiae stillschweigend auch beseitigt.

Ad 4, zur Sicherung des Käufers, daß er mindestens mit einem Besitzer pro suo contrahire, leistet selbst der Umstand, daß letzterer die Sache durch Tradition und unzweifelhaft vom wahren Eigenthümer, geradezu in die Hand bekommen, Nichts: man müßte sich denn entschließen, hinter irgend einer solennen Traditionsform die causa transferendi dominii zu fingiren oder wenigstens behufs besserer Position im Beweisstadium zu präsumiren. Denn der sinnliche Traditionsakt ist, ganz im Gegensatz zu der vom Gesetz mit ihrem schneidigen Inhalt versehenen Grundbuchung, seinerseits inhaltlich vom Parteiwillen abhängig und unendlich variabel, genau wie der obligatorische Vertrag.

Die Sicherung der Kaufpreiszahlung endlich bleibt, wenn überhaupt, neben dem Traditions- wie neben dem Vertragssystem ein selbständig zu erstrebendes, und insbesondere im Verhältniß zu dem Satz, Eigenthum gehe über durch die animo transferendi dominii vorgenommene Tradition, würde diese Sicherung nicht Consequenz, sondern Correktur des äußerlichen Besitzwechsels sein, — eine Correktur, die in einer Reihe von Gesetzgebungen dadurch geleistet wird, daß erst nach Ablauf von acht Tagen u. s. f. der Traditionseffekt unanfechtbar wird, bis zum Ablauf dieser Frist aber (Mangels Creditirung) eine „Vindication" möglich bleibt,[3]) und wobei der gesetzgeberische Gedanke sein dürfte, längere Innehabung einer Mobilie schaffe nach außen die Präsumtion des Bezahltseins: ziemlich willkürlich,

---

[1]) Ebenda und unten S. 25 d.

[2]) Abgesehen vielleicht von der letztangeführten Vorschrift, die aber praktisch sehr geräumige Taschen fordert — und am Ende auch nur pro salvanda anima dasteht.

[3]) S. u. A. VII. 3 und B. VI.

weil (abgesehen etwa von einer bei Kent, Anh. Nr. 6, erwähnten amerikanischen Uebung) Creditfristen bis zu acht Tagen kaum gebräuchlich sind. —

Die Ausbeute zu Gunsten der Tradition ist, wie man sieht, nicht eben groß. Einschränkung auf ihre schwerfälligste, kaum im kleinen Krämerverkehr immer anwendbare Gestalt nicht bloß, sondern obendrein Nachhülfe durch gefährliche Präsumtionen und Fiktionen zeigen sich als unentbehrlich. Und wenn in ersterer Hinsicht insbesondere das Constitutum schon auf dem vorigen Juristentag zur radikalen Beseitigung oder Umschränkung empfohlen worden ist, so ermuthigt zu legislatorischen Versuchen nach dieser Richtung der fatale Umstand sehr wenig, daß von all den hier zu Grunde gelegten Gesetzgebungen kaum vier oder fünf sich vor ihm zu bewahren gesucht, nur eine sich, aber unter dem Tadel der Praxis, wirklich bewahrt hat. Das wird sich sogleich zeigen. Vorher nur noch eine historische Frage, analog der oben S. 20 für das Vertragssystem gestellten. Ist es lediglich die verhängnißvolle Gewalt der handlichen Phrase gewesen, wodurch man sich hat bestimmen lassen, einen Akt, der toto die zu tausend wechselnden Zwecken vor sich geht, ohne daß er in seiner äußern Erscheinung diesen innern Wechsel (der causa) wiederspiegeln könnte, gerade für einen einzigen dieser Zwecke, die Eigenthumsübertragung, als das specifische Publicirungsmittel zu behandeln und zu preisen? Lediglich wohl nicht: sondern einen Theil ihrer Popularität verdankt die Tradition jedenfalls dem Umstand, daß sie dem freien Zweige der römischen Rechtsbildung das Hülfsmittel zum Sieg über die Mancipation und das dominium ex jure Quiritium gewesen ist. Aber ihr selbst ist alsbald im Constitutum ein gleich schlimmer Feind aufgestanden, ein Feind, der sich nicht begnügt, ihr Herrschaftsgebiet zu schmälern, sondern der sie innerlich zu Grunde gerichtet hat. Denn das Constitutum ist nicht ein „Fall" der Tradition, sondern ihr Sturz.

2) Die positiven Gestaltungen des „Traditionssystems", insbesondere mit Rücksicht auf das Constitutum.

Der heute positivgesetzliche Zustand ist dieser:

a. Alle Traditionsmittel, eingeschlossen das Constitutum, gelten: in Deutschland (gem. R.), Sachsen (3), Oesterreich (2), Luzern (1), Ostseeprovinzen (1), Frankreich (3), Belgien, Genf, Italien (3), Holland (3), Spanien (3), Nieder-Californien (7), Chile (2), Salvador, Venezuela (5), — natürlich immer vorbehaltlich der Neigung der Praxis, hinter dem Constitutum die fraus zu wittern, und der sogleich zu nennenden Modificationen.

b. Wendungen, wie „geoffenbarte Möglichkeit unmittelbar einzuwirken", „deutlich an den Tag gelegte Absicht", „auch ohne körperliche Apprehension", in Zürich (2), Solothurn (2), Peru (2) u. s. w, „Ausscheiden und genügend bezeichnen“ in dem neuen Schweizer Gesetz (2), „nicht genügend die bloße Erklärung des Veräußerers, er erachte sich als depossedirt oder er übertrage hiermit den Besitz“ neben anerkanntem Constitutum: Argent. Republik (2).

c. Controverse Grenzen der symbolischen und constructiven Tradition im englischen (7) und nordamerikanischen Recht (1a); Eigenthumsübergang auch durch mora accipiendi im Canton Glarus (1).; Ersetzung der „vollzogenen Tradition“ durch (wenn auch mittels Stellvertreter) „erlangte Gewahrsam“ auf der Gegenseite, z. B. in der D. Konk. O. (2).

d. Einzelausnahmen: ausdrücklicher Vorbehalt der fraus beim Constitutum nach dem neuen Schweizer Gesetz (2); Recht der Masse des falliten Veräußerers auf das nur durch Constitutum tradirte Gut, Luzern (1); Erforderniß „actueller“ Tradition bei der Schenkung in Südcarolina; desgl. beim Pfand in Sachsen (7), Schweiz (3, 6), Solothurn (5), Zürich (8), Peru (8), Venezuela (8), Argentin. Republik (10); Vorzug des reellen, wirklichen u. s. w. Besitzes in der Schweiz (5), (insbesondere gegenüber dem durch Conossement erlangten), Luzern (5), Aragonien (6); Unwirksamkeit des Eigenthumsvorbehaltes neben dem Uebergang in den gegnerischen Gewahrsam gleichfalls in der Schweiz (2).

e. Endlich radikale Beseitigung des Constitutums und der dinglichen Wirkung aller einschlagenden Parteiberedungen in Bremen (1). — Facit: neun Zehntel der bestehenden Privatrechtsordnungen machen aus der Tradition einen heimlichen Vorgang, der vielleicht (doch davon unten) kaum noch den Namen eines Rechtsaktes verdient, der aber jedenfalls das „corpus“ aus der Eigenthumsübertragung schlechtweg verflüchtigt und dadurch — wenn anders man sich nicht mit dem Statuiren der üblichen „Ausnahme“ bescheiden will — die treibende Kraft principiell aus dem sachenrechtlichen Moment der Uebergabe heraus- und in das vertragsrechtliche der offenbarten Willenseinigung hineinverlegt; so daß man fast sagen könnte, trotz aller Betheuerung des Gegentheils stehe gerade unsere gemeinrechtliche Doctrin auf dem Vertragssystem.[1]) — Von Ladescheinen u. s. f. wie von der Tradition von Ort zu Ort erst später. —

3) Die juristische Haltbarkeit des „Traditionssystems“?

Indeß so schwer die gemachten praktischen Einwürfe wiegen: sie verschwinden beinah vor einem juristischen, der allerdings das ganze Traditionssystem über den Haufen wirft. Die Verehrer des Traditionssystems nennen (abgesehen von den gleich Anfangs beseitigten Erwägungen „inter

---

[1]) Vielleicht haben bei Berathung des Code Napoléon gerade in diesem Sinne die Vertreter des Vertragssystems dasselbe als längst geltendes Recht behandelt.

partes") in ihren Aufzählungen der Vorzüge desselben gar keine Vorzüge der Tradition, sondern nur Vorzüge eines Zustandes, in welchem Eigenthum und Besitz zusammenfallen, oder, da dies Postulat ernsthaft nicht zu stellen ist, als zusammenfallend fingirt, oder doch präsumirt werden, — und die Mehrzahl der Gesetzgebungen sagt nicht „die Tradition" resp. „die ältere Tradition", sondern sagt „der Besitz u. s. w. geht vor." En fait de meubles, um es (zur Verdeutlichung meiner Meinung, nicht als positiv sichern Satz des französischen Rechts) kurz hinzustellen, nicht la délivrance, sondern la possession vaut titre, womit für den Immobilarverkehr parallel wäre: nicht der Akt der Eintragung ins Grundbuch, sondern das Eingetragensein ist der Schutz des staatlich anerkannten Immobilareigenthums, nur daß das „Eingetragensein" nicht wohl wie der Besitz furtiv zu beschaffen ist. Das bedarf nach dem Obigen keines weitern Beweises; insbesondere nach dem Hinweis auf die bremische Unwirksamkeit der Tradition in Folge baldiger Restitution. Auch die Formulirung eines vor zwei Jahren erhobenen Einwurfs gegen das Traditionssystem erkennt es stillschweigend an: letzteres gebe dem Besitz mehr Macht als dem Eigenthum, dem Dieb — der auf dem Haben, nicht auf dem Bekommenhaben fußt — mehr als dem Eigenthümer. Endlich ist es in den Verhandlungen von 78 schon mehrfach angedeutet.

Nun ist zwar denkbar, wir kämen wie eine Reihe bestehender Rechtsordnungen zur Annahme des Systems la possession vaut titre, zur Präsumirung oder gar Fingirung des Besitzes als Eigenthum, oder consequenter und kühner, wir statuirten neben obligationenrechtlichen Mitteln nur ein Mobilarbesitzrecht, eine Gewere, kein Mobilareigenthumsrecht: — aber das wäre nicht das Traditionssystem: man müßte denn die Frage mit Gewalt dahin zurückwerfen, wie z. B. der chilenische Codex (2), der jeden nicht heimlichen Besitz durch Tradition erworben präsumirt. —

Der Werth der bisher nur erwähnten Empfehlung des Traditionssystems „als des thatsächlich bestehenden" taxirt sich nunmehr von selbst, und die Frage, ob nicht in Deutschland, Dank dem Constitutum, eigentlich das Vertragssystem gemeinen Rechtes sei, kann nunmehr dahinstehen.

Die letzten Ausführungen haben den intimen Zusammenhang der hier begutachteten Frage der Mobilarvindication mit der vom Juristentag vor zwei Jahren per majora entschiedenen des Mobilarerwerbs genügend empfinden lassen. Deshalb wird unter Vorbehalt der ganzen Reihe von Einzelfragen, die der Vergleich unserer modernen Rechte liefert, an dieser Stelle bequem zur Betrachtung des Gegensatzes „unbeschränkte — beschränkte Vindication" übergegangen.

IV. Die verschiedenen Vindicationssysteme im Allgemeinen.

1) Verhältniß zu den Erwerbssystemen.

Vorab bemerkt soll der Ausdruck „System der beschränkten Vindication" schon hier nicht ganz unkritisirt passiren und finde ich den erwähnten Zusammenhang beider Fragen nicht etwa in der von mancher Seite behaupteten Incompatibilität des einen oder andern Erwerbssystems mit dem einen oder andern Vindicationssystem.[1]) Der Satz nämlich: „wir wollen die beschränkte Vindication" wäre nach gemeinem Recht, dessen positiver Eigenthumsbegriff eine „Vindicationsbeschränkung" nicht resp. nur zufolge eines concreten Gegenrechts duldet, vielmehr so zu formuliren: „wir wollen, daß unter Umständen der Käufer auch aus der Hand des Nichteigenthümers Eigenthum erwerbe."[2]) Es geht, wenn anders ein in sich geschlossenes Recht geschaffen werden soll — und für ein gegen das „dominium" auftauchendes „in bonis" sorgt vielleicht die Geschichte, hat aber der Gesetzgeber nicht zu sorgen — es geht nicht an, den Käufer, dessen Auctor non dominus war, für einen Nichteigenthümer zu erklären und ihm im Wege einer „Beschränkung" dennoch gegen die Vindication zum Sieg zu verhelfen. Ja, es geht — um das schon hier auszusprechen — auch nicht an, mit dem deutschen Handels- oder, allgemeiner, mit dem Zürcher Gesetzbuch (1) erstens den (b. f.) Käufer das Eigenthum erwerben und dann zweitens in Consequenz dieses Erwerbs das Voreigenthum „erlöschen" zu lassen. Letzteres thut zwar die Usucapionstheorie. Aber sie besitzt im Zeitablauf einen eigenen, selbstständigen juristischen Motor, der uns hier absolut fehlt.

In dem Streit „beschränkte gegen unbeschränkte Vindication" stehen also die **materiellen** Voraussetzungen des Eigenthumserwerbs, Eigenthum und Veräußerungsfähigkeit des Auctor, zur Frage, so daß der Satz „ubi rem meam invenio etc." sich auch fassen läßt „nemo plus

---

[1]) Von den Gutachtern des vorigen Juristentags bestand Bornemann (S. 116) auf Unvereinbarkeit des „Vertragssystems" mit dem Schutz des redlichen Erwerbs, ob dieser nun gemäß H. G. B. 306 oder gemäß C. N. 2279 formulirt werde — vgl. Goldschmidt, Handelsr. I. 804 und Zschr. IX. 73, — während Seitz (S. 64, 78) diesen Schutz mit jedem Systeme compatibel hielt. M. E. entgehen die Franzosen dem Widerspruch durch ihr doppeltes Eigenthum; ebenso Seitz. Und wenn Bornemann einwirft, „das durch Vertrag erworbene sei reines **Scheineigenthum**", so hat er zwar Recht (s. u. B. III.): aber diese Qualification paßt unter Umständen auf dominium ex jure Quiritium und hereditas gegenüber in bonis und bonorum possessio auch. (Unsicher scheint Petersen, Gutachten S. 182, 184.) — Kurz, soll einmal zu Gunsten des redlichen Erwerbers ein Loch in das sonstige System gestoßen werden, so ist es gleichgültig, in welches.

[2]) So u. a. Blackstone-Kerr, Anh. Engl. 8. — s. u. S. 39, und B. V.

juris transferre potest quam ipse habet", — in dem Streit „Traditionssystem gegen Vertragssystem" aber die formellen. Und das Motiv, weshalb so manche vor zwei Jahren und früher gefallene Aeußerung von dem Gefühl eines dennoch bestehenden Zusammenhangs des einen mit dem andern Streit beherrscht scheint, dürfte nur die, freilich unausgesprochene Erkenntniß sein, daß im System der beschränkten Vindication durch die Erfüllung der Form des dinglichen Vertrags der materielle Mangel gedeckt wird, bei Annahme des Vertragssystems aber diese Deckung schlechtweg durch den manifestirten Consens, also durch eine Nichtform geleistet werden müßte, — wodurch denn, nebenher gesagt, auch der Ursprung der in die Debatte geworfenen Bemerkung klar wird, es handle sich gar nicht um den Streit „Vertrag gegen Tradition", sondern um den Streit „formloser Vertrag gegen durch Tradition förmlichen." [1])

Für mich beruht also der Zusammenhang des Erwerbssystems mit dem Vindicationssystem darin, daß eine Vindication jeder Eigenthümer oder keiner haben muß, wer Eigenthümer ist, sich aber nicht sagen läßt ohne über die Voraussetzungen des Eigenthumserwerbs klar zu sein.

Nachdem so feststeht, in welchem Sinne die hergebrachten Ausdrücke hier zur Verwendung kommen, zu den verschiedenen Vindicationssystemen.

Beiläufig bemerkt haben das angebliche „Vertragssystem" von den Systemen der „beschränkten Vindication": Frankreich nebst Belgien, Genf u. s. w., Italien, der erste Schweizer Entwurf und England; — das „Traditionssystem": unser und das ungarische H. G. B., das preußische Landrecht, Oesterreich, Luzern, Solothurn, Glarus, Zürich, Bremen, Hamburg, Sachsen, Holland, — letzteres hier von seinem sonstigen Vorbilde, dem C. N., offenbar absichtlich abweichend. Tradition (freilich unter Billigung des Constitutums) fordern von den mehr oder minder unbeschränkte Vindication statuirenden Rechten [2]) insbesondere das gemeine deutsche und das gemeine spanische Recht, während der portugiesische, der californische Codex u. s. w. „Vertragssystem" und „unbeschränkte Vindication" combiniren.[3])

2) Die sog. beschränkte Vindication.

Das „Beschränkungssystem" hat gesetzgeberisch mannigfache Variationen erfahren: weniger tief nach dem praktischen Erfolg, wo vorwiegend Anspruch auf refusio (preuß. Landrecht) und gänzliche Klagefreiheit (Handelsgesetzbuch) mit einander streiten, — radikal in der juristischen Formuli-

---

[1]) Verhandl. S. 49 und unten B. I.

[2]) Es wird unten näher betont, daß scharfe Grenzen gar nicht zu ziehen sind.

[3]) Die Verweisungen auf den Anhang s. unten S. 29 ff., S. 37 f., und S. 18 ff., S. 24 f.

rung, wo der interne Streit zweier Principien theils anreizte, das eine Mal von diesem, das andere Mal von jenem Pol auszugehen, theils von dogmatischer Formulirung abschreckte und in die Casuistik stieß.

Zunächst über den zweitgenannten Punkt, die Formulirung.

1. Unser Handelsgesetzbuch für seinen Bereich, für sein gemeines Civilrecht Bremen (5) — dieses im Anschluß an das H. G. B. —, das neue Schweizer „Obligationenrecht" (3), Solothurn (3) und die neue englische Jurisprudenz (8), lassen den Satz nemo plus juris u. s. w. mehr oder weniger resolut fallen (weniger besonders England), und erkennen — Solothurn vorsichtig „in der Regel" — den Eigenthumserwerb a non domino an. England steht dabei auf dem Boden des angeblichen Vertragssystems, die andern auf dem System der Tradition, und zwar die Schweiz im Gegensatz zu ihrem ersten Entwurf.

2. Eine größere Reihe von Gesetzgebungen stellen theils den Satz ubi rem meam invenio u. s. w., theils den Satz nemo plus juris etc., theils beide an die Spitze, mehr oder weniger positiv und hier unter gleichzeitigem Vorbehalt, dort unter stillschweigendem Nachtragen der Beschränkung, letzteres oft gelegentlich, in heterogenen Capiteln, von der Verjährung besonders. So (ubi rem ꝛc.) das Allg. Landrecht (3), Oesterreich (4), Luzern (3), Ostseeprovinzen (3), Italien (5), während der C. N. der revendication nirgend principiell, sondern nur gelegentlich und obendrein in sehr wechselndem Sinne Erwähnung thut; — so (nemo plus ꝛc.) der amerikanische Kent (11); so (beides) Chile (3, 4) und die Argentinische Republik (6, 12).

Die anschließende Beschränkung findet gleichfalls verschiedene Formulirungen: sei es in der Präsumtion (Argent. Republik 2a) oder Fiktion (Frankreich 4, Italien 5, Niederlande 4), der Besitzer resp. auch ausdrücklich der gutgläubige Besitzer (gutgläubig ist er aber durchweg wiederum präsumtiv und zwar fast allenthalben auch zufolge ausdrücklicher Bestimmung) ist Eigenthümer, — sei es in der Fiktion, Eigenthümer ertheile durch Uebergabe in die Hand eines entsprechenden Handelsmannes, Auctionators u. s. f., ohne Rücksicht was der concrete Zweck derselben sei, Veräußerungsvollmacht (Kent 11),[1]) — sei es als Besonderheit des „anvertrauten" Guts ohne weitere constructive Scrupel (z. B. Ostseeprovinzen 4), —

---

[1]) Diese Fiction gibt einer auch bei uns häufig geäußerten praktischen Erwägung die technisch-juristische Gestalt. Vgl. z. B. Bluntschli', D. Privatrecht § 73: „Man nahm an, wenn der Eigenthümer die Sache selbst einem Andern übergeben und damit mittelbar dessen Macht anheimgestellt habe, so müsse er auch die Folgen seines vielleicht unbegründeten Vertrauens tragen, und sich gefallen lassen, daß die Strömung des Verkehrs, welcher er selbst seine Sache ausgesetzt habe, dieselbe mit Erfolg einem dritten redlichen Erwerber zuführe".

sei es als ein seiner ratio nach nicht weiter geprüfter Rechtsvortheil der Redlichkeit des Erwerbs (schlechthin oder gegen Aequivalent) oder des Besitzes, — sei es endlich, daß der Gesetzgeber Mehreres dieser Art häuft oder daß er, unter Verzicht auf principielle Formulirung, nur concrete faktische Direktiven wie die sogleich auf der folgenden Seite zu erwähnenden gibt.

Je nach dem gewählten Ausgangspunkt leidet die Beschränkung wieder Beschränkungen. Z. B. die amerikanische „Verkaufsvollmacht" (11) bei Uebergabe an einen Handwerker zur Reparatur; ebenso in Deutschland, Schweizercantonen u. s. f. bei Anvertrauung des Besitzes an Handwerker, Arbeiter, Diener, Gesinde, Familienglieder u. s. f., ein an sich fast in infinitum denkbares Balanciren und interessant nur unter dem Gesichtspunkt, daß in ihm der Mangel einheitlicher, principieller Durchdringung sichtbar wird. —

Das Resultat dieser Uebersicht de lege ferenda scheint unbestreitbar dieses zu sein:

Die besprochenen, durch Combination heterogener Principien zu dem gewünschten Resultat hinstrebenden Formulirungen müssen, vorausgesetzt wir kämen überhaupt praktisch zur Empfehlung der „beschränkten Vindication", nach dem Vorgange des Handelsgesetzbuches als beseitigt gelten, zumal bei der gegenwärtigen Aufgabe, die mehr als die frühere aus dem Ganzen zu arbeiten gestattet und fordert.

3. Dasselbe paßt auf gewisse Systeme, die verfahren wie die üblichen Lehrbücher des deutschen Privatrechts bei Erörterung der Formel „Hand wahre Hand" oder der bessern „wo man seinen Glauben gelassen".

Beide Formeln sind (abgesehen von der mehr theoretischen, Gewohnheitsrecht constatirenden russischen Arbeit für die Ostseeprovinzen) legislatorisch nicht recipirt. Doch stellt manches System die in den Lehrbüchern mit ihnen üblich verbundenen Idee der Nichtvindicirbarkeit resp. bloßen Einlösbarkeit „anvertrauten" Gutes als oberstes Princip hin, wobei sein Revers, die Vindicabilität gestohlener oder verlorener Sachen theils (z. B. Zürich 6, Glarus 2) juxtaponirt, theils mehr oder minder ausdrücklich als „Ausnahme" bezeichnet wird (z. B. Solothurn 3, Schweiz 3), und eventuell weiterhin zu Gunsten des Marktes, des Inhaberpapiers u. s. w. in nicht minder unintereſſanter Verzettelung an der „Ausnahme" noch eine „Ausnahme" hängt (z. B. Zürich 6, Hamburg 3). —

Für die gesetzgeberische Fassung ergäben sich hiernach als eventuelle Vorbilder die ad. 1 genannten Gesetzgebungen. Näher zu betrachten aber sind hier, jetzt ohne Rücksicht auf die wechselnde Construction oder Gruppirung, die praktischen Ziele oder Resultate der „Beschränkungssysteme".

3) Der gemeinsame ökonomische Grundgedanke der Vindicationsbeschränkungen.

Es gilt hier, den leitenden Faden durch einen scheinbaren Wirrwarr von Einzelheiten zu finden.

Die diesem Gutachten vorangestellte Frage verlangt einfach Regelung der Vindication „im Verhältniß zum redlichen Erwerb", und adoptirt damit die de lege ferenda heut allgemein übliche Formulirung. Aber die positiven Gesetzgebungen haben daneben eine ganze Reihe anderer Voraussetzungen, Möglichkeiten, Beispiele, Einschränkungen u. s. w. im Auge. Geld, Werthpapiere, Inhaberpapiere,[1]) Pferde,[2]) Vieh,[3]) Hausgeräth,[4]) zur See eingeführte,[5]) gestohlene, verlorene,[6]) durch Buchstaben, Siegel u. s. f. markirte[7]) Sachen werden durchweg besonders beurtheilt, neben dem bösen Glauben erscheint die Culpa,[8]) der Rechtsirrthum,[9]) der verdächtige, der unbekannte, fehlende Auctor,[10]) der zahlungsunfähige Käufer,[11]) die Bekanntmachung des Diebstahls[12]) u. s. f., neben dem „guten Glauben" der „redliche Erwerb", der redliche Besitz, Markt, Messe, Kaufladen, Leihhaus, öffentliche Versteigerung,[13]) hier wird der mit dem Gut Beschenkte wie ein bösgläubiger Erwerber behandelt, die „Begünstigung des Redlichen" auf onerose Anschaffung beschränkt,[14]) dort gegenüber dem gemeinen der Handlungsverkehr

---

[1]) H. G. B. (2), Landrecht (5), Kgr. Sachsen (5), Bremen (4), Oesterreich (4), Schweiz (4), Solothurn (3), u. s. f.

[2]) England (8), Preußen (8).

[3]) Das., und Prov. Nassau, Aragonien (9), u. s. w.

[4]) Bremen (1).

[5]) Hamburg (3).

[6]) H. G. B. (contra: Ungarn), Hamburg, Schweiz (4), Luzern (4), Solothurn (3), Glarus (2), Zürich (6), Aragonien (9), Portugal (2), Peru (3), Argentin. Republik (6, 3), Vereinigte Staaten (11).

[7]) Preuß. Ldr. (8).

[8]) Daselbst (3), Wechsel-Ordnung, Oesterreich (2a), Schweiz (3), Zürich (3), Provinz Hannover;

[9]) Z. B. Preuß. Landrecht (3), Chile (2a).

[10]) Landr. (3), Oesterreich (4), Luzern (3), Argent. Republik (3).

[11]) England, Nordamerika u. s. f.: unten bei Besprechung des Stoppage in transitu und der Schenkung.

[12]) Argent. Republik (3), Landrecht (8).

[13]) Preuß. Ldr. (4), Kgr. Sachsen (5), Zürich (6), Oesterreich (4), Frankreich (4), Italien (5), Niederlande (4), England (8), Portugal (2), Argent. Republik (6), Californien (2), Chile (4), Peru (3), Braunschweig, Provinz Nassau.

[14]) Z. B. Landr. (3), Oesterreich (4), Argent. Republik (6, 12). — Contra: Russ. Ostseeprovinzen (4).

begünstigt,[1]) der Trödelverkehr gedrückt,[2]) anderswo in Betracht gezogen, ob ein Diener, Arbeiter, Familienglied, ein Soldat, ein Schiffsknecht, ein Roßtäuscher im Spiele sei,[3]) Präsumtionen, Gegenbeweise u. s. f. — Woher diese vielleicht jeder andern Materie fremde Mannigfaltigkeit in den faktischen Unterstellungen?

M. E. einfach aus Jahrhunderte alten Versuchen, die im germanischen Rechte anfänglich gesetzten objectiven Typen dessen was wir heute redlichen Erwerb nennen, auf der einen Seite unter Bevormundung des Richters zu mehren, auszuführen, zu specialisiren, auf der andern Seite an der Hand des romanistischen Begriffs bona fides und auf der Basis der freien Beweiswürdigung zu vereinfachen und zu generalisiren. Das historisch aufzuzeigen ist hier nicht der Platz; logisch spricht die Prüfung jedes einzelnen Beispiels für sich selbst. Das definitive Facit ist bis einzig auf die „gestohlenen oder verlorenen“ Sachen in Bremen, bis einzig auf den „Handelsverkehr“ in Ungarn gezogen; in Anwendung auf Inhaberpapiere liegt es schon für ganz Deutschland in seiner vollen auf dem Boden des Traditionssystems überhaupt möglichen Reinheit vor (ob de lege ferenda erwünscht, bleibt offen), schlechtweg dahin: gegen den nach freiem Ermessen des Richters „redlichen“ Erwerber des Besitzes keine Vindication. Das „Vertragssystem“ könnte einen Schritt weiter gehend von dem Erforderniß des Besitzerwerbs absehen.

Indeß diese allgemeine Betrachtung dispensirt nicht von der Prüfung einer Reihe einzelner Punkte.

V. Fortsetzung. — Die Variationen des „Beschränkungssystems“ im Einzelnen.

1) Die besondere Behandlung gestohlener und verlorener Sachen.

Unsere allgemeine Bemerkung begriff auch die Furtivität — um das breite „gestohlen, verloren, wider Willen entkommen u. s. w.“ so abzukürzen — als objektives Merkmal der Unredlichkeit des Besitzers. Historisch läßt sich das schlagend nachweisen. Hier muß die Bemerkung genügen, daß sich schlechterdings keine andere Ratio für die singuläre Behandlung dieser Sachen ergründen läßt. Oft klingt aus den Darstellungen heraus, als sollte der unglückliche Gekränkte nach Kräften geschont werden, — nicht unähnlich wie die Sicherung des redlichen Erwerbers als Lohn seiner

---

[1]) H. G. B.; — contra: Bremen.

[2]) England (8), Zürich (6).

[3]) Landrecht (8), Hamburg (3), Zürich (6), Glarus (2), Ostseeprov. (4); vgl. a. England (8).

Biederkeit fungirt. Ganz nichtig:[1]) denn der durch Unterschlagung um die Sache Gebrachte ist ebenso gekränkt und ihm ist man heute in allen Ländern des Beschränkungssystems ziemlich einig, die Vindication zu versagen. Außerdem aber: etwas „verloren haben" gilt im gemeinen Leben sehr stark als Evidenz nachlässiger Custodia, und dem Bestohlenen gegenüber müßte der beklagte Dritte doch mindestens einwenden können — und Aehnliches findet sich in älteren Quellen —, Kläger habe in unverantwortlicher Weise Thüren und Fenster offen gelassen. Ebensowenig kann die Scheu, den offenen Rechtsbruch auch nur im objektiven Erfolg zu sanktioniren, bestimmend gewesen sein: sonst hätte man nicht Geld und Inhaberpapiere ausnehmen dürfen. Oder sollte — freilich mehr die juristische als die faktische Seite treffend — sollte die mit Fund und Diebstahl nascirende Restitutionspflicht durchschlagen, so müßte man zu völligem Umsturz eines fundamentalsten gemeinrechtlichen Satzes, eine stillschweigende Succession jedes Inhabers einer Sache in latente obligatorische Verpflichtungen hinsichtlich derselben statuiren: und das thut, trotz seinem System des „sichern Datums", selbst der Code civil nur bei Immobilien, nur unter bestimmten Voraussetzungen, und nur zu Gunsten eines Rechtsverhältnisses.[2]) — Es darf also billiger Weise die Entdeckung eines andern Motivs noch erwartet werden.

2) Die Ausnahmestellung des Inhaberpapiers, des Geldes u. s. f.

Wenn vorher aus der Behandlung der Inhaberpapiere argumentirt worden ist, so soll damit durchaus nicht gesagt sein, als ob jeder auf sie anwendbare Satz deshalb auch auf andere Mobilien anwendbar sein müßte. Weit entfernt — obschon von den Autoren diese Papiere wohl wie eine Art Tirailleure für den Kampf um die „beschränkte Vindication" behandelt werden. Man vergißt dabei die Möglichkeit der Mortification, welche

---

[1]) Daß mit der Berufung auf das Delikt für die Erklärung Nichts gewonnen ist, sollte keiner Hervorhebung bedürfen; die dritten Besitzer haben nicht gestohlen. — Für unsere Anschauung, das treibende Motiv sei wie beim Markt eine Präsumtion der bona, so hier eine Präsumtion der mala fides, vgl. a. Holland (4). — Wenigstens angegriffen worden ist die exceptionelle Behandlung der gestohlenen und verlorenen Sachen auch schon bei der Berathung des H. G. B. (Prot. 4611, 4615). Auch Troplong, Vente 1067, äußert sich dahin: on n'aperçoit pas facilement la raison de cette sévérité contre l'acheteur de bonne foi.

[2]) Zu Gunsten der Miethe: Code civ. 1743 ff., im Erfolge nicht ungleich einer halben Dinglichkeit des Verhältnisses des Miethers zur Sache.

gestattet, auch ohne Vindication oder Ersatzklage den Werth des Papiers widerstandslos aus den Händen des Besitzers zu ziehen und auf ein anderes zu übertragen, — eine faktische Wiedereinsetzung in den vorigen Stand, die bei Sachen natürlichen Werthes im Stich läßt. Indeß — obschon hier offen bleibt, ob nicht dennoch diese Urkunden auch auf dem Gebiet unserer Frage ein jus singulare mit Fug beanspruchen — diese ihre genannte Eigenthümlichkeit kann es nicht gewesen sein, was die Gesetzgeber veranlaßte, ihnen auf unserm Felde eine exceptionelle Stellung einzuräumen: denn wie hätten sie sonst dieselbe Stellung dem baaren Geld bewilligen können? Also ist wohl die auch (und vorwiegend) dem letztern eigenthümliche Indistinctheit bestimmend gewesen? Abermals nein: denn das umsichtige Preußische Landrecht (5) erklärt ausdrücklich auch das unterscheidbare Geld unvindicabel; zweitens müßte man, was denn auch z. B. das Oesterreichische Gesetzbuch (4. § 371.) gethan hat, alle nach gemeiner Anschauung indistincten oder fungibeln Sachen exceptionell behandeln; und drittens, wodurch das ganze Argument umfällt, versteht es sich völlig von selbst, daß was man nicht bezeichnen, man auch nicht vindiciren kann.[1]) — Auch hier also bleibt als denkbare gesetzgeberische Ratio nur eine Präsumtion der Redlichkeit übrig, — und dieselbe scheint nicht ungerechtfertigt zu sein. Darauf ist im zweiten Theile des Gutachtens noch zurückzukommen.

3) Der Gegensatz des onerosen und gratuiten Erwerbs.

Auch hier divergiren die Gesetzgebungen. Dort (freilich selten) Anspruch des gutgläubigen Beschenkten auf Ersatz des Werthes gegen den Vindicanten, dem die Sache durch Vertrauensmißbrauch entkommen,[2]) hier schlechtweg Pflicht jedes Beschenkten zur Herausgabe.[3]) Dort der einfache Widerspruch mit dem gesunden Menschenverstand, hier eine das Rechtsgefühl befriedigende und weitaus in der Mehrzahl der bestehenden Gesetzgebungen zum Ausdruck gebrachte Entscheidung. Aber auf welcher Ratio

---

[1]) Der Darsteller des Bremischen Rechts, Post (4), erklärt die „Geldvindication" für eine reine Schuldklage. Auch Oesterreich §. 371, die ausnahmsweise eintretende „Vindicabilität" indistincter Sachen auf eine Culpa des Besitzers gründend, fällt aus dem Sachenrecht in das Obligationenrecht, schützt also das Eigenthum der im Verkehr nach ihrer Individualität so zu sagen dahinschmelzenden Güter nur durch eine Forderung — eine, wie sich später zeigen wird, sehr brauchbare und weittragende Idee.

[2]) S. Russ. Ostseeprov. (4).

[3]) Ausdrücklich: Preuß. Ldr. (3), Oesterreich (5), Zürich (6), Argent. Republ. (6, 12), u. s. w. — Stillschweigend: alle die Gesetzgebungen, welche den Markt, die Versteigerung, den Handelsverkehr rc. als Basis der Vindicationsbeschränkung nehmen.

fußt die letztere? Jeden Beschenkten in bösen Glauben hinein zu präsumiren wäre widersinnig und gewaltsam.[1]) Die sich sonst bewährende allgemeine Formel reicht also nicht aus und die Frage bleibt unerledigt.

Ganz verwandt ist die andere, ob und warum zu Gunsten des unbezahlten sei es Baar-, sei es Creditverkäufers gegen den insolventen oder falliten Käufer oder gegen die Masse die Waare in transitu arrestirt, oder nachher vindicirt, oder — denn hinter beidem steckt ökonomisch Nichts als eine Vindication — im Weg eines Separations- oder Vorzugsrechts ausschließlich oder prinzipal der Deckung des Kaufpreises gewidmet werden solle. Wie vorhin gehen die Gesetzgebungen aus einander, und wie vorhin kann an die Theorie von den objectiven Typen der bona fides und der mala fides nicht gedacht werden, — gemeinrechtlich wenigstens so lange nicht, als es sich um ein von diesem Gegensatz unabhängiges Rechtsmittel und nicht um die actio Pauliana handelt. Auch dies Bedenken bleibt hier offen und späterer Besprechung vorbehalten.

4) Veräußerung durch Handwerker u. s. f.

Daß die besondere Hervorhebung des veräußernden Dieners, Arbeiters, Gesindes u. s. w. im Grunde Nichts ist als eine zum Theil recht altmodische Detaillirung des „verdächtigen Verkäufers“, bedarf wie manche andere von den oben aufgeführten Einzelheiten und insbesondere das Privileg des Marktes, wohl keiner besondern Erörterung. Anders, wozu das Beispiel des veräußernden Handwerkers hinüber leitet, die vielfach an Stelle der Vindication tretende, von den Gesetzgebern je nach dem eingenommenen prinzipiellen Standpunkt meist als „Ausnahme“, sei es gegenüber der Vindication schlechtweg, sei es gegenüber der völligen Klagfreiheit des redlichen Besitzers behandelte Einlösung oder Vindication gegen Ersatz der Anschaffungskosten.

5) Refusio pretii und gänzliche Unverfolgbarkeit.

Hinsichtlich der refusio ist die Statistik der geprüften modernen Gesetzgebungen in großen Zügen und nunmehr die berührten zahlreichen inhaltlichen und constructiven Divergenzen im Ganzen bei Seite geschoben, diese:

a. Weniger häufig kennt das System der beschränkten Vindication,[2])

---

[1]) Etwas plausibler schon ein Commentator des holländischen Gesetzbuchs, der meint, die unbezahlte gekaufte Waare der gestohlenen oder verlorenen parallel stellen zu sollen. (Opzoomer. III, 243. N. 1: dat men een door den kooper onbetalde zaak hier op éene lyn dacht te moegen stellen met een gestolen zaak.)

[2]) Es sei nochmals betont, daß die Gruppirung „Systeme der beschränkten“ — „der unbeschränkten Vindication“ keine absolut scharfen Grenzen beansprucht. Etwas

überhaupt keine Klagfreiheit, sondern setzt, wo immer ein „Erwerber a non domino“ begünstigt wird, die Einlösung an die Stelle. So z. B. Zürich (6), Glarus (2), die estländischen Städte (4), Aragonien (9).

b. Extrem auf der andern Seite stehen die Rechtsordnungen, welche (abgesehen von concreter obligatorischer Haftung) keine refusio, sondern nur Klagfreiheit des schützenswerthen Besitzers und andernfalls Vindication kennen. So unser und das ungarische Handelsgesetzbuch, unsere Wechselordnung, so Bremen (5), Luzern (3), Solothurn (3), England (8), die Vereinigten Staaten (11), die russ. Ostseeprovinzen (4); so auch Hamburg (2, 3), außer im Fall der Weiterveräußerung durch Arbeiter u. s. f., wo Ersatz des Arbeitslohns eintritt.

c. Die übrigen Systeme, eine Mitte haltend, combiniren in wechselnder Vertheilung Fälle der Vindication, der Einlösung und der gänzlichen Unverfolgbarkeit. Die Einlösung fungirt dabei theils

(I) als die „Beschränkung“ des Vindicationssystems, also als Begünstigung des Erwerbers — Preuß. Landrecht (3), Kgr. Sachsen (5), Oestreich (5, 6), — theils umgekehrt eher

(II) als die Beschränkung der Beschränkung, als die Ausnahme des Nichtvindicationssystems, also als Begünstigung des Eigenthümers — Frankreich u. s. f. (4), Italien (5), Niederlande (4), Schweiz (4), Argentin. Republik (4, 10).

Die die Begünstigung bedingenden Momente sind

ad (I): der redliche onerose Erwerb, insbesondere der Markt (Preuß. Ldr.), der durch den Aufwand des Verklagten objectiv[1]) erwachsene Nutzen des Klägers (Sachsen, Oesterreich, letzteres nicht refusio schlechthin, sondern „angemessene Vergütung“ gewährend), der Markt und die öffentliche Versteigerung (Sachsen), der Pfandbesitz des Verklagten (Oesterreich), u. s. f.,

ad (II): der Markt, der öffentliche Verkauf, der Laden-, Gewerbs-, Handelsverkehr u. s. w., verbunden mit Furtivität der Sache. —

Man sieht, wie die Gesetzgeber schon innerhalb des bloßen Kreises der refusio Voraussetzungen, Wirkungen und systematische Ausgangspunkte kaleidoskopartig durch einander rütteln. Aber nicht genug: was hier ignorirt wird, was dort zur refusio führt, das erzeugt wo anders wieder absolute

---

über das römische Recht hinaus geht die „Beschränkung“ fast in allen geprüften Rechtsordnungen. Vgl. Portugal (2), Californien (2), Chile (4), Nassau — u. folg. Note.

[1]) Im Vergleich zum römischen Recht fällt der animus aliena negotia gerendi fort. — Einzelne „Beschränkungssysteme“ statuiren neben der Einlösung auch noch den gemeinrechtlichen Ersatzanspruch wegen Geschäftsführung, z. B. Preußen (6); Sachsen (5) zieht den Ersatz des Kaufpreises eventuell unter den Gesichtspunkt der „Impensen“.

Klagfreiheit des Besitzers. Außerdem sind „guter Glaube“, „Redlichkeit“, Freiheit von Culpa, neben jenen Einzelvoraussetzungen des Marktes u. s. f. zwar allenthalben unterstellt, mehrfach aber als unerläßlich erst im Weg einer weiterausholenden Folgerung zu erschließen; so z. B. in Frankreich, wo die Rechtsprechung das Princip des Art. 2279 längere Zeit hindurch von der Bedingung der bona fides gelöst hat. —

Die Voraussetzungen der totalen Unverfolgbarkeit werden gesetzt theils in die Qualität der Sache, als Geld, Inhaberpapier u. s. w. (Landrecht, Sachsen, Oesterreich u. s. w.); theils in die Beschaffenheit des Vorganges, durch welchen der Eigenthümer aus der Detention kam, in das „Anvertrauen“ (Schweiz, Argentin. Republ. u. s. w.); theils in die Beschaffenheit des Geschäfts, durch das der Besitzer die Sache erwarb, Versteigerung, Kauf vom Handelsmann, der „die Gilde gewonnen“ u. s. f. (Landrecht, Oesterreich 2c.), oder des Auctors (Landrecht: Fiskus, unverdächtiger Verkäufer 2c.); theils, und das am Allgemeinsten, in den guten Glauben, die Redlichkeit, die ordentliche Sorgfalt beim Erwerb resp. Besitz (Frankreich u. s. w.) Daß der Kaufpreis gezahlt sei, ist als Voraussetzung des Anspruchs auf diesen intensivsten Schutz nur sehr selten ausgesprochen: so in dem Codex der Argentinischen Republik (4). Davon später, gelegentlich des Kaufpreisprivilegs und was damit zusammenhängt.

VI. Die „unbeschränkte“ Vindication.

Ich komme zu den „Systemen der unbeschränkten Vindication,“ — soweit sie diesen Namen überhaupt verdienen und soweit sie gegen die andern überhaupt abgegrenzt werden können. Denn eine dingliche Verfolgung von der Strenge, wie sie nach allerseits unbezweifelter Ansicht das römische Recht hatte — freilich mit der in ihrer Verkehrswirkung vielleicht zu wenig beachteten Modalität, daß wenigstens in classischer Zeit nicht auf die Sache selbst, sondern auf Geld exequirt wird, — eine Verfolgung von solcher Strenge findet sich eigentlich heut nirgendwo. Vielmehr drängen sich allenthalben gewisse „Ausnahmen“ ein. Z. B. bei uns die des gesammten Handelsverkehrs, welche numerisch offenbar die hundertfach überwiegende Mehrheit der Mobilareigenthumsübertragungen dem gemeinen Rechte entzieht.

Außerhalb des Handelsverkehrs folgen die Deutschen Gebiete des ungeschriebenen Rechtes durchweg der romanistischen Richtung, Ausnahmen statuirend, abgesehen von den heute dem Handelsgesetzbuch unterliegenden Inhaberpapieren, nur für den Leihhausverkehr (z. B. Hessen, Nassau, Braunschweig), für den Ankauf aus dem Executionsverfahren (Nassau), für die Verfolgung der Generalhypothek (Braunschweig), für die Vindication von Vieh nach der Wandelungszeit (Nassau). Die refusio pretii wegen negotiorum gestio scheint dabei durchweg — anders Nassau — auf die strengen romanistischen Erfordernisse beschränkt zu werden. Die Hineinziehung des Anschaffungspreises in den Begriff „Impensen", wie sie das übrigens zwischen romanistischen und germanistischen Gesichtspunkten pendelnde Sächsische Gesetzbuch hat, findet sich sonst nicht. Erwerbssystem ist allenthalben das angebliche, vom Constitutum durchlöcherte der Tradition.

Außer dem gemeinen Deutschen Rechte sind Vertreter dieser Richtung Spanien und Portugal nebst ihren amerikanischen Tochterrechten. Nur daß, abweichend von jenem, Portugal (3), Niedercalifornien (4,6) u. a. stark vom Code civil beeinflußt sind und insbesondere „in dubio" dem Vertragssystem folgen, Californien (6) freilich indem es, hier sich einmal englischer Anschauung [1]) nähernd, nach perfektem Kauf nicht nur die Waare als dem Käufer, sondern auch den Preis als dem Verkäufer „gehörig" bezeichnet, beides weil dieser und jener auf das Seinige klagen könne, also auch das jus ad rem wie ein „Eigenthum" behandelnd. [2]) Außerdem haben alle genannten Rechte zu Gunsten des Besitzers eine ausdrückliche Eigenthumspräsumtion [3]) — theoretisch ein schlimmer Stoß gegen das römische Recht, praktisch nur da von Belang, wo statt der Vindication im eigentlichen Sinne der (unten zu berührende) Streit um das bessere Recht herrscht: denn im Uebrigen schützt den Besitzer ja schon die Position des Verklagten.

Ganz romanistisch ist das gemeine spanische, romanisirend, aber inhaltlich fast ganz germanistisch das aragonische Recht: für nicht furtives Vieh ist der Markt genügender Auctor, für furtives sind Garanten zu ziehen und siegt der Eigenthümer nach seinem Eid, nicht verkauft noch sonst veräußert zu haben; der Besitzer furtiver Sachen außer Vieh schwört eventuell den Verkäufer nicht zu kennen und erhält dann die Hälfte des Preises vom Vindicanten heraus.

Die portugiesischen (2) und niedercalifornischen (2) Modificationen gegenüber unserm gemeinen Recht sind: der redliche Marktkäufer beansprucht refusio; im Uebrigen compensirt sich die Furtivität durch doppelte Verjährungszeit, 6 Jahre. — Anders Peru (3): gestohlene, vom Besitzer justo titulo erworbene Sachen werden ersessen, wenn durch den Markt passirt in 6, sonst in 12 Jahren. — Nach dem Wortlaut des chilenischen

---

[1]) S. Anh. Engl. 6 i. f., 7.

[2]) Das aragonische Gewohnheitsrecht (4) folgt zwar principiell dem Traditionssystem, duldet aber die Ersetzung der Uebergabe durch Urkunde, Arrha u. s. f. In Nordamerika (1) ist es streitig, bis zu welchem Grad Theillieferung als Tradition des Ganzen gelte.

[3]) Portugal (1), Spanien (2), Californien (1) u. s. w.

Coder (4) (ebenso Salvador) ist für den Marktkäufer der gute Glaube als besonderes Erforderniß nicht statuirt; wem eine furtive Sache anvertraut wird, muß nach irgendwie erlangter Kenntniß, bei Strafe des Schadensersatzes, den Eigenthümer unterrichten und so zu einer Art Arrest provociren. —

Wie die früher auch die zuletzt besprochenen Systeme formuliren das Vindicationsprincip theils wörtlich als solches, theils in dem Satz nemo plus juris,[1]) theils in beider Manier.[2]) Aber es gibt hier wie dort noch eine dritte völlig äquivalente, obschon häufig gedankenlos cumulativ beigebrachte Formulirung: nämlich der Verkauf fremder Sachen sei „nichtig unter Vorbehalt der obligatorischen Wirkungen inter partes,"[3]) oder auch, er sei „gültig unter Vorbehalt der Rechte des Eigenthümers,"[4]) — eine im Sinne der vorliegenden Gesetzgebungen unbestreitbare Identität dreier Formeln,[5]) die näher zu erweisen wohl nicht Bedürfniß ist, die aber hier auch ausdrücklich zu constatiren im Interesse vereinfachter Fragestellung von Wichtigkeit war.

VII. Dogmatische und praktische Zusammenhänge des Vindicationssystems mit andern Rechtsprincipien.

Es bleibt noch eine Reihe wenigstens äußerlich mehr selbständiger Fragen, die es sich empfiehlt zunächst in wenigen Sätzen mit Rücksicht auf die bestehenden Rechtsordnungen zu betrachten. Nämlich: das Verhältniß der bona fides zu culpa und error, der zweimalige Verkauf, das Kaufpreisprivileg, dann Publiciana und Ersitzung.

1) Bona fides, culpa, error juris.

Ob guter Glaube vorhanden, unterliegt nach römischem und gemeinem deutschem Rechte vollkommen freier Würdigung des Richters. Anders die germanischen Quellen, wo insbesondere die Oeffentlichkeit Typus der bona, die Heimlichkeit der mala fides ist. Die heutigen Gesetzgebungen sind, wie oben N. IV, 3 gezeigt wurde, zum großen Theil in unkritischer Weise von beiden Gesichtspunkten beherrscht. Aber es ist kein Zweifel, daß wir nach unserer heutigen Richtung, wenn anders das Moment der „Redlichkeit"

---

[1]) Vgl. o. IV, 2.

[2]) Chile (3, 4), Salvador (das.), Peru (1, 5a).

[3]) Spanien (5), Peru (5a, 8), Californien (6).

[4]) Chile (7, 10), Salvador (das.).

[5]) Daß die beiden auf den Verkauf fremder Sachen bezüglichen Formeln unter sich identisch sind, liegt auf der Hand: sie sprechen nur das eine Mal vom sachenrechtlichen, das andere Mal vom obligationenrechtlichen Standpunkte aus.

sich als in die neue Gesetzgebung aufzunehmendes erweist, keinerlei für den Richter hemmende Direktive geben werden. Damit fällt — immer vorausgesetzt wir kämen dazu, ein System der beschränkten Vindication vorzuschlagen — die ganze Reihe der sich bisher von einer Gesetzgebung in die andere schleppenden Einzelheiten hin: vor Allem die besondere Behandlung verschiedener Kategorien von Sachen; dann wie oben gezeigt auch die Furtivität; ebenso der Markt und was daran hängt; ja es fällt auch, soweit überhaupt (immer unter der gleichen Voraussetzung) ein durchgestaltetes System recipirt werden soll, die Einschränkung auf den Handelsverkehr, — letzteres, wie sich oben näher gezeigt hat, schon mehrfach gesetzlich sanctionirt, und bekanntlich längst von autoritativer Seite als die vermuthlich künftige Gestaltung für Deutschland betont.

Es fällt auch, aber aus einem andern Grunde, die z. B. im Preußischen Landrecht (8) und in dem Gesetzbuch für Chile (2a) beliebte specielle Berücksichtigung des Irrthums bei unserer Materie: wer — um den eigentlich allein wichtigen Fall zu nehmen — non a domino dennoch als redlicher Erwerber kauft, irrt stets, und weshalb sollten die allgemeinen Sätze nicht ausreichen? Eine andere Frage ist es, inwieweit denn auf den Irrthum etwas ankommt, ob also die allgemeinen Sätze, auch wenn die künftige Gesetzgebung sie ad hoc nicht erwähnt, die Entscheidung des einzelnen Streites auf unserm Gebiet überhaupt influiren. Oder specieller ausgedrückt: was soll Rechtens sein, wenn der Irrthum, auf dem die Meinung Eigenthümer zu sein (oder was man nun analog der römischen Usucapionstheorie unter bona fides versteht) beruht, 1. ein error juris oder 2. sonstwie non probabilis ist?

Beide Fragen sind legislatorisch gestellt worden: die erste z. B. im preußischen Landrecht (8), im chilenischen Codex (2a) ausdrücklich und mit der Antwort, der Rechtsirrthum hebe die Redlichkeit auf. Die zweite, eigentlich die fundamentale — denn es gibt keinen andern Gesichtspunkt, unter welchem der error juris für den Gesetzgeber auf privatrechtlichem Gebiet interessant wäre, als den seiner Reprobabilität — die zweite wird in den Codices nicht auf den ersten Blick sichtbar. Aber sie ist gleichfalls erhoben und mehrfach auch beantwortet. Nur weniger geradezu formulirt. Es heißt: „wer nach den Umständen hätte annehmen müssen, können, sollen, daß der Verkäufer nicht Eigenthümer sei" u. dgl. mehr (Landrecht 8, Oesterreich 8, Schweiz 3, Luzern 3, Zürich 3). Oder es heißt in der deutschen Wechsel-Ordnung: „wenn er in bösem Glauben erworben hat oder ihm bei Erwerbung ... eine grobe Fahrlässigkeit zur Last fällt", (vgl. England 8, verb. „by taking proper precautions") — hier nicht scharf auf die Frage losgehend, sondern juxtaponirend statt zu subsumiren. Oder es heißt, bei der Berathung unseres Handelsgesetzbuchs: soll die Culpa den guten Glauben aufheben? — denn die Culpa ist in dieser Anwendung Nichts als der reprobable Irrthum, nescire quod omnes sciunt.[1])

Diese letzte Fragestellung, auch die übliche der gemeinrechtlichen Controversisten, ist principieller und präciser als die andern. Ist sie aber die endgültige?

Um meine Ansicht ihrer Begründung voranzuschicken, so würde ich vorschlagen — immer unter der mehrfach gemachten Voraussetzung, — die Formeln „guter Glaube" und „Redlichkeit" möchten aus unserer Materie beseitigt und durch die Fassung (oder eine analoge) ersetzt werden „wer weder absichtlich rechtswidrig noch fahrlässig rechtswidrig erwirbt."[2])

Eine materielle Aenderung wäre damit nicht gegeben: wohl aber eine Zurückversetzung der Frage von dem sittenrichterlichen Boden, in den sie sich verirrt hat, auf den juristischen Boden, und zwar unter ausschließlicher Benutzung im Strafrecht wie im Civilrecht technisch ausgebildeter Begriffe. Der Fehler, welcher den endlosen Streit der gemeinrechtlichen Juristen auf diesem Punkte veranlaßt hat — man denke an die mehr in eine Moralcasuistik als in ein juristisches System passende Frage, ob auch der Zweifel über den Titel die bona fides aufhebe, — war ein doppelter: einmal die Tendenz, diesen oder jenen „Seelenzustand" (Goldschm. Zschr. IX. 32. f.) zur Basis eines Rechtsverhältnisses zu machen, und zweitens die Tendenz, statt von der Sache vom Wort, hier der einmal gegebenen „bona fides" auszugehen. Insbesondere bei der Berathung des Handelsgesetzbuchs hätte man einfach fragen sollen: kann auch culpos rechtswidriger Erwerb vom Nichteigenthümer Eigenthum geben? — aber man zog, sich selbst eine Schwierigkeit erst schaffend,[3]) den hergebrachten Umweg vor und fragte: hebt Culpa die bona fides auf?

---

[1]) Die Majorität, 11 gegen 3, zog vor, die Frage zu umgehen. (Protok. S. 4613, 5069 f. 5091.)

[2]) Ob der Rechtsirrthum in specie mit Recht auf unserm Gebiete als reprobabel gilt, ist hier nicht meines Amtes zu untersuchen. Daß man uns ohne petitio principii nicht mit dem alten Satz error juris nocet oder dgl. abfertigen kann, liegt auf der Hand. Zur Sache selbst liegt es den meisten Menschen näher über Facta unterrichtet zu sein als über Rechtsregeln, und die Stellung der Römer zu letzteren haben wir Modernen nicht mehr, — ob zum Nutzen oder zum Schaden der Sache mag dahinstehen. — Vgl. die Protokolle zum H. G. B., S. 5069: „die Nichtvindicabilät des Wechsels von dem, der ihn ohne dolus und culpa lata erworben," und die Bestimmung des neuen Schweizer Obligationenrechts (3) für die Verpfändung fremder Mobilien.

[3]) Diese Schwierigkeit ist auch sichtbar geworden: nämlich in der von der Verzweiflung dictirten, von Autoritäten aber zurückgewiesenen (Goldschm. Zschr. IX. 26) Behauptung Einzelner, ob bona oder mala fides vorliege, sei überhaupt keine juristische

Daß das ein Umweg ist, darüber genügen wenige begründende Sätze.

Man wird zugeben, daß die Absicht, welche zunächst in die Usucapionstheorie das Erforderniß des guten Glaubens einschieben hieß, nicht war, „Rechtsvortheile an die Redlichkeit zu knüpfen,"[1]) sondern vielmehr war, diejenigen thatsächlichen Verhältnisse auch rechtlich zu schützen, welche, sei es (für unsere Frage) in ihrem Entstehen, sei es (für die Usucapion) auch in ihrem Bestehen, keine objective Rechtswidrigkeit enthalten. Wer eine Sache rechtswidrig erwirbt oder hat, kann — und das ist der Zusammenhang zwischen justus titulus und bona fides — selbst aus der strictesten Moralgemäßheit seines Willens keinen Anspruch auf rechtsgemäßen Schutz ableiten. Rechtswidrig ist aber, eine ganz feststehende Doktrin, nur die dolose oder die culpose Handlung, und ob der Handelnde seinen Dolus oder seine Culpa sieht oder nicht, ist rechtlich durchaus irrelevant. Unter „Redlichkeit" kann ich Nichts verstehen als: das Urtheil des Handelnden oder Besitzenden, nicht rechtswidrig zu handeln oder zu besitzen. Juristisch aber kommt auf dieses Individualurtheil Nichts, Alles auf das Gesammturtheil über das Vorhandensein einer Rechtswidrigkeit an, d. h. auf das Gesetz und seine Voraussetzungen, und zwar zunächst seine objectiven Voraussetzungen der Rechtswidrigkeit.

In diesem Sinne hieß es oben, der gemachte Vorschlag führe die Frage auf den juristischen Boden zurück. Offen bleibt dabei aber noch dreierlei. Erstens (da der Begriff Dolus als auch für die künftige Gesetzgebung feststehend betrachtet werden kann): soll die Culpa ermessen werden an dem invariablen Maßstab der römischen diligentia diligentis patris familias und der handelsrechtlichen Sorgfalt eines ordentlichen Kaufmannes, oder an irgend einem variablen Maßstabe. Zweitens: soll es Grade der Culpa geben, und eventuell, welcher soll auf unserm Gebiet entscheiden? Und drittens: sollen die rechtswidrigen Thatbestände gesetzlich durch Einzelheiten charakterisirt werden, z. B. durch zu kleinen Kaufpreis, durch Zahlungsunfähigkeit oder Ueberschuldung dieser oder jener Partei u. s. w., oder nicht?

Zu 1. und 2. würde ich eher für den invariablen Maßstab und gegen die Grade der Culpa stimmen: aber das sind Fundamentalsätze, über die zu entscheiden hier nicht Beruf ist. Zu dem Punkte 3. soll unten zurückgekehrt werden.

Frage mehr, sondern reine Thatfrage; dgl. in den Klagen über die Schwierigkeit, eine Definition des guten Glaubens zu finden (Protok. der Leipz. Wechselconf. S. 152.)

[1]) Goldschm. Zschr. l. c. — Ueberraschend naiv ein Italiener, Borsari (Commentar zum Cod. civ. III, 2. S. 245a): è divenuto per la felice ignoranza sua il vero proprietario.

2) Der mehrfache Verkauf derselben Sache.

Bezüglich der Collision zwischen zwei Singularsuccessoren desselben Veräußerers einer Sache gehen die positiven Gesetzgebungen verschiedene Wege. Die einen stellen keine Specialregel auf und lassen so stillschweigend die allgemeinen Principien theils des Eigenthumsübergangs, theils (mit Benutzung des Begriffs „anvertrautes Gut") der Eigenthumsverfolgung entscheiden. Andere wenden ihre Vertrags- oder Traditionssysteme in ausdrücklicher Entscheidung an, wenn sie consequent sind, von bona und mala fides schweigend, letzteres z. B. Oesterreich (1), ebenso Chile (8), und zwar hier zugleich scharf so, daß nicht der ältere Besitz, sondern in Wirklichkeit die ältere Tradition siegreich bleibt. Wieder andere fügen gewisse secundäre Modalitäten zu: so Portugal (3, 6), und Californien (8), indem sie ihrem System getreu principaliter den ältern Vertrag, daneben aber, wenn etwa das Altersverhältniß nicht zu ermitteln, subsidiär den Besitz vorziehen, ohne Erwähnung der bona fides; so die benutzte Darstellung des an sich dem Traditionssystem folgenden aragonischen Rechts (6), welche den in Besitz gelangten zweiten Käufer nicht schlechthin, sondern nur dann siegen läßt, wenn der Verkäufer nach dem ersten Verkauf „drei Jahre oder den größten Theil derselben" im Besitz geblieben war. Noch andere, und die Mehrzahl, führt auch in diesen Conflikt die Gutgläubigkeit als Lösungsmittel ein, nicht immer deutlich ob die des Erwerbs (Argent. Rep. 12) oder die des Besitzes (Venezuela 3), darunter Frankreich (4), Italien (5) und Holland (4), diese drei — obschon von ihnen Holland auf dem Traditionssystem steht — offenbar nicht sowohl die Tradition als den Besitz bevorzugend, und Frankreich zugleich sein angebliches Vertragssystem durch Zuziehung des en fait de meubles u. s. w. auf die ihm zustehende reale Sphäre zurückführend und dieselbe Parömie durch den Zusatz possession de bonne foi näher interpretirend. Endlich die auf Zahlung oder Nichtzahlung des Kaufpreises achtende Regelung nach englischem (6) und spanischem (5) Recht: dort dahin, daß jedenfalls nach Theilzahlung, Theillieferung, Arrha der zweite Verkauf rechtlich unmöglich wird, — hier dahin, daß bei mehrfachem Kauf a domino der Käufer vorgeht, welcher gezahlt und den Besitz erlangt hat, a non domino (natürlich, da der Satz nemo plus juris gilt, unter Vorbehalt der Rechte des Eigenthümers) der Besitzer auch ohne Zahlung. —

De lege ferenda wird die Meinung nicht auf Widerspruch stoßen, daß der besagte Conflikt seine Lösung stillschweigend, aus den allgemeinen Principien, nicht in expresser Formulirung zu finden hat. Die angedeuteten Voraussetzungen, unter welchen der eine oder der andere Theil hier oder dort siegt und unterliegt, sind, soviel im gegenwärtigen Zusammenhang anging, bereits früher erörtert: bis auf die der Zahlung, der ich mich sogleich im Folgenden zuwende.

3) Kaufpreisprivileg, Stoppage in transitu, Vindication, Separation, Aussonderung resp. Absonderung im Concurs.

Diese Dinge können hier selbstverständlich nur gestreift werden; aber ganz zu umgehen waren sie nicht.

Es handelt sich dabei um die Sicherung des Verkäufers und damit — was die gesetzgeberische Regelung viel energischer herausfordert, da der Verkäufer als Individium für sich betrachtet seiner eigenen Vorsicht überlassen werden kann — und damit seiner Gläubiger, hinsichtlich des Eingehens des Kaufpreises.[1])

Die Zeit des gegen den Käufer eröffneten Concurses bleibt zunächst außer Betracht. —

Wenn in der Ueberschrift dieses Absatzes scheinbar heterogene Dinge zusammengefaßt sind, so mag das vom Standpunkt der Schule aus angreifbar sein; dem ökonomischen Zweck nach laufen die genannten Rechtsbehelfe sämmtlich auf dasselbe hinaus, — nur daß die positiven Gesetzgebungen zur Erreichung dieses Zweckes, der Sicherung des Kaufpreises, theils vom Boden des Obligationenrechts, theils von dem des Sachenrechts aus operiren, theils zwischen diesem und jenem schwanken: letzteres zwar ein Mangel an Schärfe, der aber einer strengern Censur entgeht, sobald man sich der schweren Bedenken unserer Romanisten über bedingte Tradition, Rückziehung, Verhältniß von lex commissoria und pactum reservati dominii u. s. w. erinnert.

Was die auf den fraglichen Punkt geprüften positiven Rechtsordnungen angeht, so geben den strengsten dinglichen Behelf, eine Vindication, die Römer, nach Gaius[2]) noch „Mangels Zahlung oder Sicherstellung“, nach Pomponius,[3]) den Justinianischen Institutionen[4]) und heutigem gemeinen Recht auch schon bei der bloßen persönlichen Creditirung nicht mehr. Gleichfalls Vindication, aber nur binnen 8 Tagen nach der Tradition und nur beim Baargeschäft, deckt den Verkäufer z. B. in Canada.[5]) Bloß als Pfandrecht auf 14 Tage seit der Tradition, beim Creditkauf noch weiter beschränkt erscheint die Verfolgung in Luzern (6); als „Privileg“ in Portugal (4);

---

[1]) Effektive Nichtzahlung und wegen Vermögensverfall des Käufers erst drohende Nichtzahlung gehen im Wesentlichen parallel und sollen hier nicht weiter unterschieden werden.

[2]) l. 53. d. contr. emt.

[3]) l. 19. ibid.

[4]) § 41. de rer. div.

[5]) S. Anh. Verein. St.

desgl., für Baar- und Creditgeschäft, aber ausdrücklich ohne Wirkung gegen redliche Dritte, im Codex der Argentischen Republik (11, 4, 12); ebenso Louisiana, auch unter Erstreckung auf den in Händen eines folgenden Successors noch rückständigen Kaufpreis. In England (7) und Nord-Amerika (5—8) heißt die Verfolgung Stoppage in transitu — wie oben Abschn. II nachgewiesen gleichfalls dinglicher Natur, von dortigen Autoren dem Retentionsrecht, lien, analogisirt, mit einem Anklang an das Constructionsmittel der Bedingung auch als eine Art jus postliminii gekennzeichnet — beschränkt auf den Creditkauf, und endend mit Ablieferung an den Käufer oder seinen Vertreter. In Bremen (2) erscheint dieselbe Verfolgung, auch nach der Tradition zugelassen, als „Separationsrecht,“ beim Creditkauf unbeschränkt, beim Baargeschäft abhängig von Erhebung der Kaufpreisklage oder Concurseröffnung binnen vierzehn Tagen.[1])

Offenbar mit Absicht sind dingliche und persönliche Behelfe vorbehalten in der Deutschen Concursordnung (2). Nicht ganz klar ist Zürich (9), das beim Baarkauf die Zahlung als „Voraussetzung,“ nicht aber geradezu als Bedingung, des Eigenthumsüberganges bezeichnet. Anerkannter Maßen und schon in seinem kritiklosen Wechsel der Ausdrücke (privilége und revendication) schwankend ist der französische Code (6): doch deutet der bekannte Art. 1184 in Verbindung mit 2279 auf obligationenrechtlichen Charakter. Sein „Privileg“ ist zeitlich (bis zur Fallitererklärung) unbegrenzt, seine „Vindication“ auf acht Tage seit der Tradition beschränkt; beides gilt ohne Rücksicht ob gegen Baar oder auf Credit verkauft wurde.

Ausdrückliche Reprobation hat das Kaufpreisprivileg z. B. in Venezuela (6) und de lege ferenda für Deutschland, u. A. in den Verhandlungen des vorigen Juristentags[2]) gefunden.

Streng auf dem Gebiete des Obligationenrechtes hält sich das preußische Landrecht (9), nicht nur indem es das pactum reservati dominii für eine Ausdrucksform der lex commissoria erklärt — eine beiläufig auch unter den Romanisten aufgetauchte, aber nicht durchgesetzte Idee[3]) — sondern vor Allem durch die ausdrückliche Festsetzung, daß bei Eintritt des Vor-

---

[1]) Bei Betrachtung der citirten Stellen des Anhangs werden hier und da Zweifel an dem dinglichen Charakter der genannten Rechtsmittel auftauchen, — erklärlich nach dem im Text über die romanistischen Zweifel Gesagten, aber für unsern Zweck nicht von unmittelbarem Belang. — Auch auf die Divergenzen, welche in der hier behandelten Materie mit dem Gegensatz des Traditions- und Vertragssystems eintreten, ist an dieser Stelle absichtlich nicht zurückgekommen.

[2]) Plenum S. 254, 255, 264.

[3]) S. Vangerow, Pand. § 311 Anm. 2.

behaltsfalles der Verkäufer das Eigenthum erst durch Retradition wieder erwirbt. Im Einzelnen sind nach ihm Eigenthumsvorbehalte ins Unbestimmte, ohne Stichtag, bei Mobilarverkäufen ungültig, steht auch der gesetzlich anerkannte Vorbehalt dritten redlichen Erwerbern nicht entgegen, und unterstellt beim Baarverkauf die Auflösung Klaganstellung binnen acht Tagen nach der Tradition. Peru (6) gestattet Auflösung, gleichfalls nach der Tradition — vergl. Argentin. Republik (7) — und gleichfalls ohne Wirkung gegen gutgläubige Dritte, aber für Baar- und Creditgeschäfte (?) „wegen mangelnder Zahlung, oder Sicherstellung" und verhaftet unter eingehender Detaillirung dem Verkäufer auch den rückständigen Preis eines Weiterverkaufs. Gänzlich beseitigt ist die dingliche Wirkung des von den Parteien neben die Tradition gesetzten pactum reservati dominii wie des zur Sicherung des Kaufpreises dienenden Wiederkaufsrechts u. s. f. durch die früher schon bezogene Bremer (2) Verordnung von 1848 (vorbehaltlich des oben III, 2 Bemerkten) und durch das neue Schweizer Obligationenrecht (2).[1])

Die Eingangs vorbehaltene Bedeutung der Concurseröffnung für die augenblicklich berührte Frage kann, auch mit Rücksicht auf die Ausdehnung der schließlich zu machenden positiven Vorschläge, bereits hier mit einem Worte beseitigt werden.

Eine Reihe von Gesetzgebungen, Frankreich, England, Nordamerika u. s. w. betrachten das behandelte „Privileg" als unvereinbar mit der im Concurs anzustrebenden Gleichberechtigung aller Gläubiger und lassen es an der Schwelle des letztern fallen. Ueber die Berechtigung dieses Gedankens zu urtheilen, liegt weit über meine Aufgabe hinaus. Aber man möchte in dieser Hinsicht wie immer entscheiden: die diesseitigen Vorschläge bleiben davon unberührt. Denn eine mit der Concurseröffnung eintretende so oder so im Gegensatz zu dem statuirten gemeinen Recht stehende Regelung würde wirkliche Ausnahme, berechtigtes jus singulare heißen können, nie aber den so manche „Ausnahme" treffenden Vorwurf tragen, es sei bloß die Modification eines schlecht formulirten oder praktisch unbrauchbaren Princips hinter ihr versteckt.

Eine ganz andere und, soweit überhaupt, in unserm zweiten Theil zu berührende Frage ist die, ob die Sicherung des Kaufpreiseinganges

---

[1]) Wie die vorangegangene cursorische Zusammenstellung zeigt, erscheint mir der Unterschied, ob Verkäufer die Waaren selbst zurückerhält oder ob nur ihr Werth seiner exclusiven resp. vorzüglichen Befriedigung zugewendet wird, höchstens von secundärer Bedeutung, — praktisch schon, weil er ja bei der Versteigerung als Bieter auftreten kann. Das Nähere unten B, II.

wirklich in den Kreis unserer Aufgabe falle, und eventuell, ob die Distinction zwischen Baarkauf und Creditkauf uns angehe oder nicht.[1])

4) Die actio Pauliana und die Formen des „dinglichen Vertrags."

Im Vorigen handelte es sich zu Gunsten des Verkäufers und seiner Creditoren darum, der verschuldeten oder unverschuldeten Insufficienz des Käufers entgegenzutreten; hier darum, Leichtsinn oder bösen Willen des veräußerungsfähigen Schuldners unschädlich zu machen.

Bereits oben (III, 2.) ist des Verdachtes Erwähnung geschehen, den die Praxis dem durch Constitutum bewirkten angeblichen Eigenthumsübergang entgegenbringt, und der z. B. im nordamerikanischen Recht (10) bis zu der bei den Autoren aufgeworfenen Frage gestiegen ist, ob der Mangel der Besitzübertragung bei Veräußerungsgeschäften nur prima facie oder nicht vielmehr schlechthin evidence of fraud sei.[2]) Nach der Bremer Verordnung von 1848 (1) macht der Vorbehalt des Gebrauchs von Hausmobilien — ein jedem Praktiker bekannter Anstoß in vielen Executionen — die „Tradition" derselben einfach unwirksam. In Frankreich (9) gewährt Art. 608 C. d. proc. ausdrücklich die Vindication gegen den pfändenden Gläubiger: aber die freie richterliche Würdigung, anschließend an Art. 1167 C. civ., geht über diese „Oppositionen" gern kurzer Hand hinweg. Unser gemeines Recht fordert, damit die Gläubiger gegen den Dritten auch über die Bereicherung hinaus durchdringen, conscientia fraudis desselben.

Dem letztern und überhaupt den im Beweisstadium höchst drückenden Erfordernissen der actio Pauliana gegenüber haben mehrere Rechtsordnungen, ohne deshalb suo casu das von den Römern entnommene Rechtsmittel anszuschließen, bequemere Abhilfe gegen fraudulöse Veräußerungen zu schaffen gesucht: insbesondere England (4, 5) durch das mit Ausnahme von Louisiana und Virginia auch Nordamerika (1, 9, 10) beherrschende bekannte Statute of frauds, Frankreich durch sein System des „sichern Datums" der nichtöffentlichen Urkunden in Art. 1328 C. civ.

Das englische Gesetz fordert zum Schutz der Creditoren,[3]) Mangels sofortiger Lieferung,[4]) — in interessanter Weise vom Baargeschäft zum formalen Creditgeschäft vorschreitend — von zehn Pfund an: sofortige Lieferung eines

---

[1]) Daß ich den Uebergang der Gefahr außer Acht lasse, bedarf keiner Rechtfertigung.

[2]) Vgl. a. Luzern (1): Recht der Gläubiger des falliten Verkäufers, die nur durch Constitutum veräußerten Sachen des Schuldners zur Masse zu ziehen.

[3]) Vgl. Verein. St. (5) v. between the parties etc.

[4]) Kent (9) erklärt aber schlimmer Weise, soviel das St. of fr. anlange, auch das Constitutum als ausreichende Lieferung.

Theils der (wenngleich erst anzuschaffenden oder herzustellenden) Waare, oder Zahlung eines Theils des Preises resp. einer Arrha, oder Ausstellung, Unterzeichnung und Uebergabe einer Note, eines Memorandums (als securitas in diesem Sinne) für den Preis, — unter zehn Pfund muß die Lieferzeit höchstens ein Jahr oder das Geschäft schriftlich aufgenommen sein. Die erwähnte „Note" kann nach Kent eine Bleistiftnotiz sein, oder den Namen der Partei gedruckt enthalten (also z. B. eine Visitenkarte).

Während also im Sinn der oben S. 20 genannten Vertreter der Tradition diese, soll hier die Vertragsform den gewünschten Schutz gewähren, aber eine Vertragsform die — man vergleiche auch die schon referirte hierher bezügliche Bemerkung aus den Debatten des vorigen Juristentags — Nichts ist als eine constructive delivery.[1]) Somit hätten wir hier die auch in Deutschland mehrfach empfohlene „Form des dinglichen Vertrags." Aber dieser Nimbus verschwindet alsbald. Wenn einmal die Tradition, wie ich wenigstens glaube,[2]) nach ihrer Verkehrswirkung ein Sicherungs- weil Publicirungsmittel der gewünschten Art nicht ist, so macht man sie auch dadurch nicht zu einem solchen, daß man sie technisch-juristisch vom sachenrechtlichen auf das obligationenrechtliche Feld hinüberschiebt. Fällt die Uebergabe in ihrer entscheidenden Utilitätsfunction, so fällt sie, nachdem auch ihre apriorische Unumgänglichkeit beseitigt ist, zugleich in allen Rechtsfunctionen. Daß übrigens insbesondere das Statute of frauds einen besondern Nutzen nicht gebracht hat, zeigt schon die überwuchernde Fülle von Subtilitäten und Controversen, von welcher die dortigen Autoren berichten.

Der Code civil — anders als das alte französische Recht, das Anzahlung u. s. f. als Voraussetzung vollwirksamen Kaufes gleichfalls kannte — fordert 1. über 150 frcs Schrift, unter Ausschluß jedes andern nicht in Eideszuschiebung bestehenden Beweises,[3]) 2. für Privatschriften behufs Wirkung gegen Dritte Einregistrirung 1328. Aber: für die überwiegend größere Zahl von Verkäufen, nämlich den ganzen Handelsverkehr, cessiren jene, in ihrem Ursprung übrigens unverkennbar fiskalischen, Vorschriften längst (C. c. 1341, C. d. c. 109; vgl. H. G. B. 317), — und soweit sie gelten, schießen sie neben das Ziel: denn die Entscheidung des eigentlichen Kernpunktes, ob nämlich dem Geschäft ein ökonomisch wirkliches und rechtlich geduldetes Fundament unterliege oder nicht, erleichtern sie dem Richter in keiner Weise.

---

[1]) Das. (1.)
[2]) Oben III, 2, unten B, I.
[3]) Vgl. Landr. I. 5. §. 131 ff.

In Deutschland besteht, wie auch die neue Proceßordnung zeigt, keine Tendenz nach Bestimmungen der letztbesprochenen Art.[1]) —

Der Gedanke formaler Gestaltung des „dinglichen Vertrags“ über Mobilien scheidet hiernach aus unsern Erwägungen definitiv aus. Die Fortwirkung das Paulianischen Rechtsmittels gegen die conscios fraudis paßt in das romanistische System, liegt von selbst schon in dem germanistischen. Auf sie komme ich noch zurück.

Ob es aber ein juristisches Mittel, die hier und in der vorigen Nummer besprochene Sicherung des Verkäufers oder seiner Creditoren zu beschaffen, überhaupt gibt, davon unten.

5) Vorbehaltene, weil mittelbar, von den spätern Resultaten aus, von selbst sich erledigende Fragen.

Es bleibt noch eine Zahl von Punkten zu nennen, die beim Entwurf eines in sich geschlossenen Mobilarsachenrechts freilich unumgänglich, aber hier durch die uns leitende Fragestellung wenn nicht schlechtweg auszuschließen, so doch vorläufig bei Seite zu schieben sind: weil sie nämlich in diesem Gutachten von unserm Schlußresultat aus ihre Erledigung finden müssen, nicht ihrerseits für dies Resultat entscheidend sein können. Ein mit fast allen Theilen des Systems so eng zusammenhängendes Thema wie die Mobilarvindication könnte natürlich a priori von jedem beliebigen Zipfel aus angefaßt werden; — indeß hier ist Antwort auf eine bestimmte Frage begehrt: „welche Voraussetzungen und welche Kraft die aus dem Mobilareigenthum als solchem resultirende Klage haben solle.“ Also ob neben dieser specifischen Klage — ein Anderes wäre: statt ihrer — ein Mobilarbesitzschutz oder ein publicianischer Schutz anzuerkennen, oder ob neben dem später vorzuschlagenden Eigenthumserwerbsmodus auch eine Ersitzung der Mobilien zu schaffen sei, u. s. f., — das sind, wie die Frage steht, secundäre Punkte. Und kämen wir etwa, bestehenden Rechtsordnungen folgend, zur Fiction des Besitzes als Eigenthum, so fiele die erste, und kämen wir, den Satz recipirend, daß Eigenthum auch durch Vertrag mit dem Nichteigenthümer erworben werden könne, zur Anerkennung des redlichen Erwerbs als einer Art originären, nicht auf dem Eigenthum des Vormannes sondern auf seiner eigenen Kraft fußenden Titels, so fiele die zweite sammt der dritten Frage, während z. B. irgend ein römisches System sofort corrigendi causa eine Publiciana mit sich ziehen müßte — Consequenzen, die freilich in vielen, Heterogenes durch einander würfelndeln Gesetzgebungen nicht gezogen sind,

---

[1]) Den Art. 1328 hat übrigens die französische Judicatur z. B. für Quittungen oft genug durchbrochen.

deren Unabweisbarkeit aber theils durch das Vorgetragene feststeht, theils unten sich noch näher ergeben wird.

Untersuchung und Entscheidung also, ob Mobilarbesitzklagen, Publiciana, Ersitzung u. s. f. für uns acceptabel sind, können erst ganz unten erfolgen. Gleiches gilt von dem zu wählenden Verpfändungsmodus.

Aus einem etwas andern Grunde gehe ich hier über die Frage des S. 18 f., 27 schon mit einem Wort berührten doppelten Eigenthums und über die Frage der Versteckung gesetzgeberischer Principien hinter Präsumtionen hinweg. Beide Ideen, so massenhafter Gebrauch in den Excerpten des Anhangs von der letztern gemacht und so groß das Herrschafsgebiet und vielleicht auch die historische Unzerstörbarkeit der erstern ist, — beide sind in Deutschland, soviel ich sehe, durchaus unbeliebt und aussichtslos; die erstere zu realisiren ist überdies nicht Aufgabe oder Recht einer Kodification, die letztere erscheint ängstlich und von einer gewissen innern Unwahrheit.

VIII. Resümé.

Die bisherige Betrachtung hat den Kreis des bei legislatorischen Vorschlägen zu Berücksichtigenden theils weit über den unmittelbaren Bereich der erhobenen Frage ausgedehnt, theils aber auch, und gerade an gewissen sonst zu manchem breiten Excurs benutzten Stellen, ganz erheblich eingeschränkt. Die Bestimmung des Eigenthumsübergangsmoments durch die Parteien in dem Sinn, daß ihre bloße Willenserklärung das höchste Gesetz wäre, ist beseitigt (S. 16 f.) Der Nimbus der Tradition als des absoluten Uebertragungsmodus (S. 20 f.) wie der als des Publicationsmittels (S. 24 f.) für Mobilarrechtsverhältnisse ist sehr fraglich geworden; die Aussicht, sie vor dem euphemistisch „constitutum possessorium" genannten Hineingleiten in den bloßen Vertrag zu behüten, ist als schwach (S. 25), ihre juristische Haltbarkeit gleich Null (S. 26) erwiesen. Mit der Tradition ist auch die von einzelnen Seiten empfohlene Formalisirung des „dinglichen Vertrags" hinfällig geworden (S. 48). Das Vertragssystem als Princip des Mobilarerwerbs fand sich, wo ausgesprochen, nicht durchgeführt (S. 18 f.), und wo in gewissem Sinn vorhanden, zur Hinterthür hereingebracht (S. 24 f.). Auf seine praktische Brauchbarkeit wird kaum zurückzukommen sein: die Vertreter der Tradition *suchen* wenigstens irgend eine unsern Grundbüchern analoge Garantie, — die des Vertrags, von einem scheinphilosophischen Raisonnement bestochen, verzichten auf dergleichen von vornherein, ein Theil von ihnen sogar ohne sich durch diesen Verzicht zu der Consequenz führen zu lassen, das Mobilareigenthum müsse weil concret weniger sichtbar als das Grundeigenthum, auch weniger praktisch fühlbar sein (vgl. unten B. I.).

Abgesehen von dieser letztern, auf dem vorigen Juristentag mehrfach entwickelten Erwägung, die wir bisher nicht zu der unserigen gemacht haben, konnte eine Incompatibilität des einen oder andern Erwerbssystems mit dem einen oder andern Vindicationssystem in dem von gewissen Seiten betonten Sinne nicht (S. 27 f.), wohl aber in dem Sinn entdeckt werden, daß man, um zu beantworten, gegen wen, zunächst wissen müsse, von wem eine Mobiliarvindication erhoben werden könne.

Die sogenannte — denn mehr oder minder durchlöchert erschien sie überall (S. 37 f.) — die sogenannte unbeschränkte Vindication zeigte sich, de lege lata, sehr in der Minorität. Für die beschränkte, soweit sie nicht bei dem auf seine Merita noch nicht geprüften Einlösungssystem (S. 35 ff.) stehen bleiben sollte, konnten als Vorbild gesetzgeberischer Formulirung nur die radikalen, einen Eigenthumserwerb a non domino rückhaltlos anerkennenden Systeme sich behaupten (S. 30).

Von inneren, einem etwaigen Beschränkungssystem, gegenüber vielem Vorhandenen zuzufügenden Correkturen ergaben sich insbesondere zwei wesentliche: erstens Beseitigung all der einer unmodernen Beweiswürdigungsmethode angehörigen Details von gestohlenen, auf dem Markt gekauften und wie immer sonst seit Jahrhunderten unterschiedenen Sachen, und zweitens Reduction des so für alleinentscheidend erklärten Begriffs „redlicher Erwerb" auf eine lediglich von den technischen Termini dolus und culpa ausgehende Formulirung (S. 39 ff.). Offen gelassen wurde dabei die Frage, ob etwa die Entgeltlichkeit oder Unentgeltlichkeit des Erwerbs eine verschiedene Behandlung des Erwerbers bedinge oder nicht (S. 34 f.).

Die Lösung der aus mehrfacher Veräußerung desselben Objekts erwachsenden Collision (Art. 1141 C. civ.) sei nicht für sich besonders auszusprechen, sondern der Anwendung der allgemeinen Principien zu überlassen. (S. 43 f.)

Hinsichtlich rückständiger Kaufpreise und ihrer Garantirung zu Gunsten des Verkäufers wurde die nach Eröffnung des Concurses zu treffende Regelung, als eventuelles jus singulare, ad separatum verwiesen (S. 46), im Uebrigen die Frage, ob und wie, dinglich oder obligatorisch, für Baarkauf, Creditkauf, oder beide, in dieser Hinsicht vorgesorgt werden müsse und könne, unentschieden gelassen (S. 47 vgl. S. 21 f.).

Einige andere Zweifel, Formulirung in materiellrechtlicher oder mehr auf den processualen Erfolg gerichteter Gestalt, Benutzung von Präsumtionen u. s. f. bedürfen hier keiner Recapitulation. Vielmehr sollen nun auf der gewonnenen Basis positive Vorschläge gesucht werden.

III.

Gutachten des Herrn Reichstagsabgeordneten, Kreisrichter a. D. Dr. Schulze-Delitzsch zu Potsdam

über die Frage:

Ist zur Begründung der Wechselklage im Urkundenprozesse gegen den Acceptanten des gezogenen, resp. den Aussteller des eigenen Wechsels auch die unter urkundlichen Beweis zu stellende Behauptung der Präsentation des Wechsels erforderlich?

In Folge der Aufforderung der ständigen Deputation des Deutschen Juristentages beehre ich mich, über die Frage:

„Ist zur Begründung der Wechselklage im Urkundenprozesse gegen den Acceptanten des gezogenen, resp. den Aussteller des eigenen Wechsels auch die unter urkundlichen Beweis zu stellende Behauptung der Präsentation des Wechsels erforderlich?"

mein Gutachten für die Verneinung dieser Frage im Folgenden abzugeben.

I.

Bekanntlich wird die Ansicht von der in allen Fällen durchgreifenden Nothwendigkeit der Präsentation und deren urkundlichen Nachweises durch den Protest aus § 555 der Civ.-Pr.-O. abgeleitet, wonach im Urkundenprozeß, welchem der Wechselprozeß eingeordnet ist,

„die sämmtlichen zur Begründung des Anspruchs erforderlichen Thatsachen durch Urkunden bewiesen werden müssen."

Läuft diese Annahme, wie man hiernach schließen muß, auf eine Abänderung der Wechsel-Ordnung durch die bez. Gesetzstelle hinaus, so mache ich zum Voraus auf ein Bedenken aufmerksam, welches sich dagegen aus dem Verhältniß beider Gesetze zu einander ergiebt. Hat man doch nach der Regel in einem lediglich zur Ordnung des formalen Verfahrens bestimmten Gesetze, der Civil-Prozeß-Ordnung, nicht die Abänderung materieller Rechtsvorschriften zu suchen, wohin die Bestimmungen der Wechsel-Ordnung über Präsentation und Protest gehören. Mindestens hätten solche Aenderungen alsdann in der Civil-Prozeß-Ordnung ausdrücklich ausgesprochen werden müssen, wie dies beispielsweise in § 13 des Einführungsgesetzes dazu bei Abänderung des Art. 80 der W.-O. geschehen ist.

Indeß verweile ich hierbei nicht, da nach meiner Ansicht der im § 555 der Civ.-Pr.-O. angeordnete Urkundenbeweis durchaus keine Neuerung, keine Abänderung der Wechsel-Ordnung enthält, vielmehr danach bei Wechselforderungen auch bisher sämmtliche zu deren Begründung erforderliche Thatsachen durch Urkunden bewiesen werden mußten, über deren Form die Wechsel-Ordnung selbst die Vorschriften enthält. Dies gilt vom Wechsel selbst in seinen verschiedenen Arten, wie von dem Accept, den Indossamenten und allen sonst dabei vorkommenden Acten, deren schriftliche Vornahme erfordert wird, sobald ein Anspruch daraus hergeleitet werden soll. Daß unter diesen Acten die Präsentation des Wechsels eine sehr wesentliche Stelle einnimmt, ist bekannt. So hat die Wechsel-Ordnung nicht blos den urkundlichen Nachweis der erfolglosen Vornahme derselben im Protest an besondere Forderungen geknüpft, sondern auch über Nothwendigkeit und Wirkungen davon specielle Vorschriften ertheilt, welche wir eben bei Entscheidung der Frage ins Auge fassen müssen. Davon scheiden wir Alles aus, was sich nicht auf den eigentlichen Streitpunkt bezieht, z. B. die Präsentation nebst Protest in Bezug auf Acceptation, Intervention und dergl. Vielmehr haben wir es nur mit der Präsentation behufs und dem Protest Mangels Zahlung zu thun, und auch damit nur, insoweit die Wechsel-Ordnung nicht selbst die Klage davon abhängig macht. Aus diesem Grunde lassen wir uns auf Domicil- und Sichtwechsel, wie auf die Regreß-Ansprüche an die Nebenverpflichteten aus dem Wechsel — den Aussteller und die Indossanten bei gezogenen, die Indossanten allein bei eigenen Wechseln — nicht ein, wo der Protest unentbehrlich ist. Vielmehr ziehen wir nur die Klage des Wechselinhabers bei gewöhnlichen Wechseln gegen die Hauptverpflichteten, also den Acceptanten des gezogenen und den Aussteller des eigenen Wechsels, in Betracht, womit das Gutachten abschließt.

In Bezug hierauf verordnet die Wechsel-Ordnung durchaus abweichend von dem, was sie für die eben angeführten Fälle fordert:

„daß es zur Erhaltung des Wechselrechts gegen den

Acceptanten des gezogenen, wie gegen den Aussteller eines eigenen Wechsels weder der Präsentation am Zahlungstage, noch der Erhebung eines Protestes bedarf."
(cfr. W.=O. Art. 44 und Zusatz zu Art. 99 — Gesetz vom 27/5. 63.)

Diese Bestimmungen halten nun die Vertreter der entgegengesetzten Meinung nicht für entscheidend in der Frage, weil die Erhaltung, das Fortbestehen des Wechselrechts durch den nicht präsentirten Wechsel mit dessen Geltendmachung durch die Klage nicht zusammenfalle. Vielmehr fordert man zur letzteren in jedem Falle den Nachweis der erfolglosen Präsentation des Wechsels durch den Protest, ohne welchen die Klage nicht zugelassen werden könne.

Gestützt wird diese Ansicht auf Combination der Artikel 39 und 91 der W.=O., wonach:

(Art. 39) der Wechselschuldner nur gegen Aushändigung des quittirten Wechsels zu zahlen verpflichtet ist;

und

(Art. 91) Präsentation des Wechsels zur Zahlung nebst Protest in dessen Geschäftslocal oder Wohnung zu erfolgen hat.

Die geforderte Aushändigung des Wechsels — so deducirt man — schließe mit Nothwendigkeit die Präsentation nach Art. 91 der W.=O. in sich, schon um das Vorhandensein desselben in den Händen des Gläubigers darzuthun.

So Manches indessen auch diese Folgerung für sich hat, ist sie doch nicht durchschlagend. Nur an die Aushändigung des quittirten Wechsels ist unter allen Umständen nach Art. 39 die Zahlungsverpflichtung des Schuldners geknüpft, ohne daß der Präsentation nach Art. 91 dabei Erwähnung geschieht, welche vielmehr getrennt davon an ganz anderer Stelle behandelt wird. Schon hiernach scheint die absolute Abhängigkeit der Klageanstellung von jener Präsentation bedenklich. Wohl muß, in Gemäßheit der im Art. 39 geforderten Aushändigung des Wechsels bei der Zahlung, dessen Vorlegung zur Einsicht des Schuldners bewirkt werden, ehe dessen Verurtheilung in die Zahlung erfolgen kann. Anders dagegen verhält es sich mit der Zulassung der Klage auf Zahlung, welche ja eben jene Production des Wechsels im Prozesse herbeizuführen bezweckt, von deren Erfolg erst die Verurtheilung in die Zahlung abhängt.*)

*) In dem später angeführten Urtel des Reichs=Ober=Handelsgerichts vom 23/3. 72. ist direkt ausgesprochen: „daß die gerichtliche Verhandlung die Präsentation ersetzt."

Stehen hiernach schon der Herleitung der gegnerischen Meinung aus den betr. Gesetzstellen Bedenken entgegen, so werden dieselben noch durch bedeutsame, den weiter einschlagenden Rechtsbestimmungen entnommene Momente unterstützt.

Zunächst erscheint es schon befremdlich, wenn der fragliche, durch die bez. Artikel als ganz unabhängig von Präsentation und Protest proclamirte Wechselanspruch bei seiner Geltendmachung von denselben Acten abhängig sein soll, deren Einfluß auf seine rechtliche Existenz direct zurückgewiesen wird. Und dazu tritt dann der Gegensatz in den Motiven, welche zu der unbedingten Protestforderung für den Regreß an die Nebenverpflichteten geführt haben (cfr. Art. 41 flgd.).

Handelt es sich doch dort in keiner Weise um eine allgemeine formale Vorbedingung der Klageanstellung überhaupt, vielmehr um den Nachweis einer ganz besonderen, ausschließlich bei Regreßansprüchen vorkommenden und zu deren Begründung unerläßlichen Thatsache. Nicht darauf, daß überhaupt ohne Erlangung der Zahlung präsentirt ist —, gleichviel wann, — ist hier der Protest gerichtet, sondern auf die rechtzeitige Vornahme der Präsentation innerhalb der dazu gesetzlich vorgeschriebenen Frist. Diese, die Thatsache der pünktlichen Einforderung der Wechselschuld zur Verfallzeit muß durch den Protest bewiesen werden. In der That kann auch hiervon nach Recht und Billigkeit bei Zulassung des Regresses nicht abgegangen, vielmehr muß der Verschleppung in Geltendmachung des wechselmäßigen Anspruchs gegen den Hauptverpflichteten unter allen Umständen auf diese Weise vorgebeugt werden. Kann doch durch eine Verzögerung darin gar leicht die Insolvenz des letzteren herbeigeführt und damit die Lage der Nebenverpflichteten, bei deren gewissermaßen bürgschaftlichem Verhältniß, wesentlich verschlechtert werden. — Je nothwendiger aber die Protestforderung für den Regreß hiernach erscheint, wo es sich um eigenthümliche rechtliche und thatsächliche Feststellungen handelt: desto weniger spricht dies für Generalisirung dieser Forderung, wodurch der vom Gesetz in einem davon ausdrücklich unterschiedenen Falle eingeschlagene Weg gekreuzt wird.

Hauptsächlich kommen bei Entscheidung der Frage die Vorschriften der Wechselordnung über die Verfallzeit mit in Anschlag. Nach Art. 4. No. 4. und Art. 96. No. 4. ist die Angabe der Zeit, zu welcher gezahlt werden soll, nothwendiges Requisit eines jeden Wechsels, und somit in der Wechselurkunde auch der Termin, wie für den Schuldner zur Leistung der übernommenen Zahlung, so für den Gläubiger zur Einforderung derselben gegeben. Diese letztere mittelst der Klageanstellung erst noch vom Hinzutritt einer anderweiten Interpellation mittelst der Präsentation abhängig machen, steht mit der rechtlichen Bedeutung der Fälligkeit nicht im Einklange. Hierfür giebt uns die Wechsel-Ordnung selbst einen Anhalt, indem sie Wechsel, wo die Fälligkeit auf die Präsentation gesetzt ist, ausdrücklich als Sichtwechsel bezeichnet und von den anderen, mit bestimmtem Fälligkeitstage, als besondere Klasse unterscheidet (Art. 4. No. 4. Art. 31, 32, Art. 96. No. 4, Art. 98. No. 5). Dies auf die sonstigen gewöhnlichen Wechsel, mit denen wir es zu thun haben, übertragen, das Recht zur Klage von der Präsentation abhängig machen, läuft daher im gewissen Sinne, indem man die Fälligkeit thatsächlich auf die letztere verlegt, darauf hinaus, sämmtliche Wechsel zu Sichtwechseln zu machen.

Besonders wichtig für die durchgreifende Bedeutung der Fälligkeit ist aber die Stelle, welche ihr die Wechsel-Ordnung bei der Verjährung anweist. Ausdrücklich wird nach Art. 77. und 100. ders. bei Ansprüchen gegen die Acceptanten gezogener und die Aussteller eigener Wechsel der Beginn der Verjährung auf den Verfalltag derselben gesetzt, ohne von der Präsentation dabei Notiz zu nehmen. Jedenfalls unterstützt dies das Genügen der Fälligkeit zur Klageanstellung in hohem Grade, da nach der allgemeinen Regel der Beginn der Verjährung mit der Möglichkeit der Rechtsverfolgung zusammenfällt. Ganz speciell gelangt dies auch in den Art. 78, 79 der W.-O. über die Verjährung von Regreßansprüchen zur Geltung, wo ebenfalls der Beginn derselben, die Protesterhebung, und die Zulassung der Klage zusammenfallen.

Nach alledem erscheint die Präsentation und ihr urkundlicher Nachweis durch Protest zur Zulassung der Wechselklage in unserem Falle nicht erforderlich, soweit wir die Beschränkung innehalten, welche sich aus dem Angeführten von selbst ergiebt Nur der aus dem Wechsel selbst unmittelbar hervorgehende Anspruch, wie ihn die W.-O. für unabhängig von Präsentation und Protest erklärt — der Anspruch auf Zahlung der darin verschriebenen Summe zur Verfallzeit — ist es, welcher, wie er lediglich durch die Wechselurkunde bewirkt, so auch vollständig durch dieselbe begründet wird. Handelt es sich dagegen um außerhalb dieses Rahmens liegende Vorgänge, welche neben der Hauptverpflichtung in Betracht kommen, dieselbe modificiren, so wird zur Begründung etwaiger daraus abzuleitender Nebenansprüche der Urkundenbeweis über dieselben allerdings verlangt werden müssen. Ganz besonders gehört der aus Nichtinnehaltung der Verfallzeit bei der Zahlung abgeleitete Anspruch auf Verzugszinsen hierher. Um nämlich den Schuldner in Zahlungs-Verzug zu setzen, ihn durch Verurtheilung in jene Zinsen dessen civilrechtliche Folgen treffen zu lassen, genügt die im Wechsel bestimmte Fälligkeit allein noch nicht, weil — wie wir sahen — nach Art. 91. der W.-O. in der Regel der Schuldner nicht den Gläubiger, sondern der letztere den Schuldner behufs der Zahlung gegen Aushändigung des quittirten Wechsels aufzusuchen hat, insofern nicht Anderes mit beiderseitigem Einverständniß darüber bestimmt ist. Wenn daher der Nebenanspruch auf Zahlung dieser nach der W.-O. auf 6% normirten Verzugszinsen mit der Forderung der im Wechsel verschriebenen Summe in der Klage verbunden werden soll, so muß die Präsentation: „daß der Wechselinhaber unter Angebot des Wechsels sich zum Schuldner begeben und ihn zur Zahlung aufgefordert hat, die Zahlung aber nicht erfolgt ist," besonders nachgewiesen werden. Und da es sich alsdann um den Beweis einer diesen Nebenanspruch begründenden Thatsache handelt, so ist derselbe urkundlich, durch den Protest, beizubringen.

Muß diese letzte Forderung allerdings nach §. 555. der Civ.-Pr.-O. gestellt werden, so ist dies schon nach der bisherigen Praxis aus der W.-O. selbst abgeleitet und beobachtet worden, wie die Erkenntnisse des Reichs-Ober-Handelsgerichts (cfr. Urtel vom 23. März, vom 6. April, und vom 15. Mai 1872, sowie vom 20. Juli 1874. Entschdg. Bd. V. S. 314, 373. Bd. VI. S. 157 und Bd. XVI. S. 31), sowie die des Preußischen Ober-Tribunals (vom 29. April 1856, 29. October 1861 und 4. Januar 1862 u. a. cfr. Borchardt Aufl. 6. S. 196 ff.) beweisen. Stets wurden in den fragl. Fällen bei mangelndem Protest die Verzugszinsen vom Verfalltage an abgesprochen und nur von der Klage-Insinuation ab zuerkannt, wenn Beklagter den Wechselanspruch bestritt. Wogegen, falls sich derselbe im Termine zur Zahlung bereit zeigt, nach Befinden von solchen Zinsen überhaupt abzusehn und der Kläger sogar als kostenpflichtig zu erachten sein würde, wie schon aus der Begründung der bez. Erkenntnisse zu entnehmen ist. Unter allen Umständen erfolgte aber in solchen Prozessen die Verurtheilung der Beklagten in Zahlung der im Wechsel verschriebenen Summe am Zahlungsorte, und in der That läßt sich das Gegentheil, das Zusammenwerfen der Haupt- mit der Nebenforderung, von denen jede auf verschiedenen rechtlichen und thatsächlichen Fundamenten beruht, in keiner Weise rechtfertigen. Wohl mag aus der Hinfälligkeit der ersteren, des Anspruchs auf Zahlung der Wechselsumme, die Hinfälligkeit der letzteren, des Anspruchs auf Verzugszinsen gefolgert werden; aber wie man dazu kommen will aus der Hinfälligkeit der Nebenforderung die Abweisung der Hauptforderung abzuleiten, ist nicht abzusehn.

II.

Noch erübrigt, zum Abschluß dieser Besprechung, einer, namentlich bei den Creditgenossenschaften durch den Unterzeichneten eingeführten Form der eigenen Wechsel zu gedenken, durch deren Anwendung die Beibringung eines Protestes bei Klagen gegen die Aussteller unbedingt ausgeschlossen wird, selbst wenn man, den vorstehenden Ausführungen entgegen, ihn sonst für erforderlich halten sollte. Es sind dies Wechsel, in denen die Aussteller:

> „unter ausdrücklichem Verzicht auf die Präsentation sich zur Zahlung am Verfalltage im Geschäftslocale oder der Wohnung des Remittenten (im Locale des creditgebenden Vereins) verpflichten."

Daß hierbei von Sichtwechseln nicht die Rede sein kann, bei denen es ohne Präsentation an der Fälligkeit selbst fehlen würde, versteht sich. Wo dagegen der Verfalltag im Wechsel bestimmt ist, widerspricht ein solcher Verzicht den Grundsätzen des Wechselrechts in keiner Weise, wie das Reichs-Ober-Handelsgericht mehrfach anerkannt hat. (Entschdg. Bd. V. S. 103, Bd. XIV. S. 416). Vielmehr verschiebt jene Klausel, mit dem Verzicht auf jede Interpellation, nur die Stellung der Betheiligten im beiderseitigen Einverständniß dahin: daß, während sonst der Wechselinhaber zu dem Schuldner behufs Einkassirung des Geldes unter Aushändigung des Wechsels sich begeben muß, sich nun der Schuldner am Verfalltage im Locale des Gläubigers einzufinden und gegen Empfangnahme des quittirten Wechsels Zahlung zu leisten hat. Thut er dies nicht, so ist derselbe von diesem Tage ab im Verzuge und wird auf die Klage zur Zahlung der Verzugszinsen vom Verfalltage ab und in die Prozeßkosten verurtheilt. Man vergleiche das Erkenntniß des Reichs-Ober-Handelsgerichts vom 4. Decbr. 1872 (Entschdg. Bd. VIII. S. 166), welches auf Klageanstellung des Vorschuß-Vereins zu Malchow erging.

Wo demnach irgend bei den Gerichten noch Zweifel in der Sache obwalten, kann man diese bei eigenen Wechseln einfach durch den bez. Verzicht mit Zahlungspflicht beim Remittenten umgehen, unter der Voraussetzung, daß:

a. der Wechsel nicht begeben, sondern im Besitz des letzteren ist;

b. keiner der Seite 53 gedachten Fälle, namentlich keine Domicilirung vorliegt (Art. 99 der W.-O.).

Daß und wie das letztere vermieden wird, durch Ausstellung des

Wechsels am Wohnort des Remittenten (Sitze des Vereins), welcher dann als Zahlungsort und Wohnort des Ausstellers gilt, ergiebt Art. 97 der W.=O. zur Genüge.

Das Formular eines solchen Wechsels wird hier beigefügt.

Formular eines eigenen Wechsels mit Verzicht auf Präsentation.

.... Monate nach Dato (am ... ten ....) zahle ich gegen diesen Wechsel an d....... (Firma des Vereins) zu X...... die Summe von: ———————— Mark ... Pf.

Den Werth habe ich baar erhalten und leiste zur Verfallzeit ohne vorgängige Präsentation in dem Geschäftslocale d......... (Firma des Vereins) Zahlung.

X........ den ... ten ....

gez. ....

IV.

Gutachten des Herrn Professor Dr. von Liszt zu Gießen

über die Frage:

Wie ist das forum delicti commissi für ein Preßerzeugniß zu bestimmen, wenn von mehreren Orten aus vertrieben worden ist?

Die Beantwortung der gestellten Frage ist nicht möglich ohne weiter ausgreifende grundlegende Erörterungen. Wenn wir das for. d. c. für ein von mehreren Orten aus verbreitetes Preßerzeugniß bestimmen wollen, so müssen wir früher wissen, wo der Gerichtsstand der begangenen That liegt, wenn der Vertrieb nur von einem Orte aus stattgefunden hat. Die über die Beantwortung dieser Vorfrage scheinbar herrschende Uebereinstimmung der Ansichten hat zum großen Theile ihren Grund in der Vieldeutigkeit der gebrauchten Ausdrücke und der durch diese verschleierten Unklarheit der angewendeten Begriffe; ich kann es daher meinen geehrten Fragestellern sowenig wie mir ersparen, Schritt für Schritt in der Untersuchung vorwärts zu gehen, und erst die Lösung der Vorfrage zu versuchen. Dabei gerathe ich wol nicht in Widerspruch mit den Intentionen, welche bei Stellung der Frage maßgebend waren, wenn ich die, allerdings auch unter den Wortlaut derselben fallenden, Preßpolizeidelikte ganz außer Acht lasse, und nur die sog. uneigentlichen Preßdelikte, richtiger die Preßdelikte kat'exochen — also die durch den Mißbrauch der Preßfreiheit begangen Delikte — in's Auge fasse.

I. An welchem Orte ist das Preßdelikt begangen, wenn die (dasselbe enthaltende) Druckschrift von **einem** Orte aus verbreitet (vertrieben) worden ist?

1) Eine weitverbreitete Ansicht antwortet: an jenem Orte, an welchem die betreffende Druckschrift erschienen ist; also, was gleichbedeutend, an dem Ausgabeorte. Man vgl. statt aller Andern Berner Lehrbuch des deutschen Preßrechts S. 279; Schwarze das Reichspreßgesetz S. 34 und 96. Im Rechtshülfegesetz v. 21/6. 1869 §. 21 Absatz 2 hatte diese Ansicht gesetzliche Anerkennung gefunden. Bei Berathung der R.=St.=P.=O. wurde bekanntlich die Aufnahme einer analogen Bestimmung in §. 7 Absatz 2 des Entwurfs von verschiedener Seite in Anregung gebracht, und nach längerer zur Klärung der Sache allerdings wenig beitragender Debatte der Antrag Wolffson=Schwarze angenommen: „Begründet der Inhalt einer Druckschrift den Thatbestand einer strafbaren Handlung, so gilt, so weit die Verantwortlichkeit des Verfassers, Herausgebers, Redacteurs, Verlegers und Druckers in Frage steht, die Handlung nur an dem Orte als begangen, an welchem die Druckschrift erschienen ist." (Kommiss.=Protok. Sitzg. 38, 142, 171). Das Plenum des Reichstags trat bei der zweiten Lesung diesem Vorschlage der Justizkommission mit großer Majorität bei, beschloß aber bei der dritten Lesung, die Bestimmung, die von den verbündeten Regierungen als durchaus unannehmbar bezeichnet worden war, wieder fallen zu lassen (Sten. Ber. S. 392 ff., 954 ff.). Dabei war allerdings, insbesondere von dem Abgeordneten Miquel (S. 850) ausdrücklich betont worden, man sei von der Ueberzeugung ausgegangen, daß der fragliche Rechtssatz von der Praxis der deutschen Gerichte insbesondere des Reichsgerichtes auch ohne ausdrückliche gesetzliche Vorschrift zur Anerkennung und Anwendung gebracht werden würde. Wol in Folge dieser Erklärung ist der weggefallene Abs. 2 des §. 7 seinem wesentlichen Inhalte nach in die meisten Kommentare der R.=St.=P.=O. übergegangen (man vgl. die Bemerkungen bei Schwarze, Löwe, Keller, Thilo, Dalcke); einer jener Rechtssätze, als deren Quelle man das „Materialienrecht" — mit dem wir noch einige Jahre zu kämpfen haben werden — bezeichnen kann.

2) Lassen wir die Richtigkeit dieser Ansicht vorläufig dahingestellt, und trachten wir, durch Zurückgehen auf die Elemente in dem Begriffe des Preßdeliktes, durch die Feststellung der deliktischen Thätigkeit bei diesem, den Ort der begangenen That zu bestimmen. Gewiß der einzig richtige Weg, aber keiner von den bequemsten. Es kann nun selbstverständlich das innere Wesen des Preßdeliktes hier nicht weiter besprochen werden, als dieß unumgänglich nothwendig ist für die gegenwärtige Untersuchung; doch hoffe ich, daß wenige Worte zur Präcisirung meines Standpunktes, zur Absteckung des Kampfplatzes, genügen werden, und verweise bezüglich des Weiteren auf die Darstellung in meinem „Reichspreßrecht" (Berlin 1880) und in dem Art. „Preßstrafrecht" in v. Holzendorff's Rechtslexikon (3. Aufl.).

Das Preßdelikt ist normwidrige und strafbare Gedankenäußerung dem Publikum gegenüber, begangen durch die Verbreitung von Druckschriften. Es ist ein Punkt in dieser Definition, den ich besonders betone. Bei dem Preßdelikte, das unter die größere (nicht juristisch aber politisch gerechtfertigte) Gruppe der strafbaren Gedankenäußerungen fällt, erfolgt die Gedankenäußerung durch die Verbreitung von Druckschriften. Das ist sein charakteristisches Merkmal. Bei dem Preßdelikte ist die Druckschrift der Gedanke, gebannt in das Papier und vervielfältigt; und die Verbreitung ist seine Aeußerung. Ist diese Auffassung richtig, ist die Verbreitung der Druckschrift nicht bloß das Mittel zur Begehung des Preßdeliktes, sondern die Begehung selbst, dann liegt gerade in der Verbreitung die deliktische Thätigkeit. Das Preßdelikt wird begangen durch die und in der Verbreitung. Wollen wir daher den Ort der begangenen That bestimmen, so werden wir ausgehen müssen von der Verbreitung.

Die Casuistik dieses Begriffes ist bekanntlich eine überaus reiche; die auf dem Boden der Praxis aufgetauchten Kontroversen haben vielfache Besprechung gefunden; aber die Begriffsbestimmung selbst ist — vielleicht gerade in Folge der reichen Casuistik — vernachläßigt worden. Zwei Momente sind zu beachten. Verbreitung bedeutet Zugänglichmachen nicht Zugänglichsein für das Publikum, für die ungezählte unbegrenzte Menge; bezeichnet eine Thätigkeit und nicht einen Zustand, ist ein aktiver und nicht ein passiver Begriff, entspricht dem franz. publication im Gegensatze zu publicité. Eine verbreitete Druckschrift ist eine, die verbreitet wird, nicht ist. Und damit steht das zweite Moment im innigsten Zusammenhange.

Denken wir an die Verbreitung eines in starker Auflage ausgegebenen Buches. Die Verbreitung desselben wird sich aus einer kaum übersehbaren Zahl von einzelnen Akten zusammensetzen, die alle auf denselben Mittelpunkt zurückführen. Würden wir die Verbreitungsthätigkeit graphisch klarstellen, so würde ein Punkt, von dem nach allen Richtungen hin unendlich zu verlängernde, strahlenförmige Linien auslaufen, das beste Bild dieser Thätigkeit geben. Oder man denke an das viel gebrauchte Bild von dem Stein, der auf den ruhigen Wasserspiegel auffällt, an die in immer weiterem Umkreise sich verbreitenden Wellen, welche endlich die Ufer des Teiches treffen, sich brechen und überschlagen, sich gegenseitig schneiden und kreuzen, bis allmälig wieder Ruhe wird und nur da oder dort noch eine kleine Welle aufblitzt. In dem Begriffe der Verbreitung liegt es, daß sie weder zeitliche noch örtliche Grenzen hat. So lange Papier und Druckerschwärze sämmtlicher Exemplare dem Kampf ums Dasein nicht zum Opfer gefallen sind, so lange nicht etwa die sämmtlichen Bücherballen an einer unbewohnten Felsenküste neben den Trümmern des gestrandeten Schiffes liegen — kann die Verbreitung sich ungehemmt entfalten.

Ist nun das Preßdelikt an allen Orten begangen, an welchen Verbreitung stattgefunden hat? Wir sind — glücklicher Weise — nicht gezwungen, diese Konsequenz zu ziehen. Jene strahlenförmigen Linien, die uns die Verbreitung versinnlichen sollen, konvergiren stetig nach innen; sie treffen sich sämmtlich in einem mathematischen Punkte. In dem Augenblicke, in welchem die bewegende Kraft, die als latente im Mittelpunkte schlummerte, sich zu entfalten beginnt, sobald sie das kleinste Raumtheilchen rings um den Punkt in der Richtung der einzelnen Strahlenlinien erfüllt; in demselben Augenblicke ist die bewegende Kraft Bewegung geworden, hat sie ihren Lauf in centrifugaler Richtung begonnen. Und nicht anders steht es mit der Verbreitung. Die geringste Verbreitung ist schon Verbreitung. Die Verbreitung kann kleinere oder größere Kreise umschließen, die Bewegung kann rascher oder langsamer fortschreiten: aber die Verbreitung kann begrifflich nicht mehr sein als Verbreitung. Sobald die Verbreitung begonnen hat, sobald sie den kleinsten Kreis erfüllt; sobald das erste kleinste vielleicht unmeßbare Zeittheilchen seit dem Beginne der Bewegung abgelaufen ist: ebensobald ist auch der juristische Begriff der Verbreitung, der als solcher keiner Steigerung fähig ist, gegeben, als fertiger gegeben. Die Anwendung des Gesagten ergiebt sich von selbst. Wenn die Begehung des Preßdeliktes durch die Verbreitung der Druckschrift erfolgt, und wenn der Begriff der Verbreitung schon an dem Orte erfüllt ist, von dem aus die Verbreitung stattfindet (anders können wir den mathematischen Punkt juristisch nicht fassen): so befindet sich an diesem Orte das forum delicti commissi, so ist hier die strafbare Handlung begangen (und zwar als vollendetes Delikt) von allen denjenigen Personen, die an Herstellung und Ausgabe der Druckschrift sowie an dem Beginne der Verbreitung betheiligt sind, insbesondere von Verfasser, Herausgeber, Redacteur, Verleger, Drucker. Daß die weitere Verbreitung diesen Personen gegenüber nicht mehr juristisch in Betracht kommen kann, wird wol allgemein zugegeben. Ich sehe den Grund in dem Umstande, daß der Gedanke in der Druckschrift sinnliche Gestalt angenommen und mit ihr selbstständige von dem Willen seines Schöpfers unabhängige Existenz gewonnen hat. Doch glaube ich, diesen Punkt nicht weiter verfolgen zu müssen. Ebensowenig wird es einer besonderen Begründung des Satzes bedürfen, daß durch die Weiterverbreitung einer Druckschrift strafbaren Inhaltes diejenigen Personen, welche solche Verbreitungsakte setzen, ein neues, selbstständiges, wenn auch mit dem ersten kongruentes, Preßdelikt begehen können, vorausgesetzt, daß sie mit dem vom Gesetze verlangten Vorsatze handeln.

Somit hätten wir das Resultat gefunden. Das forum d. c. ist (für die oben genannten Personen) an demjenigen Orte gegeben, von dem aus die Druckschrift verbreitet, oder, wenn das Wort „vertreiben" in der Frage im gleichen Sinne genommen werden darf, von dem aus sie vertrieben worden ist.

3) Kehren wir nun zur herrschenden Ansicht zurück. Sie verlegt das forum d. c. an jenen Ort, an welchem die Druckschrift ausgegeben worden oder erschienen ist („ausgeben" und „erscheinen lassen" als gleichbedeutende Ausdrücke genommen). Besteht ein Unterschied zwischen beiden Formulirungen? und wenn ja, verdient meine Fassung den Vorzug? — Daß Ausgeben und Verbreiten verschiedene Dinge sind, scheint mir keinem Zweifel zu unterliegen. Unterscheidet doch das Gesetz zwischen Verleger und Verbreiter, das Leben zwischen Verlags- und Sortimentsbuchhändlern. Nun könnte man erwidern: „Ausgeben" der Druckschrift ist eben der Beginn der Verbreitung in dem oben besprochenen Sinne; ihm steht das weitere Verbreiten gegenüber. Ich habe diesen Gedanken nirgends bestimmt ausgesprochen gefunden; doch läßt sich die herrschende Ansicht, wenn überhaupt, gewiß nur in diesem Sinne halten. Denn was dem Beginne der Verbreitung vorangeht, ist nicht Begehung des Deliktes, sondern Vorbereitungshandlung. Soll aber das Ausgeben maßgebend sein für die Bestimmung des Gerichtsstandes der begangenen That, dann darf es nicht Vorbereitungs-, dann muß es Begehungshandlung sein. Giebt man mir diese Consequenz zu, dann ist es aber auch unrichtig, wenn die herrschende Ansicht in den Begriff der Druckschrift das Ausgegebensein hineinnimmt; denn dasselbe Thun kann nicht gleichzeitig Vorbereitungs- und Begehungshandlung sein. So gelangt die bekämpfte Ansicht nothwendig zu dem Satze, daß eine noch nicht erschienene, noch nicht ausgegebene Druckschrift eine Druckschrift im Sinne des Preßrechtes ist.

Und diese Konsequenz spricht entschieden gegen die Richtigkeit der Ansicht. Denn eine gedruckte Schrift ist noch keine Druckschrift. Sie muß zur Verbreitung bestimmt sein; erst durch diese Bestimmung wird sie zur Druckschrift. Das ist kein Spielen mit Worten; das Preßgesetz hat sich ausdrücklich auf diesen Standpunkt gestellt, und Wissenschaft wie Praxis thun dasselbe. Darum müssen wir die Frage aufwerfen und zu beantworten suchen: wann und wodurch erhält die Druckschrift die Bestimmung, verbreitet zu werden? Ich antworte darauf: durch die Thätigkeit des Verlegers, und in dem Augenblicke, in welchem diese als Verlegerthätigkeit ihren Abschluß findet. Diese den gesetzlichen Begriff des „Verlegers" charakterisirende Thätigkeit nennen wir Ausgeben, Erscheinenlassen; in dem Augenblicke, in welchem diese Thätigkeit sich erfüllt, in dem die Bestimmung, verbreitet zu werden, in die Druckschrift hineingelegt wird, ist sie ausgegeben, erscheint sie. Erst jetzt ist sie Druckschrift im gesetzlichen Sinne; das Mittel zur Begehung eines Preßdeliktes ist hergestellt. Daraus folgt, daß das Ausgeben nicht Begehungs- sondern Vorbereitungshandlung, der Ort der Ausgabe (als solcher) nicht Ort der begangenen That ist, daß an dem Ausgabeorte (als solchem) mithin das forum delicti commissi nicht begründet sein kann. Somit führt auch diese Betrachtung zur Rechtfertigung der oben aufgestellten Ansicht.

4) Ich gebe nun gerne zu, daß der Gegensatz der Ansichten in vielen, vielleicht in den meisten Fällen nicht von praktischer Bedeutung ist; der Verleger kann zugleich der erste und eifrigste Verbreiter seiner Verlagsartikel, der Verlagsbuchhändler zugleich Sortimenter sein; der Ort der Ausgabe kann zusammenfallen mit dem Orte, von dem aus die Verbreitung erfolgt. Aber das befreit uns doch gewiß nicht von der Aufgabe, theoretisch die beiden Begriffe auseinanderzuhalten; eine unrichtige Formulirung ist darum nicht weniger unrichtig, weil sie in vielen Fällen praktisch ungefährlich ist. In allen Fällen ist sie es übrigens nicht. Man nehme folgende Beispiele.

Wenn der Leipziger Verleger die bei ihm erschienene Schrift unmittelbar an die mit ihm in Geschäftsverbindung stehenden Sortimentsbuchhandlungen schickt, oder (denn diese Frage ist ja bekanntlich bestritten) wenn er bei einem nur auf Pränumeration abgegebenen Werke die einzelnen Lieferungen unmittelbar an die Besteller versendet, so erblicke ich in diesem Versendungsakte den Beginn der Verbreitung, so betrachte ich Leipzig als den Ort, an welchem die Druckschrift 1) erschienen und von dem aus sie 2) verbreitet worden ist, und halte daher, wenn es sich um eine Schrift strafbaren Inhalts handelt, Leipzig für den Ort, an welchem das forum del. com. begründet ist. Hier gelange ich also zu dem gleichen Resultate wie die herrschende Ansicht. Wenn aber der Verleger, der in einer kleinen abgelegenen Universitätsstadt seine Geschäftsniederlassung hat, die bei ihm verlegte Schrift an den Agenten in Leipzig schickt, damit dieser sie von dort aus auf den Markt wirft und zwar in dem für die Verbreitung des Werkes günstigsten Augenblicke: dann ist das Buch in jener Universitätsstadt erschienen, von Leipzig aus aber verbreitet worden, und zwar vielleicht einige Wochen nach dem Erscheinen; die Universitätsstadt ist der Ausgabeort, Leipzig der Ort der begangenen That. In solchen Fällen, und sie dürften nicht gar so selten sein, weicht meine Ansicht von der herrschenden wesentlich ab.

II. Wir sind jetzt endlich in der Lage, an die Beantwortung der zur

Begutachtung gestellten Frage selbst heranzutreten. Wo ist das forum d. c. begründet, wenn die Druckschrift nicht von einem, sondern von **mehreren** Punkten aus vertrieben worden ist?

1) Für die herrschende Ansicht kann die Frage keine Frage sein. Denn wenn an dem Ausgabeorte der Gerichtsstand der begangenen That gegeben ist, dann kommen die Orte, von welchen aus die ausgegebene Druckschrift vertrieben worden ist, überhaupt nicht mehr in Betracht. Der Fall steht dann dem unter I. besprochenen durchaus gleich. — Ich sehe den Einwand voraus: „Vertreiben" soll in der Frage nicht Verbreiten einer bereits ausgegebenen, sondern eben das Ausgeben der Druckschrift bezeichnen; der vorausgesetzte Fall ist der, daß eine Druckschrift an mehreren Orten ausgegeben wurde. Wenn ich die Frage richtig auffasse, ist das nun nicht gemeint. Aber ich gehe noch weiter. Es ist nach meiner Ansicht nämlich gar nicht möglich, daß eine und dieselbe Druckschrift, sei es gleichzeitig, sei es in verschiedenen Augenblicken, an verschiedenen Orten ausgegeben wird. Es liegen vielmehr, wenn dieß der Fall zu sein scheint, thatsächlich entweder verschiedene Druckschriften vor, oder aber es ist in Wirklichkeit nur ein Ausgabeort vorhanden. Das Erscheinen der Druckschrift ist ihre Geburt als Druckschrift; der Zeitpunkt des Erscheinens ihre Geburtsstunde, der Ort des Erscheinens ihre Heimat. Dasselbe Individuum kann aber nur an einem Orte und in einem Zeitpunkte in die Welt treten; daran wird selbst dann nichts geändert, wenn der Gebärakt sich durch mehrere Stunden verlängern und die Gebärende während dieses Zeitraumes in dem Schlafwagen eines Eilzuges die Territorien mehrerer Deutscher Kleinstaaten durchflogen haben sollte.

Freilich steht diese Ansicht nicht im Einklange mit den Gepflogenheiten des deutschen und ausländischen Buchhandels. Wie viele Bücher sind in „Wien, Pest und Leipzig" oder in „Leipzig und Bielefeld" u. s. w. u. s. w. verlegt! Aber es fragt sich eben, ob diese Bezeichnung irgend welche juristische Bedeutung hat, ob es juristisch möglich ist, daß dieselbe Schrift an mehreren Orten verlegt wird; denn durch die Bezeichnung allein wird die juristische Möglichkeit, wenn sie nicht schon vorhanden war, gewiß nicht geschaffen. Und diese Frage glaube ich mit aller Bestimmtheit verneinen zu müssen.

Die gerügte Bezeichnung sagt nichts anderes, als daß der Verleger X. zwei oder mehrere Etablissements hat. Das kann nun in mancher Beziehung von Interesse sein; für das Preßrecht und seine Bestimmungen ist es gleichgültig. Es sind ja nur folgende Eventualitäten denkbar:

a) Bielefeld (bleiben wir bei einem konkreten Beispiele) ist Nebenetablissement; dann ist die Schrift in Leipzig verlegt und Bielefeld kommt juristisch gar nicht in Betracht. Oder

b) Bielefeld ist 1. ein mit einer gewissen juristischen Selbständigkeit operirendes Zweigetablissement oder 2. ein durchaus selbständiges zweites Hauptetablissement desselben Verlegers. Diese beiden Fälle sind preßrechtlich ganz gleich zu behandeln. Sie stehen aber weiter demjenigen Falle gleich, in welchem der Verlag von zwei in verschiedenen Händen befindlichen Firmen übernommen wird. Das ist nun zwar möglich, aber nur in derselben Weise, in welcher zwei verschiedene Druckerfirmen den Druck einer Schrift übernehmen können. Und damit sind wir auf einem Gebiete angelangt, auf dem von einer Meinungsverschiedenheit nicht mehr gesprochen werden kann. Ich verweise statt aller Andern auf Berner S. 196, der sich, der unwidersprochenen Aeußerung des Bundeskommissärs von Brauchitsch (Sten. Ber. 1874 S. 394) vollinhaltlich anschließt. Entweder werden einzelne Theile der Schrift bei verschiedenen Firmen gedruckt: dann muß jede einzelne auf dem Theile, den sie gedruckt hat, sich als Drucker bezeichnen. Oder dem einen Drucker helfen andere Firmen auf seine Rechnung bei Herstellung des Druckes: dann ist er preßrechtlich für die ganze Druckschrift verantwortlich, und nur sein Name und sein Wohnort fungirt auf dem Buche und eventuell in dem nach § 21 Preßgesetz gefällten Schuldurtheil.

Ich kann nicht einsehen, warum die Sache bezüglich des Verlegers anders liegen sollte. Die Angabe: „verlegt in Leipzig, Pest und Wien" ist juristisch eine Monstrosität; das Buch kann nicht ein deutsches, österreichisches und ungarisches gleichzeitig sein und der Verleger kann nicht fortwährend gleichzeitig in allen drei Städten seinen Wohnort haben. Ein Argument gegen die hier vertretene Ansicht kann also aus dieser buchhändlerischen Gepflogenheit wohl nicht hergeleitet werden.

2. Wenn es nun auch unmöglich ist, daß dieselbe Schrift gleichzeitig an verschiedenen Orten erscheint, so ist es ganz gut denkbar, daß sie von verschiedenen Orten aus vertrieben oder verbreitet wird. Ich nehme an, ein Lyon'er Verleger habe einen Agenten in Paris, einen andern in Leipzig, einen dritten in Petersburg; das erste Drittel der Bücherballen erhält der Agent in Paris, das zweite der in Leipzig, das dritte der in Petersburg; die Agenten versenden von den genannten Orten ihre Exemplare an die Sortimentsbuchhandlungen in Frankreich, Deutschland, Rußland. Hier ist Lyon der Ausgabeort, die Schrift mithin eine französische, in preßpolizeilicher Beziehung dem französischen Rechte unterworfen; die Verbreitung aber erfolgt, von drei verschiedenen Centren aus, in Frankreich und in Deutschland und in Rußland.

Es läßt sich nun allerdings nicht leugnen, daß in manchen Fällen — praktisch dürften sie wol nicht zahlreich sein — die Entscheidung, ob Versendung zur Verbreitung oder Beginn der Verbreitung selbst, mit gewissen Schwierigkeiten verknüpft ist. Man nehme an, der Lyon'er Verleger hätte von Lyon aus nicht an 3, sondern an 5, 10, 100 oder 1000 Agenten Exemplare seiner Schrift zur Weiterverbreitung geschickt. Eine ziffermäßige Abgrenzung ist hier freilich nicht möglich. Aber mit ganz analogen Schwierigkeiten kämpft unsere Praxis täglich, und wol meist mit Erfolg. Mit Beruhigung können wir ihr im konkreten Falle die Entscheidung darüber überlassen, ob der Verleger die Schrift nur ausgegeben oder ob er sie auch verbreitet hat.

3. Die Fassung der gestellten Frage ist mithin eine vollkommen korrekte. Sie setzt voraus, daß eine und dieselbe Druckschrift an einem Orte erschienen ist, aber von verschiedenen Orten aus verbreitet wurde. Wie ist hier das forum delicti commissi zu bestimmen? Die nächste Antwort ist eine durchaus einfache. Wenn an dem Orte, von welchem aus die Verbreitung erfolgte, der Gerichtsstand der begangenen That gegeben ist, so ist hier, wo Verbreitung von mehreren selbständigen Centren aus vorliegt, an jedem dieser Orte das forum d. c. begründet. Aber dieser Satz bedarf der Erläuterung. Erst mit dieser beginnen die Schwierigkeiten, deren Lösung, bei dem heutigen Stande der strafrechtlichen Wissenschaft, insbesondere dem der Lehre von der Verbrechenskonkurrenz, eine allgemein überzeugende und befriedigende nicht sein kann.

Haben die an Herstellung und Ausgabe der Druckschrift betheiligten Personen ein Delikt oder mehrere, und wenn Letzteres der Fall, haben sie diese mehreren Delikte durch eine Handlung oder durch mehrere begangen? Das ist die Frage, die wir zunächst zu beantworten haben. Von den mehreren ersten Verbreitern können wir absehen; denn jeder Einzelne von ihnen hat sich dadurch, daß er den Beginn der Verbreitung veranlaßte, gewiß nur eines Deliktes schuldig gemacht.

Die strafbare Thätigkeit besteht bei den Preßdelikten in dem Verbreiten der Druckschrift; in jener eigenthümlichen, oben geschilderten, von einem Mittelpunkte aus durch eine nichtabgeschlossene Reihe von konzentrischen Kreisen sich fortpflanzenden Bewegung. In unserem Falle sind mehrere solche Centren und mit ihnen mehrere Gruppen von koncentrischen Kreisen gegeben; eben darum aber auch mehrere „Verbreitungen" (man gestatte mir diesen Ausdruck). Die einzelnen Verbreitungscentren sind als solche unabhängig voneinander, und eben darum auch die einzelnen Verbreitungen. Es liegen also mehrere selbständige voneinander unabhängige deliktische Thätigkeiten vor, denn die Verbreitung ist die deliktische Thätigkeit bei den Preßdelikten. Und damit sind wir am Ziele; es sind mehrere selbständige, durch ebensoviele selbständige Handlungen begangene wenn auch unter einander kongruente Preßdelikte gegeben. Es liegt also der Fall einer realen Konkurrenz vor.

Dieses Resultat gilt nicht nur für die mehreren Verbreiter, sondern auch für den Verfasser und ebenso auch für Redakteur und Herausgeber, für Drucker und Verleger. Denn auch für sie liegt nicht in dem Niederschreiben, Vervielfältigen, Ausgeben, sondern in dem Verbreiten das deliktische Thun. Sie haben in unserem Falle mehrfach gehandelt; und zwar so oft gehandelt, als Verbreitungscentren vorliegen.

Wenn ein herumziehender Deklamator in verschiedenen Städten einen und denselben Vortrag hält, so hat er nicht dort gehandelt, eventuell delinquirt, wo er den Vortrag niedergeschrieben oder auswendig gelernt, sondern überall dort, wo er ihn gehalten hat. Die Sache liegt in unserem Falle nicht anders; nur wird das Herumziehen überflüssig durch die mit der Vervielfältigung des fixirten Gedankens eintretende Möglichkeit der Wirkung in die Ferne. Freilich kann bei dem Deklamator ein fortgesetztes Delikt vorliegen, wenn die einzelnen Vorträge als unselbständige Theilakte erscheinen; während in unserem Falle diese Möglichkeit ausgeschlossen ist durch das Auseinandertreten der körperlichen und der geistigen Thätigkeit bei der Aeußerung des Gedankens.

Ich möchte zur Unterstützung meiner Ansicht noch darauf hinweisen, daß das Berliner Obertribunal (und ein Theil der Schriftsteller hat sich ihm angeschlossen) in mehreren Entscheidungen Realkonkurrenz angenommen hat, wenn dieselbe Aeußerung des Einen mehrere Andere zur Begehung mehrerer Delikte bestimmte. Ist nun auch die Richtigkeit dieser Entscheidung zweifelhaft, weil nach der heute beliebten Konstruktion der Anstiftung nicht von einem Begehen des Deliktes durch den Anstifter, sondern nur von einer Theilnahme desselben an dem von einem Anderen begangenen Delikte die Rede sein kann, so beweist sie doch — und nur darum erlaube ich mir sie zu erwähnen — daß gerade vom Standpunkte der Praxis aus gegen die von mir vertretene Annahme einer Realkonkurrenz in dem zu begutachtenden Falle ernste Bedenken kaum erhoben werden dürften und können.

Ist aber die Annahme einer realen Konkurrenz mehrerer Preßdelikte richtig, dann bestimmt sich für diese subjektiv wie objektiv zusammenhängenden Strafsachen der Gerichtsstand der begangenen That nach § 12 Str.-Pr.-O. An jedem der Orte, von welchen aus vertrieben worden ist, können die an Herstellung und Ausgabe betheiligten Personen zunächst wegen des an diesem Orte begangenen Preßdeliktes, dann aber auch unter den

Voraussetzungen des § 12 cit. wegen der an den übrigen Orten begangenen Delikte zur Verantwortung gezogen werden. Dies meine Antwort auf die gestellte Frage.

III. Noch ein Punkt bedarf der Erwägung. Wie steht es mit der preßrechtlichen Fahrlässigkeit? Ich stimme mit der herrschenden Ansicht darin vollkommen überein, daß das forum d. c. hier kein anderes ist, als in dem oben besprochenen Falle. Mögen wir an dem Ausgabeorte, mögen wir an dem Orte, von dem aus die Vertreibung stattgefunden hat, den Gerichtsstand der begangenen That annehmen: immer wird an dem von uns angenommenen Orte der Gerichtsstand begründet sein nicht bloß für diejenigen Personen, welche nach § 20 erster oder zweiter Absatz Preßges. als Thäter oder Theilnehmer an dem durch den Inhalt der Druckschrift begangenen Delikte zur Verantwortung gezogen werden, sondern auch für jene, welche nach § 21 Preßges. wegen „Nichtanwendung der pflichtgemäßen Obsorge" haften. Wenn die Ansicht, die ich zuerst in meinem Lehrbuch des österr. Preßrechts S. 122 ff. vertreten habe, die Ansicht nämlich, daß es sich bei der sog. „preßrechtlichen Fahrlässigkeit" um nichts anderes als um die fahrlässige Begehung des durch den Inhalt der Druckschrift begründeten Deliktes handelt — richtig ist, dann kann selbstverständlich der Gerichtsstand nach § 21 Preßges. kein anderer sein als nach § 20 Preßges., dann haben eben alle an dem Erscheinen der Druckschrift betheiligten Personen das Delikt an demselben Orte und in demselben Augenblicke begangen.

Dagegen kann ich mir nicht erklären, wie die entgegengesetzte Ansicht zu derselben Gleichstellung zu gelangen im Stande ist. Denn wenn die sog. „preßrechtliche Fahrlässigkeit" wirklich nichts zu thun hat mit der fahrlässigen Herbeiführung des in der Druckschrift enthaltenen Deliktes, sondern eine „spezifische", eine „technische", eine „dem Preßgewerbe eigenthümliche" culpa ist; dann haben wir, ganz absehend von der Verbreitung der Druckschrift, die strafbare Thätigkeit oder Unthätigkeit des Redakteurs, Verlegers, Druckers besonders ins Auge zu fassen, und für jede der genannten Personen den Gerichtstand der begangenen That besonders zu bestimmen; dann ist an dem Orte, wo die Druckerei, das Redaktionsbureau, das Comptoir des Chefs der Verlagshandlung sich befindet, das forum delicti commissi, und der Ausgabeort kommt so wenig in Betracht, wie der Ort, von dem aus die Verbreitung stattgefunden hat. Die Gleichstellung der in § 20 und § 21 Preßges. enthaltenen Fälle ist nur dann haltbar, wenn man annimmt, daß es sich in beiden Paragraphen um die Begehung des durch den Inhalt der Druckschrift begründeten Deliktes handelt.

IV. Für die Kollegen aus Oesterreich hat die ganze Frage geringe oder gar keine praktische Bedeutung. Die österreichische Str.-P.-O. von 1873 steht noch auf dem, heute ziemlich allgemein aufgegebenen, Standpunkte der älteren Gesetze, welche alle Schwierigkeiten, die unsere Frage von jeher geboten hat, durch einen Machtspruch aus der Welt zu räumen bestrebt waren. Sie bestimmt in § 486 (der bis auf die Str.-P.-O. von 1850 in seiner Entstehungsgeschichte zurückgreift):

„Wird die strafbare Handlung durch den Inhalt einer Druckschrift begangen, so ist, wenn der Druckort bekannt und in dem Gebiete gelegen ist, für welches die Strafprozeßordnung Wirksamkeit hat, stets der Druckort; wenn dieser unbekannt oder außerhalb jenes Gebietes gelegen ist, der Ort der Verbreitung in dem letzteren als Thatort anzusehen. Erscheinen in dem letzteren Falle mehrere Gerichte für dieselbe Untersuchung zuständig, so entscheidet unter ihnen das Zuvorkommen."

Nach dem oben Ausgeführten bedarf es wohl keines Nachweises für die Behauptung, daß diese Bestimmung dem Wesen der Sache nicht gerecht wird, keine Lösung, sondern eine Beseitigung der Frage ist. Weiteres Eingehen auf die Vorschrift der österreichischen Str.-P.-O. ist demnach wohl überflüssig.

Ich würde folgende Thesen zur Annahme empfehlen.

1) Die Preßdelikte werden von den an Herstellung und Ausgabe der Druckschrift betheiligten Personen (Verfasser, Herausgeber, Redacteur, Drucker, Verleger) begangen an demjenigen Orte, von dem aus die Verbreitung der Druckschrift (der Vertrieb) erfolgt.

2) Wird die Druckschrift von mehreren Orten aus verbreitet (vertrieben), so haben die genannten Personen in realer Konkurrenz so oftmal das Preßdelikt begangen, als Verbreitungsmittelpunkte vorhanden sind.

3) Die Bestimmung des Gerichtsstandes der begangenen That erfolgt in diesem Falle nach der in § 12 Str.-P.-O. gegebenen Vorschrift.

V.

Gutachten des Herrn Professor Dr. Behrend zu Greifswald

über die Frage:

Ob und unter welchen Voraussetzungen das constitutum possessorium mit den Wirkungen der Besitzübertragung für bewegliche Sachen auszustatten ist.

Thesen.

1.

Bei der Veräußerung beweglicher Sachen ist das constitutum possessorium der Uebergabe gleichzustellen.

Die Rechtsbeständigkeit des constitutum possessorium ist an die Voraussetzung zu knüpfen, daß zugleich mit der Veräußerung ein Rechtsverhältniß begründet wird, welches dem Veräußerer die Befugniß zum Gebrauch der veräußerten Sache gewährt.

2.

Zur Begründung eines Pfandrechtes an Mobilien ist das constitutum possessorium nicht für ausreichend zu erachten.

3.

In Bezug auf die Stellung des redlichen Erwerbers gegenüber Vindicationsansprüchen ist, wenn der Grundsatz Hand wahre Hand oder ein Princip zu Grunde gelegt wird, nach welchem der redliche Erwerber Eigenthum erlangt, das constitutum possessorium nicht als Uebergabe anzusehen. Wird dagegen nach dem Vorbild des preußischen Landrechts dem redlichen Erwerber nur ein Anspruch auf Erstattung des Erwerbspreises gewährt, so ist dem constitutum possessorium dieselbe Wirkung beizulegen, wie der körperlichen Uebergabe.

4.

Es empfiehlt sich nicht, daß demjenigen, der eine bewegliche Sache vermittelst eines constitutum possessorium erworben hat, die Befugniß entzogen werde, im Concurse über das Vermögen des Veräußerers oder bei einer Beschlagnahme der veräußerten Sache seitens der Gläubiger des letzterer als Vindikant aufzutreten. Dagegen erscheint es rathsam, daß die Gläubiger gegen fraudulöse Geschäfte dieser Art, durch Gewährung einer Anfechtungsbefugniß unter erleichterten Bedingungen geschützt werden. Und zwar dürfte es angemessen sein, das Anfechtungsrecht bei entgeltlichen Veräußerungen nach Analogie von § 24 Nr. 2 der Reichskonkursordnung und § 3 Nr. 2 des Reichsgesetzes vom 21. Juli 1879 für den Fall einzuräumen, daß das Veräußerungsgeschäft innerhalb einer bestimmten Frist vor Eröffnung des Concursverfahrens, bezw. der Rechtshängigkeit des Anfechtungsanspruches geschlossen ist, sofern durch den Abschluß des Vertrages die Gläubiger benachtheiligt werden und der Erwerber nicht beweist, daß ihm zur Zeit des Vertragsabschlusses eine Absicht des Gemeinschuldners, die Gläubiger zu benachtheiligen, nicht bekannt war.

Eine gleiche Anfechtungsbefugniß wird den Gläubigern auch dann einzuräumen sein, wenn die Sache zwar nicht von vornherein in dem Gewahrsam des Veräußerers belassen, aber demselben alsbald nach der Uebergabe wieder zurückgegeben worden ist.

Begründung.

I.

Das c. p. hängt sowohl im gemeinem Rechte wie in seiner partikularrechtlichen Entwickelung so eng mit der Gestaltung der Besitzlehre und nicht minder mit den Grundsätzen über Erwerb und Verfolgung des Eigenthums zusammen, daß eine erschöpfende Beantwortung der obigen Frage nothwendig dazu führen müßte, die Grundlagen des künftigen Mobiliarsachenrechts überhaupt in den Bereich der Erörterung zu ziehen. Eine so umfassende Untersuchung darf ich indeß schon deswegen nicht als in den Grenzen der mir gestellten Aufgabe liegend betrachten, weil die Fragen, denen alsdann näher zu treten sein würde, den Juristentag zum Theil bereits selbstständig beschäftigt haben, theils gerade jetzt beschäftigen. In Bezug auf die wichtigste derselben, die Frage nach der Tradition als Erforderniß des Eigenthumsüberganges ist durch den Beschluß des Jenaer Juristentages res judicata für uns vorhanden. Die damals gepflogenen Verhandlungen sind für unser Thema um so bedeutungsvoller, als sie die unmittelbare Veranlassung gewesen sind, dasselbe auf die diesjährige Tagesordnung zu setzen.

Mit Rücksicht auf die Beschränkung, die ich mir hiernach aufzuerlegen habe, wolle man die vorangeschickten Thesen, sowie die nachfolgende Begründnng derselben in Erwägung ziehen, insbesondere beachten, daß dabei das Traditionsprincip überall als gegeben vorausgesetzt wird.

Eine andere Begrenzung, die nothwendig erscheint, betrifft den Begriff des c. p. Von den verschiedenen Fällen, die unter dieser Bezeichnung zusammengefaßt werden, sollen hier nur diejenigen in Betracht kommen, auf welche die Bemerkung Windscheid's[1]) Anwendung findet: „Es muß vorliegen, daß, wenn die Sache körperlich wäre übergeben worden, sie zurückgegeben sein würde. Dieses Hin- und Hergeben kann erspart werden." M. a. W: Geschäfte, zu denen an sich die Uebergabe erforderlich sein würde, bei denen aber keine reelle Uebergabe stattfindet, weil nach dem Willen der Parteien die Sache in dem Gewahrsam des Veräußerers verbleiben soll. Alle übrigen Fälle, in denen man sonst noch ein c. p. zu finden geglaubt hat, bleiben hier geflissentlich unberücksichtigt, weil für sie meines Erachtens andere gesetzgeberische Erwägungen ausschlaggebend sind. Dahin gehört insbesondere die Besitzübertragung des Mandatars an den Mandanten, wenn ersterer eine Sache zwar in fremdem Auftrage, aber für sich erworben hat (Einkaufskommissionär!), ferner der Besitzübergang im Falle der Versendung einer gekauften Waare und der Besitzübergang durch Anweisung.

II.

Das c. p. in der angegebenen Begrenzung wird von den ältern Romanisten als eine Art symbolischer Tradition betrachtet und, wie diese überhaupt, vermittelst einer fingirten Apprehension zu erklären versucht. Savigny[2]) hat dagegen dargethan, daß es sich in den hierher gehörigen Fällen nur um eine in etwas modificirte Anwendung der allgemeinen Grundsätze über den Besitzerwerb durch Stellvertreter handelt. Die Modification besteht bekanntlich darin, daß der Besitzerwerb „ohne alles körperliche Handeln auf die Sache" stattfindet.

Savigny, dem alle Neueren hierin gefolgt sind, sieht diese Modification als selbstverständlich an, weil der Vertreter, durch den die Ergreifung geschehen müßte, bereits Besitzer der Sache ist. „Da die Apprehension schon früher vorgekommen ist, so braucht sie jetzt nicht wiederholt zu werden." Das c. p. gilt demnach der herrschenden Auffassung als eine nicht nur in sich begriffsmäßig gestaltete, sondern auch gewissermaßen nothwendige Rechtsbildung; seine Zulässigkeit würde, wie wiederum von Savigny am stärksten betont wird, auch ohne positive Quellenzeugnisse gewiß sein.[3])

---

[1]) Pandekten § 155 Anm. 8a (4. Aufl.).

[2]) Recht des Besitzes § 27.

[3]) „Das Wort kommt bei den Römern nicht vor, wohl aber die Sache und selbst

Gegen die Quellenmäßigkeit dieser Auffassung soll kein Bedenken erhoben werden, ihre Selbstverständlichkeit hingegen ist in Abrede zu stellen. Sie beruht trotz ihrer anscheinenden Natürlichkeit auf einer bis zu einem sehr hohen Grade gesteigerten juristischen Abstraction. Wird die bloße Willensäußerung des Besitzers, ohne daß irgend eine körperliche Handlung stattfindet, für genügend erachtet, um einen Besitzwechsel anzunehmen, so liegt darin eine Verflüchtigung des Besitzbegriffs, wie sie kaum in höherem Maße denkbar ist. Mag man diesen Verflüchtigungsproceß auch auf eine juristische Formel zurückzuführen im Stande sein, immerhin ist es sehr erklärlich, wenn er in früheren Zeiten unter die mirabilia mundi gezählt wurde,[4]) auf einen nicht römisch-rechtlich geschulten Verstand dürfte er auch jetzt noch einen ähnlichen Eindruck machen.[5]) —

Es ist allerdings natürlich, daß in den Fällen, in denen von dem Erwerber die Sache sofort zurückzugeben sein würde, Hin- und Rückgabe dadurch erspart werden können, daß die zu tradirende Sache von vorn herein beim Veräußerer verbleibt; durchaus nicht natürlich erscheint es aber, wenn dieser Vorgang unter den Gesichtspunkt der Tradition gebracht wird. Das natürliche Bewußtsein wird immer sagen, daß in solchen Fällen keine Uebergabe stattgefunden hat. Es liegt hier zwar keine Fiction, aber eine sehr künstliche juristische Construction vor.

Hiernach scheint die Frage nahe gelegt zu sein, ob es sich nicht empfehlen würde, in unserer künftigen Gesetzgebung das c. p. überhaupt fallen zu lassen. Auch wenn man die Nothwendigkeit anerkennt, Ausnahmen von dem Erfordernisse der körperlichen Uebergabe zuzulassen, brauchte der Gesetzgeber ja nicht zu diesem künstlichen Auskunftsmittel zu greifen, sondern könnte unumwunden aussprechen, daß in den betreffenden Fällen das Eigenthum ohne Tradition übergeht.

Dieser Weg ist indeß dem Gesetzgeber meines Erachtens nicht anzurathen. Abgesehen davon, daß das c. p. sich denn doch durch Jahrhunderte lange Uebung in unserm Rechtsleben eingebürgert hat, würde jene anscheinend einfachere Auffassung neue Schwierigkeiten schaffen, ohne die bereits vorhandenen zu beseitigen.[6])

---

wenn sie nicht besonders im Römischen Recht genannt wäre, würde sie um nichts weniger gewiß sein." Recht des Bes. a. a. O.

[4]) Et est hoc unum mirabile mundi. Azo Summa in Cod. tit. de poss., mitgetheilt von Savigny a. a. O.

[5]) Celeritate conjungendarum inter se actionum unam actionem occultari heißt es in einem verwandten Fall (L. 1 § 12 D. de don. in vir. et ux.), eine Wendung, die in sehr bezeichnender Weise ausspricht, daß uns ein juristisches Kunststück vorgeführt wird.

III.

Liegt aber die Nothwendigkeit vor, in den Fällen, die wir hier in's Auge fassen, eine Ausnahme von dem Erforderniß der körperlichen Uebergabe zu statuiren, mithin, wenn von dem so eben angedeuteten Weg Abstand zu nehmen ist, das. c. p. zuzulassen?

Eine verneinende Antwort auf diese Frage ist meines Erachtens unter einer doppelten Voraussetzung denkbar:

a) Der Gesetzgeber könnte sich möglicherweise in Bezug auf den Schutz der Rechte an Mobilien das Princip aneignen, nach welchem dingliche Rechte an beweglichen Sachen überhaupt nur auf Grund der Gewere im Sinne körperlichen Innehabens anerkannt werden. Würde man sich, von diesem Princip ausgehend, dazu entschließen, in dem bürgerlichen Gesetzbuch den Satz Hand wahre Hand in der Bedeutung zu Grunde zu legen, daß eine Rechtsverfolgung von Mobilien in der Hand des dritten Besitzers nur dem gewährt wird, dem die Sachen wider oder ohne seinen Willen aus seinem Gewahrsam entkommen sind, derjenige dagegen, der sie freiwillig aus seiner Gewere entlassen hat, lediglich auf seinen Nachmann verwiesen wird, so würde sich mit einem solchen System die strenge und ausnahmslose Durchführung des Erfordernisses der körperlichen Uebergabe nicht nur sehr wohl vereinigen lassen, sondern es würde dieselbe auch als in der Rechtsconsequenz liegend anzusehen sein. Ein so gestaltetes System würde bei Weitem geschlossener und einfacher sein, als das des französischen Rechtes und namentlich den Streitfragen aus dem Wege gehen, die sich in der französischen Jurisprudenz aus dem mangelhaften Zusammenstimmen der Art. 1138, 1583, 1141 und 2279 des Code civil ergeben.

b) Ich halte es gleichwohl weder für wahrscheinlich noch für wünschenswerth, daß dieses System in das bürgerliche Gesetzbuch Eingang finde. Eine Begründung unseres künftigen Mobiliarsachenrechtes lediglich auf der Thatsache des körperlichen Innehabens würde sich, wie hier nicht näher darzulegen ist, weder historisch rechtfertigen [7]) noch als unseren Verkehrsbedürfnissen entsprechend betrachten lassen. Wird aber dieses System nicht acceptirt, wird dem Eigenthümer, der eine bewegliche Sache freiwillig dem Gewahrsam eines Andern überläßt, eine, wenn auch beschränkte, Rechtsver-

---

[6]) Der Vortheil würde lediglich in der Formulirung bestehen; Schwierigkeiten würden sich für die Gestaltung der Besitzlehre ergeben.

[7]) Modificationen des Satzes „Hand wahre Hand" in der obigen Bedeutung ergeben sich bekanntlich bereits im Mittelalter und in noch höherem Maß seit der Reception des römischen Rechtes. Vgl. hierüber u. a. Goldschmidt in seiner Ztschr. Bd. 8 S. 259 ff., Stobbe „Deutsches Privatrecht" Bd. 2, § 146 f.

folgung Dritten gegenüber gewährt,[8]) so ist das c. p. nur dann entbehrlich, wenn Geschäfte, durch welche dem Veräußerer der Gewahrsam der veräußerten Sache überlassen wird, nicht in Verbindung mit dem Veräußerungsgeschäfte gestattet, sondern entweder überhaupt für unzulässig oder doch erst nach einem gewissen Intervall für statthaft erklärt werden. Eine Vorschrift der letztern Art enthält die im Anhange mitgetheilte bremische Verordnung vom 25. August 1848, zugleich das einzige mir bekannte Beispiel eines neueren Gesetzes, welches dem c. p. dingliche Wirkung abspricht.[9]) Nach § 1 derselben soll bei der Veräußerung von Hausmobilien, Handwerks- oder Hausgeräth die Uebergabe keine rechtliche Wirkung haben, „sofern der Veräußerer sich den Gebrauch der veräußerten Sachen ausbedungen hat, oder doch dieselben ihm am Tage des Vertragsabschlusses oder doch innerhalb der nächsten vierzehn Tage nach jenem Tage zum Gebrauche wieder zurückgestellt werden." —

Man wird sich indeß meines Erachtens entschieden gegen die Aufnahme dieser oder einer ähnlichen Bestimmung in unser künftiges bürgerliches Recht erklären müssen. Nicht nur deswegen, weil sie ihrem eigentlichen Motiv, der Verhütung betrügerischer, die Gläubiger des Veräußerers benachtheiligender Manipulationen, nur sehr unvollkommen entspricht,[10]) sondern weit mehr noch deswegen, weil sie den Verkehr in unzulässiger Weise beschränkt, da die Geschäfte, denen sie entgegentritt, sehr wohl auch redlich gemeint und aus einem legitimen Bedürfniß hervorgegangen sein können.[11])

---

[8]) Wie insbesondere überall da der Fall ist, wo der Grundsatz „Hand wahre Hand" nur zu Gunsten des redlichen Besitzers oder unter noch weiter gehenden Einschränkungen anwendbar ist. Auch die französische Jurisprudenz nimmt bekanntlich an, daß Art. 2279 des Code civil die Vindication nur gegen den gutgläubigen Besitzer ausschließt.

[9]) Goldschmidt „Handelsrecht" Bd. 1 Abth. 2 S. 611 Anm. 17 nennt außer dieser Verordnung noch schweizerische Gesetze. Rüttimann in der Ztschr. f. schweizer. R. Bd. 8 S. 51, auf den er sich hierbei beruft, macht in dieser Hinsicht nur das mir nicht zugängliche Gesetzbuch von Solothurn namhaft und sagt von demselben auch nur, es scheine in § 741 (abgesehen von der körperlichen Uebergabe) blos die brevi manu traditio gutzuheißen, indem von dem c. p. keine Rede sei. Der neueste Entwurf des schweizerischen Obligationen- und Handelsrechts erkennt im Art. 219 das c. p. implicite an.

[10]) Wie leicht kann die Vorschrift der Bremischen Verordnung durch personae suppositae umgangen werden; auch dürfte in vielen Fällen die Festsetzung einer bestimmten Frist im Gesetze fraudatorische Geschäfte eher bemänteln, als verhindern.

[11]) Die gedachte Bestimmung scheint sich auch in der Bremischen Praxis nicht bewährt zu haben. Post, Entw. e. gem. D. u. Hansestadt Brem. Privatr.'s II. Abth. 1 S. 99[1] sagt, daß sie vielfach zu unerhörten Härten führe.

In verstärktem Maße spricht dieser letztere Grund gegen eine nicht blos zeitweise sondern gänzliche Untersagung solcher Geschäfte.

Muß demgemäß der Gesetzgeber darauf verzichten, dem Beispiele der bremischen Verordnung zu folgen, so wird er nicht umhin können, dem c. p. Aufnahme zu gewähren. Wollte man auch für die hier in Frage kommenden Fälle das Erforderniß körperlicher Uebergabe aufrecht erhalten, so würde sich dies, da dieselbe keinerlei Gewähr für die Erkennbarkeit des dinglichen Rechtes, weder in Bezug auf sein Vorhandensein, noch auf seine Entstehung darbietet, nur aus dem Gesichtspunkt rechtfertigen lassen, daß die Tradition als die Form betrachtet wird, in welcher der dingliche Vertrag zu vollziehen ist. In dieser Hinsicht hat die Uebergabe auch unzweifelhaft eine große und berechtigte Bedeutung, sie ist der Akt, mittelst dessen der auf Eigenthumsübergang gerichtete Wille der Parteien Ausdruck erhält. Der Verkehr würde aber mit einem überflüssigen, unserm Rechtsbewußtsein fremden Formalismus belastet werden, wenn die Erfüllung dieser Form auch in allen den Fällen gefordert würde, in denen nach der im Momente der Uebergabe bereits vorhandenen Absicht der Parteien ihr die Rückgabe auf dem Fuße folgen müßte. —

Das Resultat des Ausgeführten ist: Das c. p. ist nicht vollständig zu beseitigen; es kann sich nur darum handeln, die Voraussetzungen desselben näher zu bestimmen, damit der Gefahr vorgebeugt werde, auf die in den Verhandlungen des Jenaer Juristentages wiederholt hingewiesen ist, daß durch eine schrankenlose Zulassung desselben das Erforderniß der Tradition illusorisch werde.

IV.

Ueber die Voraussetzungen des c. p. besteht in der gemeinschaftlichen Jurisprudenz kein Einverständniß. In den Quellen kommt der Ausdruck c. p. bekanntlich nicht vor, dagegen wird dasselbe in folgenden Anwendungen anerkannt. Der Besitzer verschenkt eine Sache und miethet sie gleichzeitig vom Beschenkten L. 77 D. de rei vind. (6,1). Der Schenker, der Besteller einer dos, der Verkäufer behält sich den ususfructus der veräußerten Sache vor. L. 28,35 § 5 C. de donat. (8,35). Aus L. 15 § 2 D. qui satisd. cog. (2,8) ist zu schließen, daß auch, wenn die Sache precario dem Veräußerer belassen wird, ein c. p. anzunehmen ist. Weitere hierher gehörige Fälle [12]) finden sich meines Wissens nicht, die bloße Er-

---

[12]) Auf ein c. p. weist auch hin L. 19 pr. D. de poss.: „Qui bona fide alienum fundum emit, eundem a domino conduxit — in promptu est, ut possidere desierit.“ Indeß gehört dieser Fall nicht zu denjenigen, die hier in Betracht kommen.

klärung des Veräußerers, se tradidisse possessionem bewirkt nach L. 48 D. de poss. (41,2) keinen Besitzübergang.

Man ist gegenwärtig darüber einig, daß die angeführten Stellen nicht blos als vereinzelte Fälle, sondern als der Ausdruck eines Princips anzusehen sind, nicht aber darüber, unter welchen Bedingungen dieses Princip wirksam wird und wie weit dasselbe reicht. Es ist zum Zwecke der folgenden Erörterung nöthig, die verschiedenen Ansichten, die in dieser Hinsicht vorzugsweise vertreten worden sind, kurz zusammenzufassen.

Savigny[13]) sieht im Constitutum einen Vertrag. Wann ist ein solcher anzunehmen? Die Antwort hierauf lautet: „Ist eine ausdrückliche Erklärung vorhanden, daß der bisherige Besitzer nur noch fremden Besitz verwalten wolle, so hat die Sache keinen Zweifel; aber dieser Fall ist sehr selten. Außerdem ist ein Constitutum nicht anzunehmen, außer insofern es als Folge anderer Handlungen betrachtet werden muß." Für die Entscheidung anderer als der in den Quellen enthaltenen Fälle dürfte, insoweit nicht eine ausdrückliche Erklärung vorliegt, durch diese Bestimmung schwerlich viel gewonnen sein. Dagegen ist aus den Worten Savigny's wohl zu entnehmen, daß er einen abstracten Vertrag obigen Inhaltes als genügend, eine bestimmte causa für das Verbleiben der Sache in dem Gewahrsam des Veräußerers nicht als nothwendig ansieht.

Gegen die Zulassung des abstracten Vertrages als Grundlage des c. p. hat sich Exner[14]) erklärt, mit dem Windscheid[15]) und Meischeider[16]) im Wesentlichen übereinstimmen. Die Erklärung des Gebers, daß er Besitz und Eigenthum sofort auf den Nehmer wolle übertragen wissen, könne nicht genügen, wenn sie nur eine leere Formel sei. Dies sei aber immer der Fall, „wenn nicht eine bestimmte causa vorliegt, auf Grund deren die Detention der tradirten Sache vorerst noch beim Geber (z. B. als Miether, Depositar, Usuar, Pfandgläubiger, Prekaristen u. s. w.) zurückbleibt." Wer Eigenthumserwerb durch c. p. behaupte, müsse demnach das Vorhandensein einer derartigen causa darthun, die bloße Erklärung, daß Besitz übertragen sein solle, sei weder genügend noch erforderlich. In der Anerkennung und strikten Durchführung dieses Satzes liege die einzige Gewähr dafür, daß die Regel traditionibus, non nudis pactis dominia rerum transferuntur nicht in ihr Gegentheil verkehrt werde.

---

13) Recht des Besitzes a. a. O.

14) Lehre vom Rechtserwerb durch Tradition S. 142 ff.; auch krit. Vierteljahrschr. Bd. 13 S. 308 ff.

15) Pandekten § 155.

16) Besitz und Besitzschutz S. 289 ff.

Randa[17]) hält den ernstlichen Willen der Parteien, daß der bisherige Besitzer fortan für den Erwerber detiniren solle, für ausreichend, steht also principiell auf dem von Exner bekämpften abstracten Standpunkt. Der animus alieno nomine possidendi sei freilich als ein ernstlicher nur dann denkbar, wenn er zugleich auf ein bestimmtes die Detention rechtfertigendes Rechtsverhältniß gerichtet, mithin ein animus tenendi ex deposito, mandato, commodato, locato, precario etc. sei; allein darauf, ob ein objectiv rechtsgültiges Rechtsverhältniß dieser Art vorhanden sei, komme es nicht an. Wie die justa causa traditionis, so brauche auch die causa der Detention nur im subjectiven Sinne, d. h. in der Meinung der Parteien begründet zu sein und nur in diesem Sinne, d. h. um die Ernstlichkeit des zum c. p. nothwendigen Willens festzustellen, habe der Richter das Vorhandensein eines Rechtsgrundes der Detention zu prüfen. Die Annahme eines Constitutum auf Grund der Traditionsklausel verwirft Randa ebenso, wie Exner.

Anders in letzterer Hinsicht Goldschmidt,[18]) der zwischen einer bloßen Anerkennung der geschehenen Tradition und der Erklärung des Veräußerers, daß hiermit tradirt sein solle, unterscheidet. Jene sei bloßes Beweismittel, nicht Willenserklärung, diese dagegen müsse, wenn vom Erwerber angenommen, als eine ein c. p. enthaltende Vertragsbestimmung aufgefaßt werden.

Hauser[19]) nimmt ein c. p. an, wenn die Meinung der Betheiligten, daß die Besitzabtretung nunmehr geschehen sein solle, feststeht, während der Besitzabtretende die Sache noch behält. Bringt man hiermit den weiteren ebenfalls von H. aufgestellten Satz[20]) in Verbindung: „Eine Vereinbarung des Eigenthumsüberganges schließt in sich, daß auch die Besitzabtretung gewollt sei, sofern nicht das Gegentheil erklärt wird" — so gelangt man allerdings dazu, daß der Satz traditionibus non nudis pactis dominia rerum transferuntur in sein Gegentheil verkehrt wird. Denn die Tradition ist hiernach nur dann erforderlich, wenn ersichtlich ist, daß die Parteien den Eigenthumsübergang an die Vollziehung der Uebergabe knüpfen wollten.

Nicht ganz so weit gehen die übrigen, den abstrakten Vertrag als Grundlage des c. p. zulassenden Theorien. Allein man darf sich nicht verhehlen, daß auch sie unfehlbar zur fakultativen Beseitigung der Tradi-

---

[17]) Besitz (2. Aufl.) S. 415 ff.

[18]) Handbuch des H. R's. Bd. 1 Abtheilung 2 S. 611; — vgl. auch Kindel in Gruchots Beitr. Bd. 23 S. 96.

[19]) Stellvertretung im Besitz S. 46 ff.

[20]) a. a. O. S. 56.

tion führen. Steht es in der Macht der Parteien, durch den nackten Willen das Ergebniß herbeizuführen, „daß der bisherige Besitzer nur noch fremden Besitz verwaltet", so ist weder ein innerer Grund noch ein praktisches Interesse zu erkennen, weshalb nicht auch die Traditionsklausel, gleichviel ob sie als Anerkenntniß der geschehenen Uebergabe oder in der von Goldschmidt verlangten Fassung formulirt wird, genügend sein sollte. Die Parteien können hiernach beliebig festsetzen, daß das Eigenthum auch ohne Tradition übergehen solle.

Der praktische Unterschied dieser Auffassungen von der Hauserschen besteht nur darin, daß nach H. der auf Tradition gerichtete, nach Savigny, Goldschmidt und Randa dagegen umgekehrt der dieselbe ausschließende Wille der Parteien besonders darzuthun ist.

Die Ausführung von Randa, daß der Wille alieno nomine zu detiniren, nur dann ein ernstlicher sein könne, wenn zugleich ein die Detention begründendes Rechtsverhältniß beabsichtigt ist, daß daher der Richter um die Ernstlichkeit des Detentionswillens festzustellen, seine Prüfung zugleich auf das Vorhandensein einer, wenn auch nur subjectiven causa desselben zu erstrecken habe, enthält keine Abwehr der hier gezogenen Consequenz. Denn der Richter hat, wenn eine bestimmte Erklärung der Parteien vorliegt, an sich keine Veranlassung die Ernstlichkeit derselben einer Prüfung zu unterziehen. Die Parallele mit der justa causa traditionis, die von Randa gezogen wird, ist in dieser Hinsicht nicht zutreffend. Die letztere dient dazu, die Bedeutung einer äußeren Thatsache (der Uebergabe) festzustellen, die je nach der ihr zu Grunde liegenden Absicht einer sehr verschiedenen rechtlichen Qualification fähig ist. Davon ist aber hier nicht die Rede, die Detention bleibt immer Detention, gleichviel auf welche causa sie sich gründet.

Das Ergebniß, zu welchem sämmtliche bisher besprochene Theorien mit unabweislicher Consequenz gelangen, überhebt uns einer weiteren Prüfung derselben de lege ferenda. Der Jenaer Juristentag hat sich, wie gegen die Beseitigung der Tradition überhaupt, so auch gegen die fakultative Beseitigung derselben ausgesprochen.[21]) Ich möchte den damals geltend gemachten Argumenten noch hinzufügen, daß es im Interesse der

---

[21]) Der Beschluß sowohl des Plenums wie der ersten Abtheilung geht dahin, daß das Eigenthum an beweglichen Sachen nicht schon durch Vertrag, sondern erst durch Tradition erworben werden solle. Aus dem Gang der Verhandlungen ergiebt sich unzweifelhaft, daß hiermit zugleich eine Ablehnung des Antrages ausgesprochen sein sollte, der den Parteien die Möglichkeit gewährte, das Erforderniß der Tradition durch eine Vertragsberedung zu ersetzen. Verhandl. des XIV. deutschen Juristentages Bd. II. S. 26, 243 ff.

Rechtssicherheit gewiß nicht wünschenswerth ist, wenn einerseits das Erforderniß der Uebergabe, die wir als einen formellen dinglichen Vertrag bezeichnen dürfen, aufgestellt, andererseits dem abstrakten, formlos geäußerten Willen der Parteien die Kraft beigelegt wird, den Eigenthumsübergang auch ohne Uebergabe zu bewirken. Daraus müssen nothwendig Irrungen des Rechtsbewußtseins entstehen. Man kann hiergegen nicht auf Art. 439 des H. G. B's. verweisen, der bei der Veräußerung von Seeschiffen und Schiffsparten den Parteien die vorerwähnte Befugniß einräumt. Eine Verallgemeinerung dieser Vorschrift ist schon deswegen nicht rathsam, weil Transactionen über Schiffe und Schiffsantheile in der Regel nicht blos schriftlich, sondern auch mit einer Sorgfalt abgeschlossen werden, die von dem sonstigen Mobiliarverkehr nicht zu erwarten ist, wie sie denn überhaupt ihrer ganzen Beschaffenheit nach kaum noch dem Gebiete des Mobiliarverkehrs angehören.

V.

Aus dem Bisherigen ergiebt sich, daß es allein auf Grund der Exnerschen Auffassung möglich ist, dem c. p. bestimmte Grenzen zu ziehen. Indeß bedarf auch sie noch einer weiteren Einschränkung. Eine Vergleichung mit den oben mitgetheilten Quellenstellen zeigt, daß sie noch immer erheblich über dieselben hinausgeht. Alle diese Stellen setzen ein Rechtsverhältniß voraus, vermöge dessen dem Veräußerer der Gebrauch der veräußerten Sache verbleibt: Miethe, Vorbehalt des Ususfructus, Präkarium. Exner substituirt dafür „eine causa, auf Grund deren die Detention der tradirten Sache vorerst noch beim Geber zurückbleibt" und rechnet folgerichtig auch das Depositum hierher.

Diese Erweiterung muß aber meines Erachtens die größten Bedenken erregen. Die Zulassung des Depositum als causa der Detention bringt uns unvermerkt wieder auf den Standpunkt des abstrakten Vertrages zurück. Ist ersichtlich, daß nach dem Willen der Parteien das Eigenthum der veräußerten Sache sofort auf den Erwerber übergehen, diese selbst aber noch in dem Gewahrsam des Veräußerers verbleiben soll, so wird man, sofern nicht ein bestimmtes anderes Rechtsverhältniß hervortritt, immer ein Depositum anzunehmen befugt sein. Gerade so, wie der reine Auftrag stets als Mandat, wird das reine Haben einer fremden Sache auf Grund gegenseitiger Willensübereinstimmung immer als Depositum betrachtet werden dürfen.

Es bleibt demnach nur übrig, innerhalb der Grenzen zu verharren, auf welche wir durch das corpus juris unmittelbar hingewiesen werden, das c. p. mithin nur dann als einen Ersatz der körperlichen Uebergabe anzuerkennen, wenn die causa der Detention eine dem Veräußerer eingeräumte Gebrauchsbefugniß ist.

Damit dürfte auch dem praktischen Bedürfnisse vollständig genügt sein Man könnte einwenden, daß, wenn ein Depositum unter den Parteien beabsichtigt ist, die Nichtzulassung des c. p. ebenfalls nur ein nutzloses Hin- und Hergeben der Sache zur Folge haben würde.[22]) Geht man aber von dem Traditionsprincip aus, so wird der Gesetzgeber sich nicht die Frage vorlegen dürfen, wann die reelle Uebergabe unnöthig ist, sondern in welchen Fällen es geboten erscheint, das Princip durch Ausnahmen zu durchbrechen. Die Antwort hierauf kann im Allgemeinen, wie bereits oben hervorgehoben ist, nur dahin gehen, daß solche Ausnahmen in den Fällen zuzulassen, aber auch auf die Fälle zu beschränken sind, in denen die Aufrechterhaltung des Principes eine nutzlose Belästigung des Verkehres zur Folge haben würde. Die Fälle, in denen ein Bedürfniß vorhanden ist, den Veräußerer zum Depositar des Erwerbers zu machen, sind aber, wenn sie überhaupt vorkommen, so selten, daß die Nothwendigkeit, hier eine wirkliche Uebergabe vorzunehmen, schon aus diesem Grunde nicht als eine Beschwerung des Verkehrs gelten kann.

Gemäß den vorstehenden Ausführungen ist die erste der obigen Thesen formulirt worden.[23])

VI.

Wie das c. p. sich in das Gesammtsystem des bürgerlichen Rechts einfügen und innerhalb desselben in Verbindung mit anderen Rechtssätzen und Rechtsinstituten wirken wird, läßt sich zur Zeit nicht vollständig übersehen.

---

[22]) Es liegt allerdings in der Hand der Parteien, auch in den Fällen, in denen dem Veräußerer keine Gebrauchsbefugniß eingeräumt wird, dem Erforderniß der Uebergabe durch „die Komödie" des Hin- und Hergebens (Thöl, Handelsrecht Bd. I. 6. Aufl. S. 234[5]) zu genügen. Ein Mittel, solche Komödien zu verhüten, wird sich aber, wenn man an dem Traditionsprincip festhält, nicht finden lassen. Uebrigens ist auch das bloße Hin- und Hergeben insofern bedeutungsvoll, als die Parteien für die Beweisbarkeit desselben sorgen müssen. Dritten gegenüber wird in dieser Hinsicht das gegenseitige Anerkenntniß der stattgehabten Uebergabe nicht ohne Weiteres für genügend gelten können. Ueber Benachtheiligungen der Gläubiger durch derartige Geschäfte S. zu VIII.

[23]) Zweifelhaft kann erscheinen, ob das Prekarium geeignet ist, die Grundlage des c. p. zu bilden, vgl. Liebe Besitz als Recht in thesi. S. 138; Windscheid § 155 Anm. 8a. Die Frage, auf die oben absichtlich nicht näher eingegangen ist, wird meines Erachtens zu bejahen sein. — Die bloß subjektive causa der Detention im Randaschen Sinne für genügend zu erachten, ist keinerlei Veranlassung vorhanden. Ist das Geschäft, durch welches dem Veräußerer der Gebrauch der Sache vorbehalten wird, ungiltig, so liegt kein Grund vor, das c. p. aufrecht zu erhalten. Andererseits wird es auch nicht angemessen sein, die Gültigkeit des c. p. noch von weiteren, als den in der ersten These aufgestellten Bedingungen wie etwa von der Einhaltung besonderer Formen abhängig zu machen.

Der Juristentag wird auch schwerlich geneigt sein, detaillirte Vorschläge hierüber zu machen. Nur auf drei Punkte soll in dieser Hinsicht hier eingegangen werden, die wichtig genug sind, um principielle Beschlüsse zu veranlassen.[24]) Es sind dies die Fragen, ob das c. p. auch als Grundlage der Verpfändung zuzulassen ist; ob und inwieweit der Schutz des redlichen Erwerbers demjenigen zu Theil werden soll, der die Sache mittelst eines c. p. erlangt hat; welche Wirkung dem c. p. im Verhältniß zu den Concursgläubigern des Erwerbers beziehungsweise dem durch Beschlagnahme entstandenen Pfandrechte beizumessen ist. — Bei der Verpfändung beweglicher Sachen kommen andere Gesichtspunkte in Betracht wie bei der Eigenthumsübertragung. Das Streben der neueren Rechtsentwickelung geht unzweifelhaft dahin, an Mobilien nur das Faustpfand anzuerkennen und zu diesem Behuf die Einräumung einer Dritten gegenüber erkennbar hervortretenden körperlichen Herrschaft über die verpfändete Sache zu fordern. Die Gesetzgebungen, welche das c. p. bei der Eigenthumsübertragung in der Weise des gemeinen Rechtes zulassen, erklären dasselbe demgemäß vielfach nicht für ausreichend zur Constituirung eines Pfandrechts.[25]) Es wird zu wünschen sein, daß das bürgerliche Gesetzbuch sich dieser Entwickelung anschließe, da das Bedürfniß, welches bei der Eigenthumsübertragung für die Zulassung des c. p. spricht, hier keineswegs in gleichem Maße vorhanden ist, und die Möglichkeit, durch c. p. ein Pfandrecht zu begründen, dem Effekt nach auf ein Pfandrecht ohne Besitz hinausläuft.

These 2 stellt demnach auf, daß das c. p. bei der Verpfändung beweglicher Sachen nicht als Ersatz der Uebergabe anzusehen ist.

VII.

Die zweite Frage, auf die oben hingewiesen ist, wird genauer dahin zu fassen sein:

> Inwiefern ist Evictionsansprüchen dinglich Berechtigter, insbesondere Eigenthumsansprüchen gegenüber der Erwerb einer Sache auf Grund eines c. p. der körperlichen Uebergabe gleichzustellen?

---

[24]) Unerörtert bleiben demnach namentlich die Fragen, ob demjenigen, der eine Sache mittelst c. p. erworben hat, Besitzschutz zu gewähren ist, ferner wie Collisionen zwischen einem solchen Erwerber und, dem, an den eine körperliche Uebergabe erfolgt ist, zu entscheiden sind. Ueber letzteren Punkt vgl. die allerdings nur auf Preußisches Recht bezügliche Entscheidungen des Reichsgerichts in den Civilentscheidungen. Bd. 1 S. 131.

[25]) Preuß. L. R. I. 20, § 104, 105; Oesterr. b. G. B. § 451; Sächs. b. G. B. § 467; Zürich. privatr. G. B. § 856; Code civil art. 2076; Code de comm. art. 92. (nach der Revision des Ges. v. 23. Mai 1863). Andere Beispiele bei Goldschmidt S. 611 Anm. 16; ob das an dieser Stelle mit aufgeführte bayerische Landrecht, hierher gehöre, ist bestritten. Hauser, Stellvertretung S. 50 Anm. 12; Roth, bayer. Civilr. II. S. 472.

Bei Beantwortung dieser Frage sind die verschiedenen Gestaltungen der Mobilienvindication, die möglicherweise in das Gesetzbuch Aufnahme finden können, in Betracht zu ziehen. Abgesehen von dem römischen Vindicationsprincip werden wir in dieser Beziehung drei Hauptrichtungen unterscheiden dürfen: Das Princip Hand wahre Hand, das Princip des Handelsgesetzbuches und das des preußischen Landrechts.

a) Das Princip Hand wahre Hand hat, wie verschieden dasselbe auch in seinen Einzelheiten abgewandelt ist, doch immer einen doppelten, nämlich sowohl einen positiven wie einen negativen Inhalt. Seine positive Bedeutung ist, daß derjenige, der eine Sache freiwillig aus seinem Gewahrsam weggegeben hat, sich an seinen Nachmann halten kann, und zwar nicht bloß mittelst einer persönlichen Klage, sondern wenn sich die Sache in der Detention des Nachmannes befindet, auch in der Weise, daß er sich derselben unterwindet, d. h. modern ausgedrückt, mittelst einer rei vindicatio.[26]) Die negative Bedeutung des Grundsatzes liegt darin, daß die Rückforderung der Sache nur gegen den unmittelbaren Nachmann und nicht gegen dritte Besitzer zusteht. In letzterer Hinsicht ist das Princip schon in den Quellen des späteren Mittelalters vielfach modificirt und durch Ausnahmen abgeschwächt worden; eine Modification der positiven Bedeutung findet sich m. W. nur in sofern, als nach einzelnen Rechtsquellen der Geber der Sache den Gläubigern des Empfängers weichen muß, wenn diese dieselbe als Executions-Objekt in Anspruch nehmen. Dagegen dürfte es keinem Zweifel unterliegen, daß dem Eigenthümer das sich Unterwinden der Sache selbst dann zusteht, wenn sein unmittelbarer Nachmann dieselbe aus der Hand gelassen, sie aber demnächst wieder zurückerhalten hat. Um wie viel mehr, wenn derselbe bei der Veräußerung den Gewahrsam überhaupt nicht aufgegeben hat.

Hieraus ergiebt sich, daß, wenn Jemand eine Sache vermittelst eines c. p. vom Nichteigenthümer erwirbt, der Vindikation des Eigenthümers der Grundsatz Hand wahre Hand nicht entgegensteht, daß mithin bei Zugrundelegung dieses Princips das c. p. der Uebergabe nicht gleich zu achten ist.

b) Dasselbe wird anzunehmen sein, wenn der Gesetzgeber sich auf den Standpunkt des H. G. B.'s stellt.[27]) Thöl ist zwar entgegengesetzter Ansicht.[28]) Gegen denselben dürfte indeß folgende Erwägung entscheidend

---

[26]) Vgl. hierüber u. A. Entsch. der Rostocker O. A. G., Bd. 6, S. 27 f.

[27]) Für die obige Auffassung haben sich und A. Goldschmidt, Fitting, v. Hahn, Anschütz, Meischeider ausgesprochen.

[28]) Handelsrecht, Bd. I (6. Aufl.) § 234⁵. Derselben Ansicht ist auch Liebe a. a. O. S. 135 f.

sein. Der Grundgedanke des H. G. B.'s weicht von dem Princip Hand wahre Hand insofern ab, als letzteres sich darauf beschränkt, die Vindication unter gewissen Voraussetzungen auszuschließen, während das H. G. B. auf Grund des redlichen Erwerbes Eigenthum entstehen läßt.[29]) Indeß stimmen doch beide mit einander überein in dem Bestreben, die Dispositionsgewalt des Veräußeres möglichst an ein äußerlich greifbares, allgemein erkennbares Merkmal zu knüpfen. Läßt man aber bei dem Erwerb mittelst c. p., wenn der Veräußerer nicht Eigenthümer ist, dieselbe Wirkung eintreten, wie bei den Erwerb, der durch körperliche Uebergabe stattfindet, so ist die Erkennbarkeit nicht mehr vorhanden, da alsdann die Thatsache, daß der Veräußerer die Sache in seiner Gewalt hat, keinen Schluß darauf gewährt, daß er noch im Stande ist, dieselbe zu übergeben.[30])

Man kann hiergegen einwenden, daß der Gesetzgeber mit sich selbst in Widerspruch geräth, wenn er einerseits das c. p. innerhalb gewisser Grenzen als berechtigt anerkennt, andererseits dasselbe von dem dem redlichen Erwerb gewährten Schutz ausschließen will. Ein derartiger Widerspruch würde in der That vorhanden sein. Es ist aber hier nicht der Ort, zu erörtern, inwieweit derselbe auf die Gestaltung der Vindication im bürgerlichen Gesetzbuch Einfluß zu üben bestimmt ist.

c) Wenn das preußischrechtliche Vindicationsprincip zu Grunde gelegt wird, so hat es keinerlei Bedenken, demjenigen, der die Sache mittelst c. p. erworben hat, unter denselben Voraussetzungen und in demselben Umfang Anspruch auf Ersatz des Erwerbspreises zu gewähren, wie demjenigen, dem sie körperlich übergeben ist.

VIII.

Wird das c. p. beim Eigenthumserwerb der Uebergabe gleichgestellt, so muß dem, der eine Sache mittelst eines solchen erlangt hat, auch die Befugniß eingeräumt werden, im Concurse über das Vermögen des Veräußerers, sowie, falls außerhalb des Concurses die veräußerte Sache von den Gläubigern des Veräußerers gepfändet wird, als Vindikant aufzutreten. Dies gebietet die juristische Consequenz, und die Rücksicht auf die Gläubiger begründet keine Abweichung von derselben. Eine solche würde nur dann

---

[29]) Auf diesen Unterschied wird bereits in den Protokollen zum H. G. B. S. 4605 hingewiesen.

[30]) Der neueste Entwurf der schweizer Obligationen- und Handelsrechts bestimmt im Art. 221. „Ist der Veräußerer nicht Eigenthümer der veräußerten Sachen, so erlangt der Erwerber durch die Besitzübergabe dennoch Eigenthum, wenn er dieselben in gutem Glauben erworben hat, jedoch gilt in diesem Fall die Besitzesübergabe nicht als vollzogen, so lange die veräußerten Sachen im Gewahrsam des Veräußerers verbleiben."

gerechtfertigt sein, wenn der Gesetzgeber von der Anschauung ausginge, daß die Gläubiger berechtigt seien, alle in dem Gewahrsam ihres Schuldners befindlichen Mobilien als zum Vermögen desselben gehörig zu betrachten und demgemäß auch als Befriedigungsobjekt in Anspruch zu nehmen. Auf diesen Standpunkt wird sich aber der Gesetzgeber dann nicht stellen dürfen, wenn das System des Mobiliarsachenrechtes nicht lediglich auf den Schutz der Detention beschränkt wird. Wird ein dingliches Recht an beweglichen Sachen anerkannt, welches nicht in dem körperlichen Innehaben zur Erscheinung kommt, so können auch die Gläubiger des Inhabers sich nicht auf diese Thatsache stützen, um sich der Vindication des Eigenthümers zu erwehren.

Wie schon angedeutet, gilt es selbst unter der Herrschaft des Grundsatzes „Hand wahre Hand" als eine nur vereinzelt vorkommende, nicht in der regelmäßigen Entwickelung liegende Abnormität, daß der Eigenthümer, der einem Andern eine Sache anvertraut hat, den Gläubigern des letzteren weichen muß.[31])

Zuzugestehen ist, daß die Möglichkeit, den Eigenthumsübergang ohne Uebertragung des Gewahrsams herbeizuführen, nicht geringe Gefahren für die Gläubiger in sich schließt. Es wird daher auf ein Mittel Bedacht genommen werden müssen, welches sie gegen Fraudationen durch derartige Geschäfte möglichst schützt. Der Weg, auf welchem dieser Schutz zu erreichen ist, scheint mir durch die bestehende Gesetzgebung ziemlich deutlich vorgezeichnet zu sein. Er wird in der Einräumung einer Anfechtungsbefugniß unter erleichterten Bedingungen, also in einer Erweiterung der actio Pauliana bestehen müssen. Auf keinem gesunden juristischen Gedanken beruht die in dem neuesten Entwurfe des schweizerischen Obligationen- und Handelsrechts in Vorschlag gebrachte Bestimmung, daß beim Verbleiben der veräußerten Sache in dem Gewahrsam des Veräußerers das Eigenthum nur in sofern übergehen solle, „als nicht eine Benachtheiligung des Gläubigers beabsichtigt wurde."[32]) Einerseits ist es unjuristisch, das Nichtvorhandensein einer vitiösen Absicht zur Bedingung für die Gültigkeit eines Geschäftes zu machen, andererseits ist es auch nicht gerechtfertigt, diese Gültigkeit allgemein von einem Umstand abhängig zu machen, der an sich nur eine Anfechtbarkeit für gewisse Personen begründet.

---

[31]) Stobbe Handbuch II. Seite 446; Goldschmidt Zeitschr. f. H. R. Bd. 8 S. 255; Entsch. d. Rost. Ob. A. Gs. Bd. 6 S. 24 ff.

[32]) Art. 219[1]. Bleibt die veräußerte Sache im Gewahrsam des Veräußerers zurück, so geht das Eigenthum nur insofern über, als nicht eine Benachtheiligung der Gläubiger beabsichtigt wurde."

Wie weit in der Einräumung der Anfechtungsbefugniß zu gehen, unter welchen Voraussetzungen sie zu gewähren, ist wesentlich Sache praktischer Erwägungen.[33]) Die letzte der oben aufgestellten Thesen versucht auch in dieser Hinsicht an bereits vorhandene Vorschriften anzuknüpfen. Der Schlußsatz derselben will die Vereitelung der Anfechtungsbefugniß durch eine in unmittelbarer Verbindung mit einander stehende Hin- und Rückgabe verhüten.

Anhang.

Verordnung in Betreff des Uebergangs des Eigenthums an beweglichen Sachen.

Da die bisher geltenden gesetzlichen Vorschriften in Betreff des Ueberganges des Eigenthums an beweglichen Gegenständen in mehreren Punkten Unzuträglichkeiten für den Handel und Verkehr ergeben haben, so sind die in dieser Rücksicht erforderlichen abändernden Bestimmungen durch gemeinsamen Beschluß des Senats und der Bürgerschaft getroffen.

Demgemäß bringt der Senat hierdurch die nachstehenden Vorschriften mit dem Bemerken zur öffentlichen Kunde, daß dieselben mit dem 1. September d. J. in gesetzliche Kraft treten.

§ 1. Bei Kaufverträgen und allen auf den Eigenthumserwerb an beweglichen Sachen gerichteten Verträgen bewirkt die Uebergabe (Tradition) des veräußerten Gegenstandes in allen Fällen den Uebergang des dem Veräußerer zuständig gewesenen Eigenthums auf den Erwerber.

In denjenigen Fällen aber, wo Hausmobilien, Handwerks- oder Hausgeräth den Gegenstand einer Veräußerung bilden, hat die Uebergabe, namentlich in Betreff des Ueberganges des Eigenthumes, keinerlei rechtliche Wirkung, sofern der Veräußerer sich den Gebrauch der veräußerten Sachen ausbedungen hat oder doch dieselben ihm am Tage des Vertragsabschlusses oder innerhalb der nächsten vierzehn Tage nach jenem Tage zum Gebrauche wieder zurückgestellt werden.

§ 2. Andrerseits geht bei den oben gedachten Verträgen das Eigen-

---

[33]) Zu einer eigenthümlichen Entwicklung hat die Rücksicht auf die Gläubiger im angloamerikanischen Recht geführt. Das Eigenthum geht hier bei lästigen Verträgen auch ohne Tradition über; es besteht aber eine Vermuthung für eine die Gläubiger benachtheiligende Absicht, wenn bei einer Insolvenz des Veräußerers die Sache im Gewahrsam desselben angetroffen wird. Streitig ist, ob in solchen Fällen nur prima facie evidence of fraud oder fraud per se anzunehmen ist; wir würden sagen, ob die Vermuthung für die fraudatorische Absicht nur praesumptio juris oder juris et de jure ist. Vgl. besonders Kent Commentaries II (12 Ed.) p. 517 f.

thum der Sache ohne deren Uebergabe (Tradition) auf den Erwerber nicht über.

Durch diese Bestimmung erleidet übrigens der bisher befolgte Grundsatz, daß mit der geschehenen Einsendung oder Uebertragung des über eine verschiffte Waare ausgestellten Konnossements die Waare selbst für übertragen gilt, keine Aenderung.

§ 3. Alle Vereinbarungen, wodurch die Wirksamkeit der vorstehenden Bestimmungen ausgeschlossen oder beschränkt werden würden, haben, und zwar ohne Rücksicht auf die Zeit ihrer Eingehung, in Beziehung auf den Uebergang des Eigenthums, keine rechtliche Wirkung, sondern können nur persönliche Rechte und Verbindlichkeiten unter den Kontrahenten begründen.

§ 4. Zu solchen Vereinbarungen sind namentlich die folgenden zu rechnen:

a) daß das Eigenthum für gewisse Fälle oder eine bestimmte Zeit dem Veräußerer vorbehalten bleibe (reservatum dominium);

b) daß der Erwerber den veräußerten Gegenstand für den Veräußerer oder dieser denselben für den Erwerber besitzen soll (constitutum possessorium);

c) daß für gewisse Fälle, namentlich wenn in der bestimmten Zeit die Gegenleistung nicht erfolgt, der ganze Handel der geschehenen Uebergabe ungeachtet, wieder aufgehoben sein soll (pactum commissorium);

d) daß der ganze Handel der Uebergabe ungeachtet wieder rückgängig werden soll, wenn sich binnen einer gewissen Zeit ein besserer Käufer, oder binnen einer gewissen Zeit überall erst gelten soll, wenn sich kein besserer Käufer findet (addictio in diem);

e) daß der Uebergabe ungeachtet binnen einer gewissen Zeit beiden Theilen oder einem derselben die Reue vorbehalten bleibt (pactum displicentiae).

§ 5. Ist zufolge obiger Vorschriften das Eigenthum auf den Erwerber übergegangen, so findet auch das Separationsrecht, welches nach der Erbe- und Handfesten-Ordnung dem Gläubiger in Ansehung der dem Schuldner verkauften und abgelieferten oder in Gemäßheit eines Commissions-Einkaufsgeschäfts zugeschickten aber nicht bezahlten Sachen, dann, wenn kein Credit gegeben ist, zusteht, nicht weiter Statt. Es kann vielmehr dasselbe alsdann nur unter den Voraussetzungen geltend gemacht werden, unter denen es bei einem auf Credit geschlossenen Handel zulässig sein würde.

§ 6. Ausnahmsweise bleibt in Fällen, wo gegen baare Zahlung verkauft, oder die sofortige Gegenleistung ausbedungen ist, dem Veräußerer der Uebergabe ungeachtet sein Eigenthumsrecht und ein Separationsrecht erhalten, wenn am Tage der Uebergabe, oder binnen den nächsten vierzehn Tagen nach demselben entweder eine Klage auf Entrichtung der Gegenleistung oder auf Rücklieferung des veräußerten Gegenstandes von ihm erhoben oder ein Debitverfahren über das Vermögen des Erwerbers eröffnet wird.

§ 7. Alle Vereinbarungen, welche in der Absicht, die Vorschriften dieses Gesetzes unwirksam zu machen, getroffen werden, wohin namentlich auch Wiederverkaufs-Verträge zu rechnen sind, welche zu dem Endzwecke um die Bezahlung des creditirten Kaufpreises zu sichern, geschlossen worden, sind von keiner rechtlichen Wirkung, ohne Rücksicht auf die Zeit ihrer Eingehung und ohne Unterschied, ob sie dem Hauptvertrage einverleibt oder hinzugefügt oder von demselben abgesondert getroffen sind.

§ 8. Ist der Erwerber ein Bremischer Staatsgenosse, so dienen die Vorschriften dieses Gesetzes selbst dann zur Richtschnur, wenn die Uebergabe des veräußerten Gegenstandes und die auf den Eigenthumsübergang sich beziehende Vereinbarung oder die eine oder andere, nicht im Bremischen Staatsgebiete, sondern auswärts geschehen ist.

§ 9. Auf Schiffe und Schiffsparten leiden die Bestimmungen dieses Gesetzes keine Anwendung. Auch gelten sie nicht für die Fälle, da die Uebergabe oder die den Eigenthumsübergang betreffende Vereinbarung schon vor dem Eintritte dieses Gesetzes erfolgt ist.

Beschlossen Bremen in der Versammlung des Senats vom 19. und bekannt gemacht am 25. April 1848.

VI.

Gutachten des Herrn Professor Dr. Rudolf Leonhard zu Göttingen

über die Frage:

Ob und unter welchen Voraussetzungen das constitutum possessorium mit der Wirkung der Besitzübertragung für bewegliche Sachen auszustatten ist?

Dem Referenten ist der ehrenvolle Auftrag zu Theil geworden, dem Deutschen Juristentage ein Gutachten darüber abzugeben,

ob und unter welchen Voraussetzungen das constitutum possessorium mit der Wirkung der Besitzübertragung für bewegliche Sachen auszustatten ist.

Er glaubt nun sich dahin erklären zu müssen,

daß das bisherige gemeine Deutsche Recht in der Behandlung das constitutum possessorium aufrecht zu erhalten ist, daß somit der erwähnte Vertrag ohne jede besondere Voraussetzung die Wirkungen einer sichtbaren Tradition haben soll.

Die vorliegende Frage ist für den Deutschen Juristentag keine neue. Der vierzehnte Deutsche Juristentag hat im Jahre 1878 auf Grund von drei Gutachten, in welchen zwei widersprechende Ansichten verfochten waren,[1] in einer Abtheilungs- und einer Plenarsitzung nach lebhaften und vielseitigen Debatten die Ansicht angenommen,[2]

---

[1]) Verhandlungen des vierzehnten Deutschen Juristentages Bd. I. Berlin 1878 S. 113. Heft 2. S. 56 und S. 163 ff.

[2]) Verh. d. 14. D. J. Bd. II. Berlin 1879 S. 267.

es empfehle sich, die Uebertragung des Eigenthums an beweglichen Sachen in dem Deutschen bürgerlichen Gesetzbuche in der Weise zu regeln, daß das Eigenthum nicht schon durch Vertrag, sondern erst durch Tradition erworben wird.

Ehe es zu dieser Entscheidung kam, war der Antrag gestellt worden, die Frage nach der Nothwendigkeit einer Tradition mit der nunmehr zu beantwortenden Frage nach der Beibehaltung des constitutum possessorium gemeinsam zur Abstimmung zu bringen; dieser Vorschlag ist verworfen und der soeben erwähnte Beschluß gefaßt worden. Dem jetzt in Erwägung stehenden Punkte sollte also durch die damalige Entscheidung nicht vorgegriffen werden. Trotzdem ist bei der sehr reichhaltigen Debatte über die Traditionstheorie so vielfach vom constitutum possessorium die Rede gewesen,[3]) daß es nicht schwer fällt, die Gründe jener von dem Juristentage angenommenen Ansicht bei der Begründung des gegenwärtig vorliegenden Gutachtens zu verwerthen. Man darf jedoch nicht davon ausgehen, daß aus dem Juristentagsbeschlusse auch die endgiltige Anerkennung seiner Gründe, insoweit sie für das constitutum possessorium von Bedeutung sind, entnommen werden muß. Unter den Vertretern der angenommenen Ansicht wurde nämlich von der einen Seite vorausgesetzt, daß man das constitutum possessorium beibehalten und hierdurch einen Eigenthumsüberlassungsvertrag überflüssig machen werde, andere sprachen den Wunsch aus, mit dem letztgenannten Geschäfte auch jenes constitutum zu beseitigen oder einzuschränken. Die jetzt vorliegende Frage ist also noch eine offene.

Eine Beantwortung derselben kann nach der Ansicht des Referenten nicht anders gefunden werden, als wenn man die Nachtheile des constitutum possessorium mit den Vortheilen, welche es dem Rechtsleben gewährt, abwägend vergleicht und hiernach seinen Werth, unabhängig von allen Vorurtheilen, bemißt. Sätze, wie die angeblich „metaphysischen" Regeln, daß im Zweifel alle Verträge klagbar seien oder daß ein Vertrag keine dingliche Wirkung haben könne, müssen bei gesetzgeberischen Fragen schlechterdings abgewehrt werden; denn die Gesetze sind nicht Schlußfolgerungen aus philosophischen Grundsätzen, sondern historische den menschlichen Bedürfnissen anzupassende Schöpfungen, welche nicht von den abstracten Rechtsregeln abhängen, sondern vielmehr für diese bestimmend sind. Auch von einer geschichtlichen Präsumption für oder gegen einen fraglichen Rechtssatz kann nur insofern die Rede sein, als sich seine Wirkungen aus der

[3]) Verh. d. 14. D. J. Bd. II. S. 34. 35. 40. 41. 45. 50. 51. 56. 245. 248. 252. 256. 257. 258. 260. 261. 262. 263.

Rechtsgeschichte ergeben und als man naturgemäß stets zur Beibehaltung einer bewährten Institution hinneigen wird. Dies Letztere giebt insbesondere, wenn man das vielverbreitete Mißtrauen gegen die derogatorischen Tendenzen der neueren Civilgesetzgebung beachtet, Veranlassung die in Anregung gebrachte Beseitigung eines durch viele Jahrhunderte anerkannten Rechtsgeschäftes recht sorgfältig zu erwägen.

Zunächst bedarf es einer genauen Abgränzung seines Umfanges. Wir bezeichnen mit dem unrömischen Namen des constitutum possessorium allgemein ein Rechtsgeschäft, welches den Zweck hat, einen Eigenthumsübergang ohne sichtbare Tradition dadurch zu bewirken! daß der bisher für sich besitzende Veräußerer die Absicht, von jetzt ab für den Erwerber zu besitzen, erklärt. Zu dem Namen des Institutes ist man anscheinend durch eine Nachbildung des Ausdruckes constitutum debiti gekommen. So wie das Letztere eine einfache Verpflichtung im Gegensatze zu den Formalobligationen bezeichnet, so wollte man durch das constitutum possessorium einen einfachen Eigenthumsüberlassungsact im Gegensatze zu der sichtbaren Uebertragung der Sache andeuten. Diese sprachliche Gegenüberstellung ist freilich nicht ganz quellenwidrig; denn §§ 44. 45. inst. 2, 1 sagen: interdum etiam sine traditione nuda voluntas sufficit domini ad rem transferendam, doch muß man annehmen, daß das Wort traditio hier in einer besondern, unjuristischen Bedeutung gebraucht worden ist; denn anderweitig, z. B. in dem Satze: traditionibus et usucapionibus dominia rerum, non nudis pactis transferuntur umfaßt es sicherlich auch das constitutum possessorium und in 18 pr. Dig. de acqu. vel. am. possessione (desino possidere et alium possessorem ministerio meo facio) wird das constitutum possessorium als ein natürlicher Anwendungsfall des Besitzerwerbes durch Stellvertreter behandelt.[4]) Im Widerspruche hiermit ist bei den mehrerwähnten Verhandlungen die Behauptung aufgestellt worden, unser Constitutum sei im Verkehrsleben etwas anderes, als eine vertragsmäßige Eigenthumsentäußerung durch den Besitzer, es sei ein formalistischer Act,[5])

---

[4]) Auch das preußische Allgemeine Landrecht hat bei § 70 A. L. R. I, 7 das Marginale „durch bloße Willensäußerung", welches man ebenso auf das Marginale „Uebergabe" bei § 61, als auf die Worte „Erwerbung des Besitzes" bei § 50 zurückbeziehen kann. Die Worte des § 71 A. L. R. I, 7, daß bei dem constitutum possessorium „die Uebergabe des Besitzes für vollzogen zu erachten," sollen jedenfalls blos andeuten, in welchem weiten juristischen Sinne im Widerspruch mit dem Sprachgebrauche des Lebens das Gesetz das Wort „Uebergabe" verstehen wolle, keineswegs aber eine Fiction enthalten.

[5]) Verhdl. d. D. J. R. Bd. II. S. 41. Z. 7 von unten und S. 51.

eine Fiction,[6]) etwas Gekünsteltes,[7]) gegen dessen Vorhandensein man vermuthen müsse, welches schon durch seinen Inhalt Verdacht erwecke u. dergl.[8]) mehr. Ein Gegner des Eigenthumsüberlassungsvertrages verstieg sich sogar zu der humoristischen Hyperbel, daß schon jetzt die Gläubiger nur noch dann eine Execution erlangen könnten, wenn der Schuldner bei der vertragsmäßigen Scheinveräußerung seines Vermögens „die Tradition vergessen habe," als ob ein constitutum possessorium einer ausdrücklichen Formulirung bedürfe und stillschweigend gar nicht abgeschlossen werden könne, während doch unsere Quellen bei fast allen Geschäften des jus gentium ausnahmlos den stillschweigenden Abschluß dem ausdrücklichen gleichstellen. Es ist daher nach der Ansicht des Referenten ein solches stillschweigendes Geschäft überall da anzunehmen, wo der Besitzer einer Sache diese ausdrücklich zum Eigenthume überträgt und den Kaufpreis erhalten zu haben bekennt. Wird die Sache bei solchen Geschäften nicht sogleich mitfortgegeben, so kann dies nur den Sinn haben, daß der Veräußerer sie einstweilen noch für den Erwerber aufbewahren will. Beachtet man dies, so wird man zum gebührenden Schutze der Käufer nicht der Annahme eines besonderen jus ad rem bedürfen, vielmehr in dem zweiten Verkaufe nebst Uebergabe, falls die Sache vom ersten Käufer schon bezahlt ist, mit Fug und Recht der Regel nach eine Unterschlagung sehen können. Es ist freilich behauptet worden,[9]) daß die Parteien, wenn sie ausdrücklich oder stillschweigend Eigenthum übertragen wollen, keine bestimmte Wirkung im Auge haben, weil der Eigenthumsbegriff sogar unter den Juristen ein sehr zweifelhafter ist. Allein trotz aller theoretischen Unklarheiten dürften doch die Ansichten über die praktische Hauptbedeutung von „Dein und Mein" auch bei den Nichtjuristen durchaus nicht verworren sein. Daß jemand, welcher eine Sache in fremdes Eigenthum giebt oder erklärt, dieselbe solle einem Andern „gehören" oder „die Seinige werden", damit auf die Befugniß verzichtet, sie dritten Nichtberechtigten abzufordern, sie zu veräußern, zu belasten oder zu verpfänden, endlich sie seinen Gläubigern als Executionsobjekt haftbar zu machen, darüber herrscht im Verkehrsleben wohl eine ganz allgemeine Klarheit. Es unterliegt daher keinem Bedenken, eine solche Klarheit auch bei denjenigen vorauszusetzen, welche eine von ihnen besessene Sache in fremdes Eigenthum übertragen zu wollen erklären.[10])

---

[6]) Bd. 2, S. 252. 257. 260.

[7]) Bd. 2. S. 44.

[8]) Bd. 2. S. 257.

[9]) Bd. 2. S. 256.

[10]) Selbst wenn ein Veräußerer aus Arglist oder Irrthum fälschlich behauptet

Nach dieser Begriffsbestimmung muß bei der eigentlichen Haupterörterung von vornherein bemerkt werden, daß nur von einer Beschränkung der Eigenthumsübertragung durch constitutum possessorium die Rede sein kann. Seine Verwendung zu der bloßen Besitzübertragung läßt sich nach der Ansicht des Referenten nicht beschränken. Wenn man nämlich nicht etwa die Grundlagen der Besitzeslehre umgestalten will, so muß man daran festhalten, daß die Voraussetzungen des Besitzerwerbes magis facti quam juris sind. Factisch ist mir aber die Herrschaft über eine Sache unzweifelhaft gewährt, wenn der frühere Besitzer sie von jetzt ab als mein Stellvertreter innehat; ich besitze sie dann also auf alle Fälle und es kann sich nur darum handeln, ob das Recht ausnahmsweise dem Erwerbe eines solchen Besitzes die Wirkungen des gewöhnlichen Besitzerwerbes, namentlich diejenige der Eigenthumsübertragung, entziehen soll oder nicht.

Bei der Erwägung dieser Frage muß freilich der Referent von vorn herein zugeben, daß aus den gegen die uneingeschränkte Beibehaltung des constitutum possessorium angeführten Gründen vornehmlich zwei von unzweifelhafter Bedeutung für den Gesetzgeber sind, nämlich, daß es thatsächlich vielfach als ein Mittel zu betrügerischen Scheinveräußerungen dient,[11]) und daß das Erforderniß einer sichtbaren Besitzübertragung für den Eigenthumsübergang der Sicherheit dritter Personen zu dienen geeignet ist.[12])

Gegen den ersterwähnten Grund hat man freilich mit Recht geltend gemacht, daß dem Uebel bloßer Scheinveräußerungen durch das Erforderniß einer concreten Tradition nicht vorgebeugt werden kann.[13]) Eine Umgehung dieses Verbotes ist nämlich in der That nicht schwer. Wenn

---

die veräußerte Sache zu besitzen, so wird man, falls er den Besitz nachträglich erlangt und das Eigenthum entweder schon vorher besaß oder später erworben hat, nach Analogie des nachträglichen Erwerbes einer tradirten fremden Sache (l. 1 pr. l. 2 Dig. de exc. rei vend. et trad. 21,3) annehmen müssen, daß von der späteren Besitzerlangung ab das anfänglich unmögliche constitutum indirect convalescirt, indem man dann dem Erwerber eine durch replicatio rei venditae et traditae unterstützte actio Publiciana gegen den Veräußerer zusprechen muß. Hoffentlich wird das neue Civilrecht hier, wie durchweg in den Fällen des Erwerbes einer exceptio rei venditae et traditae, einen Eigenthumserwerb zulassen. Ein Gleiches ist wohl auch dann anzunehmen, wenn jemand im Hinblicke auf einen späteren Besitzerwerb einer Sache bezüglich derselben ein vorläufiges constitutum possessorium abschließt.

[11]) Verh. d. 14. J. T. Bd. 2 S. 45. 257 vgl. Goldschmidt, Handbuch des Handelsrechtes Bd. I. S. 611 § 65 Anm. 18. Bluntschli in der Anm. zu § 648 des Züricher Gesetzbuches.

[12]) Bd. 2 S. 245. Goldschmidt Zeitschrift für Handelsrecht Bd. IX. S. 72.

[13]) Verh. Bd. 2. S. 51. 54. 261.

der betrügerische Schuldner sein Mobilar nicht mehr in der Weise veräußern kann, daß er es für seinen Helfershelfer zu besitzen erklärt, so wird er die Verkaufsobjecte eine Hin- und Rückreise in dessen Gewahrsam und von dort zu ihm zurück machen lassen; fürchtet er, daß die richterliche freie Ueberzeugung diesem auffallenden Verhalten die Anerkennung versagen kann, so wird es ihm an Zwischenpersonen nicht fehlen, welche die Spur seiner betrügerischen Veranstaltungen verwischen. Selbst wenn eine übereifrige Gesetzgebung, um diesen Betrug mit Stumpf und Stiel auszurotten, es unmöglich machen würde, eine früher zu Eigenthum besessene Sache zu miethen oder zu leihen, so würde es den fraudulösen Schuldnern ein Leichtes sein, ihr Mobilar gegen einander auszutauschen, indem sie es beiderseits an eine Zwischenperson verkaufen, von welcher sodann der eine die Gegenstände des andern abmiethet. Es ist eben schwer, den Mißbrauch zu verhüten, welchen die Menschen mit den Rechtsgeschäften, wie mit allen zugleich heilsamen und gefährlichen Gütern treiben können.

Immerhin giebt der Referent zu, daß eine Einschränkung des constitutum possessorium, obwohl sie ihren Zweck nicht völlig erreichen kann, eine theilweise Wirkung in dieser Richtung doch nach sich ziehen würde. Ein Theil der betrügerischen Schuldner, und namentlich der gefährlichste, würde sich freilich trotzdem von betrügerischen Veräußerungen auf den soeben angedeuteten Umwegen nicht abschrecken lassen, viele andere aber würden mit dem dann nöthig werdenden verwickelteren Betrugsmechanismus theils aus Trägheit, theils aus Ungeschicklichkeit nicht zu operiren im Stande sein, andere würden vor dem complicirteren Vergehen als einem schwereren zurückschrecken und endlich würde die Nothwendigkeit, eine größere Anzahl von Mitwissern zu der beabsichtigten That zu verwenden, manche durch gerechte Furcht vor verrätherischen Mitschuldigen von dem Delicte abhalten. So würde in der That durch eine Abschaffung des constitutum possessorium eine Menge von Scheingeschäften beseitigt, also ein gesetzgeberisch erwünschter Erfolg erreicht werden.

Aehnlich verhält es sich mit dem zweiten Grunde, der Gefahr, welche dem Verkehre aus den unsichtbaren Besitzübertragungen erwächst. Man begründet das Erforderniß einer sichtbaren Tradition gewöhnlich, statt es auf die Anlehnung der Institute des älteren Rechtes an sichtbare Formen zurückzuführen, damit, daß dasjenige, was Dritten gegenüber wirken solle zur Sicherheit derselben einer Dritten sichtbaren Form bedürfe. Allein der Traditionsact ist der Regel nach der großen Menge der Dritten nicht mehr und nicht weniger sinnlich wahrnehmbar, als ein jeder formlose Vertrag; man müßte denn annehmen, daß eine Wahrnehmung durch das Auge mehr bedeute, als eine solche durch das Ohr, und selbst jene fehlt bei schriftlichen Verträgen nicht. Die Traditionen des römischen und heutigen Rechtes werden ja nicht blos, wie die altgermanischen Auflassungen in einer dem Publikum erkennbaren Weise,[14]) sondern fast immer im engeren Kreise abgeschlossen. Nicht also die — thatsächlich nicht vorhandene — Sichtbarkeit des Uebertragungsactes selbst, sondern die Wahrnehmbarkeit dessen, was er bewirkt, des Besitzes, ist es, was Dritte besonders interessiren und ihnen die Kenntniß von dem dinglichen Rechte, welches auch sie respectiren müssen, geben soll. Allerdings ist diese Wirkung der Tradition eine höchst mangelhafte und in vollem Maße unerreichbare. Obwohl nämlich durch die Tradition der Erwerber Besitzer wird und hierdurch das für alle Dritte höchst wünschenswerthe Zusammentreffen von Besitz und Eigenthum[15]) entsteht, so kann dies in jedem Augenblicke wieder verloren gehen, wenn der Eigenthümer — von einem unfreiwilligen Verluste ganz abgesehen — die Sache an einen Nießbraucher, Usuar, Miether, Depositar, Pfandgläubiger, Kommodatar, Precaristen oder an einen einfachen Stellvertreter herausgiebt und wenn man also wirklich Dritte gegen die Gefahr, eine falsche Person für den Eigenthümer zu halten, schützen wollte, so müßte man alle dinglichen Rechte an fremder Sache, alle Realverträge und die Stellvertretung im Besitze beseitigen. Im ältesten römischen Rechte scheint im Interesse der Rechtssicherheit ein ähnlicher Zustand geherrscht zu haben; wer seine Sache fortgeben wollte, mußte sie gleich völlig zum Eigenthum mit pactum fiduciae veräußern, doch es wird wohl Niemand unserem Kulturzustande zumuthen wollen, auf derartige Anfangsstadien des wirthschaftlichen Lebens zurückzugreifen.

Allein immerhin läßt sich nicht leugnen, daß die Beseitigung des constitutum possessorium dem geschilderten Uebelstande wenigstens zum Theile abhelfen würde. Wenn die Veräußerer, welche bisher die sogleich in das fremde Eigenthum fortzugebenden Sachen noch einstweilen in ihrer Gewahrsam behalten durften, von jetzt ab stets genöthigt werden, einen sichtbaren Traditionsact vorzunehmen, so verhindert man in einer Reihe von Fällen, daß die Sache in der Gewahrsam eines anderen, als derjenigen des Eigenthümers sich befindet und schränkt eine in vollem Maße nicht vertilgbare Gefahr wenigstens auf ein engeres Gebiet ein.

Es würde also eine Beseitigung des constitutum possessorium einen doppelten Vortheil sicherlich nach sich ziehen und es fragt sich also

---

[14]) Stobbe Jahrb. f. Dogm. Bd. 12. S. 147 ff.

[15]) Die praktische Bedeutung eines regelmäßigen derartigen Zusammentreffens für unser Rechtsleben ist namentlich von Ihering über den Grund des Besitzesschutzes 2. Auflage 1869 S. 47 ff. ausgeführt.

nunmehr, ob die Nachtheile einer solchen Maßregel diese Vortheile aufwiegen würden oder nicht.

Auf Grund praktischer Erfahrungen wird der Jurist leicht geneigt sein, den Werth des constitutum possessorium zu unterschätzen, weil er diesem Geschäfte vornehmlich in Executions- und in Strafsachen im Lichte des Verdachtes einer betrügerischen Beseitigung von Zwangsvollstreckungsobjecten begegnet. Man würde jedochfehlgreifen, wenn man den Werth dieses Institutes, wie aller Rechtsschöpfungen, schlechterdings nach den Erscheinungen beurtheilen wollte, welche bei Gericht zu Tage treten. Das Gesetz wirkt in normalen Verhältnissen vielmehr für gewöhnlich dahin, daß es Processe verhindert, indem es durch seine Autorität die Parteien dazu treibt, ihre rechtlichen Beziehungen freiwillig dem Gesetze entsprechend zu regeln; vor Gericht kommen nur die pathologischen Ausnahmeerscheinungen des Rechtslebens, dem Richter zeigt das Verkehrsleben meist nur seine Schattenseite, die Unredlichkeit der Parteien, die Unklarheit ihrer Rechtsgeschäfte und die Unsicherheit und Dunkelheit der Rechtsnormen. So würde man auch hier sehr fehlgreifen, wenn man annehmen wollte, daß in den bedauerlichen Formen, in welchen das constitutum possessorium vor Gericht zu Tage zu treten pflegt, seine rechtliche Bedeutung erschöpft ist. Man bedenke, daß überall da ein constitutum possessorium nöthig wird, wo jemand eine Sache sogleich veräußern will oder muß, ohne daß in seinem oder des Erwerbers oder im beiderseitigen Interesse eine sofortige Uebergabe erfolgen kann. Wer sich Geld verschaffen muß, kann z. B. sein Reitpferd vor Beendigung einer militärischen Uebung, Bücher vor Beendigung einer wissenschaftlichen Arbeit, ein Baugerüst vor Ende des Baues, ein Landwirthschaftsinventar vor der bevorstehenden Umwandlung eines Landgutes in ein städtisches Grundstück nicht anders als durch ein constitutum possessorium veräußern. Schaffen wir dies Rechtsinstitut ab, so muß er warten, bis er vielleicht keinen Käufer mehr findet oder inzwischen ruinirt ist. Eine Beseitigung des constitutum possessorium würde also eine Menge von Vermögensstücken theilweise entwerthen, indem sie den Eigenthümern derselben die ihnen bisher offen stehende Benützung von Verkaufsgelegenheiten in derartigen Fällen entziehen würde. Man wird vielleicht einwenden, die Käufer würden in solchen Fällen geneigt sein, auch ohne Eigenthumserwerb den Kaufpreis den Veräußerern zu creditiren. Dies würde jedoch der Wirklichkeit durchaus widersprechen; die überwiegende Mehrheit sorgfältiger Geschäftsleute giebt ihr baares Geld nicht aus der Hand, wenn sie nicht die Sicherheit hat, daß das Aequivalent nunmehr den Verfügungsbefugnissen und den Gläubigern des Veräußerers rechtlich entzogen ist. Wer ferner z. B. für das Vieh, welches er kaufen will, einen Stall weder hat, noch miethen kann, kann es ohne constitutum possessorium nicht mehr erwerben. Quantitäten von Kohlen, Holz, Steinen und dergl., welche nicht auf ein Mal fortgeschafft werden können, kann ein vorsichtiger Geschäftsmann, wenn ihm deren Erwerb durch constitutum possessorium unmöglich wird, nicht mehr ohne Gefahr bezahlen und er wird, wenn sie nur gegen baare Zahlung verkäuflich sind, ohne dieses Rechtsgeschäft von dem Erwerbe ausgeschlossen oder zu einem leichtsinnigen Verhalten hingedrängt, d. h. er muß auf die Sicherheit verzichten, welche ihm ein sofortiger Eigenthumserwerb gegenüber den Gläubigern des Schuldners gewähren würde.[16]) Man hat behauptet, diese Sicherheit sei ohne Werth, weil sie den Erwerber nicht davon befreie, die Sache von den Gläubigern herauszuprocessiren.[17]) Dabei setzt man ohne Grund voraus, daß die Gläubiger der Regel nach nicht geneigt sein werden, fremdes Eigenthum gutwillig herauszugeben. Es ist daher das constitutum possessorium geradezu das Hauptmittel zu einem soliden Verkehre mit Gütern, welche unterwegs sind. Deren giebt es aber sehr viele. Es ist behauptet worden,[18]) nur bei Schiffen sei eine formlose Uebertragung angemessen, weil diese von Natur auf Reisen seien. Es würde schlimm um unsern Verkehr stehen, wenn dieses richtig wäre. Unsere Verkehrsmittel sind zu Wasser und zu Lande soweit vorgeschritten, daß nicht bloß die Schiffe „vagabondiren", sondern eine Unzahl von Produkten sich in einem regelmäßigen Strome aus den Districten der Production in die Bezirke der Consumtion ergießt. Man denke nur an den regulären Zufluß von Lebensmitteln aus dem Lande nach den großen Städten zu. Solche Waaren werden von dem Absender durch einen Stellvertreter besessen und er kann sie der Regel nach nicht anders tradiren als indem er seine mittelbare Besitzesherrschaft über die Sache für den Erwerber ausüben zu wollen erklärt. Will man wirklich in Zukunft diese Werthobjecte während ihrer Reise thatsächlich extra commercium erklären? Der Referent glaubt nicht zu viel zu sagen, wenn er behauptet, daß eine Abschaffung des constitutum possessorium ein Schnitt in das lebendige Fleisch unseres Verkehrslebens sein würde, welche unser Nationalvermögen auf das Empfindlichste würde vermindern müssen. Man bedenke, daß die Uebertragung der Waaren durch Konossemente der richtigen Meinung nach nichts anderes ist, als ein Anwendungsfall des constitutum possessorium

---

[16]) Mit Recht sieht Dernburg in der Sorge für diese Sicherheit den Kernpunct der Eigenthumsübertragungsfrage. Verhdl. Bd. 2. S. 256.

[17]) Bd. 2. S. 32.

[18]) Bd. 2. S. 33. 53.

und wer würde es wohl wagen, die Abschaffung dieses Institutes und der ihm ähnlichen Rechtsschöpfungen des Handelsrechtes alles Ernstes in Vorschlag zu bringen? Wird es aber beibehalten, dann ist es ein Privilegium des Handelsstandes, dessen Aufstellung dem Gesetzgeber den Vorwurf der Ungerechtigkeit gegen die anderen Zweige des wirthschaftlichen Lebens zuziehen muß. Wenn es dem Kaufmanne gestattet wird, seine „schwimmende Waare" zu verwerthen, darf man dann dem Landwirthe es unmöglich machen, die abwesende Heerde zu veräußern, darf man den Fabrikanten und Handwerker der Möglichkeit berauben, seine Producte, welche an dritter Stelle, z. B. bei einer Messe oder Ausstellung deponirt sind, zu verkaufen? Eine derartige Gesetzgebung, welche einen wirthschaftlichen Stand mit Privilegien überhäuft und die Institute, welche sich bei ihm als gut bewährt haben, den übrigen Kreisen des Volkes, welche durchaus gleiche Bedürfnisse haben, verschließt, kann unmöglich dauernd gute Früchte tragen.

Noch aus einem Gesichtspunkte erscheint das constitutum possessorium ein unentbehrliches Institut. Nach Deutschem Particularrechte ist vielfach eine Verpfändung durch bloßes constitutum possessorium ohne sichtbare Hingabe des Pfandstückes unmöglich. Dies schützt sicherlich den Verkehr vor betrügerischen Doppelverpfändungen. Andererseits schneidet es nicht nur einzelnen Personen, sondern ganzen Berufs- und Wirthschaftszweigen, nämlich denjenigen, welche mit Mobilien arbeiten, eine Grundbedingung ihrer Existenz, die Verwendung ihres Vermögens zur Erlangung des Credits ab. Der Hausbesitzer, welcher nothwendiger Weise Geld braucht, kann sein Haus behalten und Hypotheken darauf erlangen; wer sein Vermögen in Werthpapieren angelegt hat, kann es zum Faustpfande hingeben, ohne die Coupons zu verlieren und sich so aus der Geldnoth retten. Der Landwirth aber kann sein Inventar und sein Vieh, der Handwerker sein Handwerkszeug, der Gelehrte seine Bücher nicht in gleicher Weise verwerthen; er darf sich nicht in dieser Weise durch eine vorübergehende Noth durchhelfen, sondern er muß, wenn ihm das Geld unentbehrlich ist, sogleich zu dem Verkaufe der unerläßlichen Hilfsmittel seines Berufes, d. h. zu seiner wirthschaftlichen Selbstvernichtung schreiten. Es ist dies freilich ein altgermanischer Grundsatz, aber er stammt aus den Anfangsstadien unserer wirthschaftlichen Entwickelung, aus bäuerlichen Verhältnissen, welche das Bedürfniß des Credites nicht kannten. Weil er aber auf einheimischem Boden entstanden ist, darf man nicht etwa aus übel angebrachtem Patriotismus die Frage, ob er auch noch für unsere heutigen Zustände paßt, außer Erwägung lassen. Glücklicher Weise wirkt dieser Grundsatz bis jetzt nicht in seiner vollen Strenge. Die des Mobilarcredites Bedürftigen suchen sich nämlich zur Zeit dadurch zu helfen, daß sie das unmögliche Pfandgeschäft wenigstens durch ein Rückkaufsgeschäft vermittelst des constitutum possessorium ersetzen. Der Handwerker behält z. B. sein Handwerkszeug und verkauft es durch constitutum possessorium an den Kapitalisten, um später, wenn die Zeit der Noth vorüber ist, es wieder zurückzukaufen. Ein volles Surrogat für die fehlende Möglichkeit der Verpfändung bietet dieser Ausweg freilich nicht dar; denn es wird dabei dem Kapitalisten die Gefahr des Unterganges der Sache aufgewälzt und somit den Kreditsuchenden die Auffindung von Darlehnsgebern erschwert. Wenn man nunmehr wirklich jene Vorschrift verallgemeinern und auch das Hilfsmittel der Veräußerung durch constitutum possessorium den mit beweglichen Sachen arbeitenden Berufszweigen entziehen wollte, so würde man sicherlich eine schwere Schädigung unseres Nationalwohlstandes herbeiführen.

Wenn hiernach eine Beseitigung des constitutum possessorium als eines Mittels des Eigenthumserwerbes im höchsten Grade schädlich sein würde, so ließe sich doch immerhin eine Beschränkung desselben in Frage ziehen. Die Zahl denkbarer Beschränkungen ist eine unendliche und da der Referent eine legislatorisch zweckmäßige Art einer solchen nicht ausfindig zu machen vermag, so will er sich auf die Beurtheilung der Vorschläge, welche in dieser Hinsicht gemacht worden sind, beschränken.

So ist zunächst angeregt worden,[19]) durch das constitutum possessorium nur bei solchen Sachen Eigenthum übertragen zu lassen, welche der Veräußerer selbst, nicht aber bei denjenigen, welche ein Stellvertreter für ihn inne hat. Hiernach würde jemand zwar ein Pferd, welches in seinem Stalle steht, nicht aber ein solches, welches er anderweitig eingestellt hat, veräußern können. Diese dem bisherigen Rechte fremde Unterscheidung scheint dem Referenten mit einem von derselben Seite angeführten und demnächst wiederholt besprochenen Beispiele [20]) zusammenzuhängen. A. veräußert ohne Tradition sein Pferd an B., dieser ebenso an C., es fragt sich, ob A. der Vindication des C. ein Retentionsrecht entgegensetzen kann, welches ihm dem B. gegenüber zustand. Wenn nun den durch Stellvertreter besitzenden Eigenthümern eine Veräußerung durch constitutum possessorium abgeschnitten werden soll, so scheint hierbei an diesen Fall gedacht zu sein, in welchem der detinirende Stellvertreter zufällig ein retentionsberechtigter Eigenthumsvorgänger des Veräußerers ist. Es dürfte nun in der That unzulässig sein, diesen Fall durch die Wegstreichung des eigentlich entscheidenden Momentes, nämlich des Retentionsrechtes des Stellvertreters, zu verallgemeinern und allen durch Stellvertreter Besitzenden die Veräußerung

[19]) Verh. Bd. 2. S. 35.
[20]) Bd. 2. S. 33. 43. 56. 247. 254. 256.

der Sache durch constitutum possessorium zu entziehen. Jener besondere Fall ist übrigens schon nach dem bisherigen Rechte dahin zu entscheiden, daß der Stellvertreter durch ein constitutum possessorium seines dominus um sein Retentionsrecht nicht kommen kann. Wenn ich nämlich eine Sache durch einen andern mit der Maßgabe besitze, daß er sie mir nur gegen die Zahlung einer Geldsumme herauszugeben verpflichtet und entschlossen ist, so ist meine thatsächliche Herrschaft über die Sache eine nur beschränkte und ich kann also dieselbe nur unter derjenigen Bedingung weitergeben, unter welcher auch ich sie überhaupt nur habe. Um dies anzunehmen, bedarf es keiner beschränkenden Sonderbestimmung; es folgt dies daraus, daß das constitutum possessorium nur eine Art des Besitzerwerbes durch Stellvertreter ist.

Es ist ferner vorgeschlagen worden, das constitutum possessorium nur im Falle einer justa causa traditionis mit Eigenthumsübertragungswirkungen auszustatten. Es handelt sich bei dieser causa traditionis [21]) um Thatsachen und Umstände, aus denen hervorgeht, welche Vermögenswirkung der Tradent bei der Eigenthumsüberlassung für sich bezweckt. Die herrschende Meinung hält nun, wenigstens nach neuestem Rechte, die Tradition für ein von der causa unabhängiges Formalgeschäft. [22]) Man kann dies dahin verstehen, daß eine Willenserklärung des Eigenthümers, er wolle hiermit sein Eigenthum dem X. übertragen, zu dem Nachweise des Eigenthumserwerbes des X. genügend sei. Dies hält der Referent mindestens de lege ferenda nicht für billigenswerth, weil solche abstrakte Geschäfte im Verkehre fast gar nicht vorkommen und daher nach bekannten Grundsätzen (l. 6 dig. de legibus 1,3 *Τὸ γὰρ ἅπαξ η δὶς*, ut ait Theophrastus, *παραβαίνουσιν οἱ νομοθέται*) einer Anerkennung nicht bedürfen. Verschieden hiervon ist die Frage, ob, wenn eine concrete causa und aus ihr der animus dominii transferendi auf Seiten des Tradenten nachgewiesen ist, das Geschäft dennoch Dritten gegenüber dann unwirksam sein muß, wenn die causa ein nichtiges oder unwirksames Rechtsgeschäft enthält und der Tradent deshalb die Sache zurückzufordern befugt ist. Die herrschende Meinung nimmt einer bekannten Quellenantinomie gegenüber [23]) an, daß, wenigstens nach der

---

[21]) Der Referent hält eine eingehende dogmatische Erörterung des Begriffes der causa bei der vorliegenden legislatorischen Frage nicht für geboten, vgl. übrigens Warnkönig Archiv f. civil. Praxis Bd. 6. S. 111 ff. Windscheid Pand. Bd. I. § 172. Anm. 16a.

[22]) Vgl. Windscheid Pandekten Bd. I. § 172 Anm. 16a. Goldschmidt Handbuch des Handelsrechtes Bd. I. S. 809. Anm. 24.

[23]) l. 18. dig. de rebus creditis 12,1. l. 36, dig. de acquis. rer. dom. 41,1. Windscheid a. a. O. Bd. I. § 172. Anm. 16a.

neueren Ansicht [24]) die Mangelhaftigkeit der causa den Eigenthumsübergang nicht beeinflußt. Sicherlich wird dies de lege ferenda anzuerkennen sein. Dritte Personen können nämlich die ihnen fremden Beziehungen zwischen dem Veräußerer und dem Rechtsnachfolger desselben nicht prüfen und namentlich innere Mängel des Veräußerungsgeschäftes, wie Betrug, Irrthum u. dergl., welche überdies durch Ratihabition in einer Dritten nicht erkennbaren Weise heilbar zu sein pflegen, nicht wahrnehmen, sie müssen sich also, falls ihnen der animus dominii transferendi nachgewiesen ist, auf die Wirksamkeit des Traditionsactes verlassen können. Diese Behandlung der Tradition etwa bei dem constitutum possessorium auszuschließen und bei diesem dem inneren Verhältnisse zwischen dem Veräußerer und Erwerber einen Einfluß Dritten gegenüber zu gestatten, dürfte um so unzulässiger sein, als dieses Geschäft, wie oben nachgewiesen worden ist, ohnehin schon den Dritten in anderer Hinsicht gefährlich ist.

Mit dem Erforderniſſe der justa causa ist nicht die Vorschrift zu verwechseln, daß bei der causa emtionis und ähnlichen Erwerbsgründen zu dem Eigenthumsübergange außer der Tradition auch eine Zahlung oder Creditirung des Kaufpreises nöthig ist. Der Satz enthält eine Erschwerung des Eigenthumsüberganges im Interesse des Veräußerers,[25]) welcher für den Fall, daß er keine Zahlung erhält oder daß sich die geleistete Zahlung als eine Hingabe ungültiger Münzen herausstellen sollte, sein Eigenthum zu behalten beabsichtigt. Allein, mag man diese Vorschrift beibehalten oder streichen, einen erheblichen Einfluß auf die Gefährlichkeit des constitutum possessorium wird dies nicht haben. Da nämlich schon das bloße Kreditiren des Kaufpreises genügt, um den Eigenthumsübergang zu ermöglichen, so kann ein derartiger Kreditirungsvermerk mit Leichtigkeit in die Urkunden, welche Scheinveräußerungen enthalten, aufgenommen werden und, wenn man bestimmen wollte, daß bei Veräußerungen durch constitutum possessorium ein Kreditiren des Kaufpreises den Eigenthumsübergang hindern solle, so würden die schlimmsten Betrüger dies durch Scheinzahlungen, wie sie angeblich im Gebiete des französischen Rechtes bei simulirten Geschäften üblich sind,[26]) umgehen. Ein Theil der fraudulösen Schuldner würde freilich hierdurch von den betrügerischen Veräußerungen durch constitutum possessorium abgehalten werden, dafür würde man aber dem redlichen Verkehre die Gelegenheit zur Vornahme vortheil-

---

[24]) Fitting Archiv f. civil. Praxis. Bd. 52. S. 406—419.

[25]) Schon bei der mancipatio kam es nicht darauf an, ob wirklich gezahlt war, sondern nur uti lingua nuncupassit vgl. Ihering Geist des röm. Rechts Bd. II. § 46. bei Anm. 728c.

[26]) Verh. Bd. II. S. 261.

hafter Gelegenheitsverkäufe auf Kredit abschneiden, so daß auch diese Beschränkung nicht zu rechtfertigen sein würde.

Man wird den bisherigen Ausführungen vielleicht entgegen halten, daß das constitutum possessorium nicht blos, wie bisher durchweg angenommen worden ist, Dritten gegenüber gefährlich ist, sondern auch wegen seiner Bedenklichkeit für das Verhältniß unter den Parteien einer Einschränkung bedarf. So ist z. B. behauptet worden, um der Beweisfrage willen müsse man sichtbare Traditionen verlangen.[27]) Mit demselben Rechte würde man auf allen Rechtsgebieten, namentlich im Obligationenrechte, die formlosen Verträge zu beseitigen suchen; denn es ist nicht einzusehen, warum eine Eigenthumsentäußerung schwerer beweisbar sein soll, wie ein jeder andere Vertrag. Daß aber, wie behauptet worden ist,[28]) das neuere Recht zum Formalismus hinneige, ist eine Ansicht, welche für den Verkehr mit Mobilien schwerlich richtig ist, und wenn sie es wäre, so würde dies eine sehr bedauerliche Lähmung des Verkehrslebens nach sich ziehen müssen.

Endlich hat man hervorgehoben, das Erforderniß der Tradition schütze die Veräußerer vor einem leichtsinnigen oder unwissenden Aufgeben ihres Eigenthumes.[29]) Allein wenn sie nachweisen können, daß sie unwissentlich die Sache veräußert haben, so hat ihre Willenserklärung keine Wirkung. Können sie dies nicht, so mögen sie die Folgen ihrer Unwissenheit tragen. Bezeichnend ist das beigebrachte Beispiel.[30]) Eine halb sinnlose Person, welcher jemand ihre Uhr abzulocken sucht, werde, so wird behauptet, sich leichter zu einem Ueberlassungsvertrage, als zu einer wirklichen Hingabe verstehen. Allein, um hier und da einen vereinzelten Trunkenbold davor zu schützen, daß die schlechte Gesellschaft, mit welcher er verkehrt, ihm verdienter Maßen das Fell über die Ohren zieht, darf man schwerlich ein Institut beseitigen, welches für die wichtigsten Zweige der wirthschaftlichen Thätigkeit ein unentbehrliches Geschäftsmittel ist. Ueberdies würde dies dem Trunkenbolde nicht viel helfen; denn, wenn jemand bereits zu einem solchen Grade der Sinnlosigkeit gediehen ist, um sich einen unvortheilhaften Eigenthumsüberlassungsvertrag ablocken zu lassen, so pflegt es nicht mehr lange zu dauern, bis er auch zu einer sichtbaren Hingabe des Veräußerungsgegenstandes bereit ist.

Unberechtigt erscheint auch fernerhin die mehrfach ausgesprochene Besorgniß, daß Personen, welche eine bereits zum Eigenthume weggegebene

---

[27]) vgl. Verhandl. Bd. II. S. 29. 244.

[28]) Bd. II. S. 49.

[29]) Verhandl. Bd. II. S. 47. 49. 50.

[30]) Verhandl. Bd. II. S. 47.

Sache zum zweiten Male veräußern, sich der Gefahr einer Bestrafung wegen Unterschlagung aussetzen können. Diese Bestrafung wird meistens eine durchaus gerechtfertigte sein. Sollte jedoch das Vertragsverhältniß, welches zwischen ihnen besteht, einen so verwickelten Character haben, daß sie die Sache in gutem Glauben, wenn auch vielleicht aus Civilrechtsirrthum fortgegeben haben, so unterliegen sie der Gefahr einer Bestrafung nur für den Fall eines falschen oder ungerechten strafrichterlichen Urtheils und für einen solchen Fall ist überhaupt Niemand vor Bestrafung sicher. Uebrigens ist die Besorgniß, daß in civilrechtlich verwickelten Fällen jemand eine ungerechte Criminalstrafe erleidet, eine viel geringere, als diejenige, daß wirklich schuldige Personen sich hierbei der Bestrafung entwinden können.

Wenn somit durchweg für eine uneingeschränkte Zulassung des constitutum possessorium als einer Art des Eigenthums- und Besitzerwerbes eingetreten wird, so möchte der Referent sich auch dahin erklären, daß die Wirkungen dieses Geschäftes keine geringeren sein müssen, als diejenigen einer jeden Besitzübertragung. Man pflegt gewöhnlich dem Erwerber aus diesem Rechtsgeschäft den nach Art. 306 und 307 A. H. G. B. dem redlichen Besitzer eingeräumten weitgehenden Schutz zu versagen.[31]) Dadurch veranlaßt man die unseres Geschäftes bedürftigen Personen, in der Anwendung dieser dann nur halb wirksamen Erwerbsart stutzig zu werden, ohne daß man diesem Nachtheile einen genügenden Grund jener Einschränkung entgegenstellen kann. Denn, daß sie altgermanischen Ursprunges ist,[32]) vermag der Referent als einen solchen, welcher zur Entscheidung einer legislatorischen Frage zureichend wäre, nicht anzuerkennen.

Um also das oben Ausgeführte nochmals zusammenzufassen, so ist dessen Resultat das Folgende:

a) Die Beseitigung des constitutum possessorium würde allerdings zur Beseitigung zweier Uebelstände, wenn auch nur in höchst unvollkommenem Maße beitragen,

b) dieselbe ist jedoch wegen der außerordentlichen Wichtigkeit des constitutum possessorium für unser Rechtsleben eine schlechterdings unmögliche

c) eine bloße Einschränkung der Traditionswirkungen des constitutum possessorium würde keinen Zweck haben.

Die vorstehende Untersuchung müßte mit einem Mißklange abschließen,

---

[31]) Goldschmidt, Zeitschrift für Handelsrecht Bd. IX. S. 16. Anm. 13. Anders bei Konossementen ebenda S. 18.

[32]) Goldschmidt a. a. O.

wenn sie nicht auch noch die Frage berühren wollte, ob man den Uebelständen, welche den unerfüllbaren Wunsch nach einer Einschränkung des constitutum possessorium hervorgerufen haben, nicht vielleicht auf eine andere Art abhelfen kann.

Bei betrüglichen Veräußerungen wird namentlich in den kleineren Orten, in welchen der Richter das Publikum kennt, am Besten die richterliche freie Ueberzeugung durchhelfen, welche bei dem Verdachte eines Scheingeschäftes den Beweis der Redlichkeit desselben wird verlangen müssen.[33]) Freilich darf der Richter nicht etwa einem jeden constitutum possessorium diesen Makel anhängen wollen, dies hieße das Geschäft für die redlichen Geschäftsleute unzugänglich machen, noch leichthin durch solche Vermuthungen ehrlichen Menschen die Ehre abschneiden, doch wird er zu jenem Verhalten dann berechtigt sein, wenn ihn der schlechte Leumund des Veräußerers, seine nahe Beziehung zu dem Scheinerwerber oder sonst irgend ein Umstand, z. B. ein Kreditiren des Kaufpreises an einen insolventen Menschen oder die Zurücklassung der gekauften Sachen bei dem Veräußerer als dessen Kommodat und Prekarium, zu einem Verdachte berechtigen.

In vollem Umfange kann man aber den Gläubigern überhaupt nicht helfen, falls sie kein Pfand haben und einem unredlichen Schuldner gegenüberstehen. Wenn man selbst kein constitutum possessorium mehr zulassen wollte, so vermöchte doch niemand den Schuldner zu hindern, seine Sachen zu veräußern, den Preis zu verbergen und sich andere zu miethen. Niemand kann ihn davon zurückhalten, zu seinen bisherigen Schulden so viel neue dazu zu contrahiren, daß dem Gläubiger im Concurse fast nichts mehr übrig bleibt, und neuerdings ist es den Schuldnern sogar möglich geworden, einem Helfershelfer gerichtlich oder notariell einen sofort vollstreckbaren Titel zu gewähren, mit welchem dieser bei Gewinnung eines Executionspfandrechtes allen gewöhnlichen Gläubigern zuvorkommen kann. Aus alledem folgt, daß es einen sichern Kredit auf den bloßen Mobiliarbesitz eines unredlichen Menschen überhaupt nicht giebt, und daß ein vorsichtiger Geschäftsmann nur gegen ein Pfand oder im sichern Vertrauen auf die Zuverlässigkeit des Schuldners Geld ausleihen soll. Jus civile vigilantibus scriptum est. Leider ist dieser Grundsatz sehr in Mißachtung gekommen und durch leichtsinniges Kreditiren läuft unser Handel und Verkehr Gefahr, sich aus einem reellen und soliden Umsatze wahrer Werthobjecte in einen Tummelplatz aleatorischer Rechtsgeschäfte zu verwandeln, in welchem nicht dem vorsichtig berechnenden Geschäftsmanne, sondern dem kühnen Freibeuter die günstigsten Aussichten offen stehen. Den unsoliden Kredit zu unterstützen, indem man

[33]) Vgl. Bluntschli Anm. zu § 648 des Züricher Gesetzbuches.

ihm mit der Einschränkung von Veräußerungsgeschäften in einer schließlich doch nur unvollkommenen Weise hilft, würde schon für sich allein eine durchaus falsche Maßregel sein. Allenfalls ließe sich noch eine Verschärfung des § 288 des Reichsstrafgesetzbuches, welcher die betrüglichen Veräußerungen der Schuldner ziemlich milde bestraft,[34]) rechtfertigen, auf civilrechtlichem Gebiete kann eine prophylaktische Politik in dieser Hinsicht nur Schaden anrichten.

Was dagegen die Gefahr betrifft, welche dem Verkehre durch ein Auseinanderfallen von Eigenthum und Besitz in Folge des constitutum possessorium erwächst, so muß dieser Gefahr ganz anders vorgebeugt werden, als durch die Beseitigung des unentbehrlichen Institutes. Man mache nur einmal mit der Analogie des Grundstückserwerbes, welche von den Vertheidigern der starren Traditionstheorie herangezogen zu werden pflegt,[35]) Ernst. Was ist es, worin der Werth der Eintragung der Eigenthumsänderungen in das Grundbuch sich zeigt? Ist es wirklich der sichtbare, in gewissem Sinne öffentliche Eintragungsact? Dann würde die Eintragung ihren Werth behalten, selbst wenn man die Grundbücher, wie Proceßacten, von Zeit zu Zeit cassirte, oder die Eintragungen auf Tafeln schriebe, welche nachher wieder abgewaschen werden. Eine solche vergängliche Intabulation würde etwa der Tradition entsprechen; denn auch diese gewährt keine Sicherheit dafür, daß der erkennbare Besitz nachher bei dem Empfänger verbleibt. Dasjenige, was bei dem Grundbuchwesen denjenigen, welche mit dem Eigenthümer zu thun haben, die erforderliche Sicherheit gewährt, ist nicht, daß er eingetragen worden ist, sondern daß er noch eingetragen ist, jenes Ereigniß der Eintragung ist nur als Voraussetzung dieses Zustandes wichtig, auf welchen es allein ankommt. Meint man also, daß die Uebertragung des Besitzes bei Mobilien dieselbe Rolle spielt, wie die Eintragung bei unbeweglichen Sachen, so muß man die Wirkungen des eingetragenen Eigenthums nicht schon an die Uebertragung selbst anknüpfen, sondern an den Besitz, welchen sie zur Folge hat, also nicht daran, daß man bei dem Erwerbe besessen hat, sondern daß man überhaupt besitzt, m. a. W. man muß demjenigen, welcher eine Sache vom Besitzer erwirbt, ähnliche Rechte geben, wie demjenigen, welcher von einem eingetragenen Eigenthümer sein Recht herleitet. Dies führt zu einer Ausdehnung des Schutzes des redlichen Erwerbers gegenüber dem Eigenthümer in der Richtung des altdeutschen und französischen Rechtes (Hand muß Hand wahren — En fait de meubles la

---

[34]) Mit Gefängnißstrafe bis zu zwei Jahren.

[35]) Verhandl. Bd. II. S. 30. 36. 40. 48. 49. 244. 251. 252. Vgl. übrigens hiergegen auch Bähr Dogmat. Jahrbücher Bd. XII. S. 61 ff.

possession vaut titre) über den Satz: ubi meam rem invenio ibi vindico hinaus.

Daß diese Frage nach der Wirkung der Vindication gegen Dritte mit der Erwägung, ob eine Tradition zur Erlangung des Eigenthums erforderlich ist, zusammenhängt, ist wiederholt hervorgehoben worden.[36]) Man hat behauptet, die französischrechtliche Einschränkung der Vindication widerspreche einer Eigenthumsentäußerung ohne Besitzübertragung, weil die letztere „ein leerer Schall", etwas Dritten gegenüber Wirkungsloses sei.[37]) Dies kann der Referent nicht zugeben. Wer eine Sache erwirbt, legt darauf, daß er sie von einem Dritten vindiciren kann, keineswegs ein Hauptgewicht, er ist berechtigt, die Nothwendigkeit einer solchen Vindication als etwas durchaus Ausnahmsweises zu betrachten; sein Hauptziel ist vielmehr, Sicherheit dafür zu erlangen, daß die Sache von nun ab nicht mehr den Verfügungsrechten des Veräußerers unterliegt und dessen Gläubigern haftet, sondern von ihm selbst im Nothfalle als Verkaufs- oder Kreditgegenstand verwendet werden kann. Dieses Ziel erreicht er aber auch ohne eine unumschränkte Vindicationsbefugniß. Andererseits scheint die Einschränkung der Vindication gegen Dritte so weit davon entfernt, der Zulassung einer blos vertragsmäßigen Eigenthumsüberlassung oder dem constitutum possessorium zu widerstreben, daß sie vielmehr solche Geschäfte geradezu ergänzt und rechtfertigt. Eben wenn das constitutum possessorium nur soweit wirkt, als es Dritten ungefährlich ist, dann kann man es auf alle Fälle zulassen[38]) und seine Zulassung ist weit weniger gefährlich als jetzt, wo es mit dem römischen Satz: Ubi meam rem invenio, ibi vindico praktisch zusammentrifft. In wie weit man den letzterwähnten Satz beseitigen soll, kann hier wohl dahingestellt bleiben. Wünschenswerth erscheint es übrigens, daß man darin nicht zu weit geht und namentlich die gestohlenen Sachen den strengeren Vindicationsgrundsätzen vorbehält (ähnlich Art. 306 H. G. B.), sonst wiegt man die dem Verkehre zugewandten Vortheile durch die Gefahr einer Beförderung der Diebstähle wieder auf, indem man den Verbrecher den Absatz der gestohlenen Waare erleichtert. Die Hehler wissen sehr wohl, daß man ihnen die Mitwisserschaft an dem Vergehen nur in seltenen Fällen nachweisen kann, sie werden nicht durch die Kriminalstrafe, sondern weit mehr durch die Furcht vor einer Vindication der Sache abgeschreckt; Diebe stehlen aber meist nur,

---

[36]) Verh. Bd. I. S. 116. 117. Bd. II. S. 28. 31. 41. 245. und dagegen 252. 254. 260.

[37]) Goldschmidt Zeitschrift für Handelsrecht Bd. IX. S. 73. Verhdl. d. 14. D. J. T. Bd. I. S. 116. 117. Bd. II. S. 28. Z. 5. S. 31.

[38]) Vgl. auch Rüttimann in der Zeitschrift für schweizerisches Recht Bd. VIII. 1860. S. 57.

wenn sie sicher sind, Hehler zu finden. Gegen die Gefahr, entwendete Sachen aus dritter Hand zu kaufen, schützt am Wirksamsten eine strenge Handhabung des Strafrechtes.[39])

Es ist bisher stets von der Uebertragung des Eigenthumsbesitzes durch constitutum possessorium, nicht von der Verwendung dieses Geschäftes zur Bestellung des abgeleiteten Pfandbesitzes die Rede gewesen. Es ließ sich jedoch schon in dem Vorstehenden nicht vermeiden, auszuführen, wie sehr die particularrechtliche Beschränkung dieser freieren Pfandbestellungsform als eine Vorschrift, welche früheren Wirthschaftsepochen entsprungen ist, unser heutiges wirthschaftliches Leben beengt. Der Referent ist weit entfernt davon, die gesetzlichen und Universalpfänder des römischen Rechtes vertheidigen zu wollen, wenn aber der gerechte Unwille gegen diese schädlichen Institutionen des römischen Rechtes dazu geführt hat, auch die Pfandbestellung durch Vertrag oder durch constitutum possessorium als dem Verkehre gefährlich auszurotten, so hat man das Kind mit dem Bade ausgeschüttet und nichts anderes erreicht, als den Handwerkern, Fabrikanten, Viehzüchtern und allen, welche mit irgend welchem Mobiliar arbeiten, im Gegensatze zu den Besitzern von Grundstücken und Werthpapieren die Verwerthung ihres Vermögens zur Unterstützung ihres Kredites zu entziehen. Bis jetzt suchen sie sich durch Rückkaufsgeschäfte gegen diesen Nachtheil einiger Maßen zu schützen, doch es ist schon oben ausgeführt, daß dieser Schutz nicht genügt. Andererseits hat man durch diese Erschwerung des auf Pfänder gestützten soliden Kredits immer mehr unsern Verkehr in die Bahnen des unsoliden Borgens auf einen bloßen Mobiliarbesitzes des Schuldners hingetrieben, welcher eine Menge von betrügerischen Scheingeschäften zur Folge hat.

Die Sicherheit des Verkehrs aber, welche zu erreichen man sich auf diese

---

[39]) Die Idee eines Schutzes des redlichen Besitzers gegenüber dem Eigenthümer ist keine unrömische. Der publicianische Eigenthümer kann nach l. 9 § 4 dig. de act. Publ. 6,2 — von einem Ausnahmefalle abgesehen — die Sache dem redlichen Besitzer nicht abverlangen. Ja sogar die Ausnahmebestimmung des altdeutschen und französischen Rechtes für gestohlene Sachen findet hier ein Analogon; denn, wenn die Sache dem publicianischen Besitzer gestohlen wird, so wird sie furtiv und unersitzbar und kann also von keinem andern zu publicianischem Rechte erworben, mithin jedem Dritten abgelangt werden; dies bezog sich freilich auf alle res furtivae, nicht blos auf die gestohlenen Sachen, aber bei Sachen, welche ohne Delict dem Eigenthümer abhanden gekommen sind, ist das römische Recht der Publiciana durchaus dem angeblich so unrömischen, altdeutschen und französischen Vindicationsrechte gleich. Da das Recht der Publiciana wahrscheinlich auf das prätorische Eigenthum Anwendung fand, so hätte Justinian bei dessen Verschmelzung mit dem civilen, das soeben geschilderte prätorische eingeschränkte Vindicationsrecht als das neuere und feiner ausgebildete zu dem gemeinsamen Rechte beider nunmehr vereinigten Eigenthumsarten machen sollen. Dies ist aber nicht geschehen.

Weise ohne Erfolg bemüht hat, muß auch hier in ganz anderer Art bewirkt werden, nicht durch eine Hemmung der Entstehung der Pfandrechte, sondern durch eine Einschränkung ihrer Wirkung gegenüber dritten redlichen Besitzern, endlich durch eine straffe Handhabung des Strafrechtes gegenüber betrügerischen Doppelverpfändungen.

Zum Schlusse ist noch zu erwähnen, daß ebenso, wie der possessio eine quasi possessio und der traditio eine quasi traditio gegenübersteht, auch neben dem constitutum possessorium ein constitutum quasi possessorium, d. h. ein Vertrag, durch welchen der Sachbesitzer einen Rechtsbesitz ohne sichtbare Quasitradition einräumt, möglich ist. Ein solcher würde z. B. vorliegen, wenn der Eigenthümer einer gewerblichen Anlage unter Vorbehalt des Eigenthums an seinem Grundstücke das Nießbrauchsrecht oder ein Miethsrecht, insoweit dasselbe particularrechtlich einen dinglichen Schutz genießt, einer andern Person, z. B. einer Actiengesellschaft, einräumt und das Gewerbe von nun an als Stellvertreter der neuen Nutzungsberechtigten fortführt; er behält dann seinen Eigenthumsbesitz und übt daneben für die zu der Nutzung befugte Actiengesellschaft den Besitz des ihr zustehenden Rechtes als ihr Stellvertreter aus.

Die unumschränkte Zulassung eines solchen Geschäftes dürfte keinem Zweifel unterliegen.

VII.

Gutachten des Herrn Amtsrichter Mosse zu Berlin

über die Frage:

Ist zur Begründung der Wechselklage im Urkundenprozesse gegen den Acceptanten resp. den Aussteller des eigenen Wechsels auch die unter urkundlichen Beweis zu stellende Behauptung der Präsentation des Wechsels erforderlich?

I. Der theoretisch bestechende Gedanke der Deutschen Civilprozeßordnung, den Wechselprozeß lediglich als eine Unterart des Urkundenprozesses zu behandeln, hat sich als ein praktisch nicht glücklicher erwiesen. Indem insbesondere das Erforderniß, daß für die sämmtlichen den Anspruch begründenden Thatsachen Urkundenbeweis erbracht werden muß, auf den Wechselprozeß übertragen ist (§§ 555. 565. C. P. O.), wird diese durch die Bedürfnisse des Wechselverkehrs geforderte privilegirte Prozeßart in vielen Fällen prinzipwidrig nur gewährt, wenn noch andere als die durch das materielle Wechselrecht gebotenen Urkunden vorgelegt werden. So [1]) verlangt man urkundlichen Beweis der Vertretungsbefugniß bei Wechselansprüchen aus der Unterschrift Dritter, z. B. des Prokuristen, des Vorstandes einer Actiengesellschaft, des Gesellschafters bei Klagen gegen die übrigen Theilhaber der offenen Handelsgesellschaft; — der Erbeneigenschaft klagender oder beklagter Erben; [2]) — der die Nebenforderungen begründenden Thatsachen. Die Beschaffung dieses Beweises ist aber immer mit Weiterungen und Kosten verknüpft, häufig — hinsichtlich der nach Art. 50 Ziff. 2, 51 Ziff. 2 A. D. W. O. zu liquidirenden Auslagen regelmäßig — überhaupt unmöglich.

---

[1]) Vergl. Rehbein A. D. W. O. S. 133. 134.

[2]) Wilmowski und Levy, C. P. O. 1. Aufl. S. 432.

Natürlich bleibt dem Wechselgläubiger immer noch das ordentliche Verfahren offen. Die Motive zur Prozeßordnung erkennen aber selbst an, daß die Gestaltung desselben, die Beseitigung der Eventualmaxime sowie die unbeschränkte Zulassung des Zeugenbeweises und der eventuellen Eideszuschiebung dem Urkundenprozesse eine besondere Bedeutung geben für die schleunige Durchsetzung des Anspruchs, deren der Wechselverkehr nach den herrschenden Anschauungen am wenigsten entbehren kann. Rechnet man hierzu, daß im § 648 Ziff. 4 C. P. O. die unbedingte vorläufige Vollstreckbarkeit auffallender Weise nicht dem durch Urtheil überhaupt, sondern nur dem im Urkundenprozesse festgestellten Wechselanspruche gewährt ist, und daß es bei der vielbesprochenen Höhe der Kosten nicht unerheblich ist, ob statt der nur für den Urkunden- und Wechselprozeß auf sechs Zehntheile ermäßigten Gerichts- und Anwaltsgebühren [3]) die vollen Sätze zu entrichten sind, so ist es nicht gerade auffallend, wenn die Praxis sich nicht dazu verstehen will, Wechselansprüche im ordentlichen Verfahren zu verfolgen.

Es soll nun nicht der mit Recht verpönte [4]) „Hülfeschrei" nach einer Aenderung der Civilprozeßordnung erhoben werden. Betont werden sollte nur, daß der Verkehr die starren Konsequenzen der Vorschriften über den Wechselprozeß nicht verträgt, und daß es daher die Aufgabe einer den Bedürfnissen des Lebens nachgehenden Rechtsprechung sein wird, die Härten des Gesetzes zu mildern. Besonders bedarf es aber einer Stätigkeit des Verfahrens gerade in Wechselsachen, und es ist dankbar anzuerkennen, daß die ständige Deputation des Deutschen Juristentages den Versuch wagt, eine communis opinio über eine hierher gehörige Frage des Wechselprozesses herbeizuführen.

II. Die Frage ist nicht ohne wirthschaftliche Bedeutung; ihre Bejahung führt zu einer Ausdehnung des Protestsystems, wie sie von der Wechselordnung nicht gewollt und bisher nicht in Uebung gewesen ist. Ein sehr großer Theil der Wechsel — namentlich im Kleinverkehr — bleibt in der Hand des ersten Nehmers oder wird von ihm bei Verfall ohne Protest eingelöst, wenn der Acceptant nicht Zahlung leistet. Es entspricht ferner der respektablen kaufmännischen Anschauung, nothleidende Wechsel zunächst den am

---

[3]) § 25 Ger. Kost. Ges., § 19 Geb. O. für Rechtsanw., nebenbei bemerkt recht anfechtbare Bestimmungen, welche es in das Belieben der klagenden Partei stellen, ob sie dem Gegner fast das Doppelte an Kosten verursachen will, andererseits bei zweifelhafter Zahlungsfähigkeit des Schuldners dem Wechselgläubiger die Gefahr erheblich höherer, wahrscheinlich uneinziehbarer Auslagen gerade dann auferlegen, wenn er den ihm an sich zustehenden Anspruch auf Gewährung schleuniger Rechtshilfe verliert, weil irgend ein erforderlicher Urkundenbeweis nicht zu beschaffen ist.

[4]) Eccius, in Gruchot's Beitr. Bd. 23. S. 740. 770.

Orte wohnenden regreßpflichtigen Geschäftsfreunden kostenfrei zur Einlösung vorzulegen und erst, wenn diese nicht erfolgt, zur Protestaufnahme zu schreiten. So verfährt insbesondere auch die Reichsbank. Bei dem einmal vorhandenen großen Umfange des Wechselverkehrs, als einer Hauptform des gesammten Kreditverkehrs, dies mag zu beklagen sein oder nicht, summiren sich die in allen diesen Fällen durch die Unterlassung der Protesterhebung vermiedenen Kosten zu erheblichen Beträgen.

Freilich unterliegt es keinem Zweifel, daß der Beweis der Präsentation, wenn die Vorschriften der Wechselordnung nicht Protest erfordern, durch jede prozessualisch verwerthbare Urkunde geführt werden kann. Vielfach wird z. B. von dem „Postauftrag"[5]) Gebrauch gemacht, und falls hinsichtlich der Identität des vorgelegten und des eingeklagten Wechsels kein Bedenken obwaltet, wird der Vermerk des Postboten genügen, um den urkundlichen Beweis der erfolgten Vorlegung des Wechsels zu erbringen, da, selbst wenn nicht die Voraussetzungen der §§ 383. 380. C. P. O.[6]) vorliegen sollten, die auch im Urkundenprozesse eintretende freie richterliche Würdigung der materiellen Beweiskraft der Urkunden[7]) aus der Bescheinigung des Postboten vollen Beweis der Präsentation entnehmen wird. Allein auch dieser Weg verursacht Kosten, wenn sie auch geringer sind, wie bei der Protestaufnahme, und ist vor allen Dingen nach den zur Zeit bestehenden Posteinrichtungen nur bei Wechseln bis zu 600 M. offen, abgesehen von der beschränkten Haftpflicht der Post bei Verlust des Wechsels. Die Protesterhebung wird daher immerhin das zweckmäßigste, oft das einzige Mittel zur Beschaffung einer Urkunde über die Präsentation bilden.

Die dadurch entstehenden Kosten sind wirthschaftlich vergeudet. Sie erschweren die Lage des Wechselschuldners und erhöhen den eventuellen Verlust des Gläubigers ohne allen Nutzen. Denn unter welchem Gesichtspunkte ließe es sich de lege ferenda rechtfertigen, die Verfolgung von Wechselansprüchen in einer ihre besondere Natur berücksichtigenden Prozeßart von der urkundlichen Feststellung erfolgloser Präsentation abhängig zu machen, wenn dieselben nur gegen die Prinzipalverpflichteten gerichtet sind? Letztere wissen doch selbst, daß sie nicht gezahlt haben, und gegen Kreditgefährdung, unverschuldete Belästigung und Schäden können sie bei richtiger Behandlung der Kostenlast und der Zulassung der Zwangsvollstreckung ausreichend geschützt werden.

---

[5]) Vergl. Postordn. v. 18. Decbr. 1874 mit Abänderung v. 13. April 1877 (C. Bl. f. d. D. R. 1875 Nr. 1, 1877 S. 225.).

[6]) Vergl. auch Art. 45. 46. W. O.

[7]) Begrd. zur C. P. O. S. 346., Hahn, Materialien, S. 388.

Der Einwand der mangelnden Präsentation ist überaus selten sachlich begründet und wird deshalb von jedem Richter mit Mißtrauen angesehen. Unter den mehr als zweitausend Wechselsachen, welche der Verfasser in einem halben Jahre zu entscheiden hatte, waren nur zwei Fälle, in denen wegen unterlassener Präsentation dem Kläger die Kosten des Verfahrens auferlegt werden mußten. Es ist doch auch wahrlich nicht anzunehmen, daß ein Wechselgläubiger, wenn nicht ganz besondere Gründe vorliegen, den dornenvollen Pfad des Wechselprozesses mit allen seinen Gefahren und Kosten beschreiten sollte, ohne vorher den Versuch gemacht zu haben, auf gütlichem Wege unter Vorlegung des Wechsels Befriedigung zu erlangen, eine Erwägung, welche sogar zu einer — freilich juristisch nicht haltbaren — Vermuthung der Präsentation verleitet hat.[8]) Die seltenen Fälle, in denen ohne vorherige Präsentation geklagt wird, können es aber jedenfalls nicht rechtfertigen, die Verfolgung aller Wechselansprüche in der ihnen zukommenden beschleunigten Prozeßart von dem urkundlichen Nachweise erfolgter Vorlegung des Wechsels abhängig zu machen.

Die bisherige Rechtsprechung[9]) betrachtete deshalb auch mit Recht, wenn nicht Regreß zu nehmen war, die Protestaufnahme als eine in der Regel „schlechthin nutzlose und überflüssige Maßregel" und hielt den Schuldner nicht für verpflichtet, die Kosten derselben zu erstatten.

Es ist zu bestreiten, daß die Civilprozeßordnung die praktisch überflüssige urkundliche Feststellung der Präsentation für die Begründung des Anspruchs auf die Wechselsumme zu einer juristisch nothwendigen Voraussetzung des Wechselprozesses gemacht hat.

III. Die Civilprozeßordnung fordert im § 555, „um das Verfahren auf der angenommenen Grundlage rein zu erhalten", den urkundlichen Beweis auch für die sg. „Nebenthatsachen" und schließt sich hier leider nicht der hannöverschen Prozeßordnung an, welche für dieselben die Eideszuschiebung freiließ.[10]) Es müssen mithin auch diejenigen Thatsachen durch Urkunden bewiesen werden, welche nach Maßgabe des zur Anwendung kommenden materiellen Rechts die Nativität des Anspruchs bedingen.[11]) Wenn nun auch

---

[8]) Pöschmann, Archiv f. W. R. Bd. II. S. 210.

[9]) Seuffert, Arch. VII. Nr. 229. (Stuttgart), Borchardt, A. D. W. O. 6. Aufl. Zus. 931, Entsch. R. O. H. G. Bd. 5. Nr. 23. S. 104; vergl. Hoffmann, Erl. der Allg. W. O. § 105. S. 579, Volkmar und Löwy, d. D. W. O. S. 363, Braun, Lehre v. Wechsel § 105 S. 449, Renaud, Lehrbuch des A. D. W. Rechts, § 85. S. 280.

[10]) Begr. S. 350., Hahn, S. 391.

[11]) Vergl. die Kommentare zur C. P. O. von Endemann, II., S. 538. 539, Gaupp, II., S. 641., Petersen, II., S. 445., Struckmann und Koch, 2. Aufl.

darüber gestritten wird, ob die Voraussetzungen des Urkundenprozesses hinsichtlich des Gegenstandes des Anspruches für den Wechselprozeß maßgebend sind,[12]) so ist dies doch zweifelsfrei der Fall hinsichtlich der zweiten, den Beweis betreffenden, Bedingung (§ 565 C. P. O.). Insoweit daher die Präsentation zur Zahlung[13]) — denn nur um diese handelt es sich — nach der Wechselordnung oder nach allgemeinen Grundsätzen des Civilrechts zur Begründung des Anspruchs erforderlich ist, muß sie auch im Wechselprozesse durch Urkunden bewiesen werden.

Wo sie in ihrer wechselrechtlichen Bedeutung in Frage kommt, wo sie zur Erhaltung des Anspruchs geboten ist und nach positiver Vorschrift bei Strafe der Nichtigkeit unter Beobachtung der solennen Form des Protestes bewirkt werden muß,[14]) bildet die durch den letzteren zu konstatirende Thatsache, daß die Präsentation gehörig erfolgt und Zahlung nicht geleistet ist, einen wesentlichen Theil des Klagegrundes.[15]) Hierher gehören die Regreßklagen (Art. 41. 98^{6}. W. O.), die Klagen gegen den Acceptanten bzw. Aussteller eines Domizilwechsels mit benanntem Domiziliaten (Art. 43. 99.), die Klagen gegen den Ehrenacceptanten (Art. 63.).[16]) Es bleiben daher noch die sg. directen Wechselklagen gegen den Acceptanten der Tratte[17]) (Art. 23) und gegen den Aussteller des eigenen Wechsels (Art. 100), (ohne benannten Domiziliaten), sowie gegen deren Mitunterzeichner (Art. 81). Beide Klagen haben, nachdem der Streit über die Nothwendigkeit des Protests zur Erhaltung des Rechts gegen den Aussteller des eigenen Wechsels durch die Novelle 8 zu Art. 99. definitiv verneinend entschieden ist, unbestritten hinsichtlich ihrer Begründung dieselben Voraussetzungen.[18])

Ob die Zulassung derselben ohne den Nachweis der erfolgten Präsentation zu versagen sei, ist eine alte Kontroverse. Theorie[19]) und Praxis[20])

Nr. 4 zu § 555, Seuffert, S. 627, Siebenhaar, S. 541. 542, Wilmowski und Levy, S. 432.

[12]) Gaupp, II., 659. 660, Struckmann und Koch, S. 486, Thöl, Wechselrecht 4. Aufl. S. 804, Rehbein, S. 129. 130.

[13]) Thöl, § 65. S. 236.

[14]) v. Salpius in Goldschmidt's Zeitschrift für Handels-Recht, Bd. XIX. S. 46. flg.

[15]) Entsch. R. O. H. G. Bd. I. S. 294, Bd. VII. S. 185, Bd. XII. S. 113.

[16]) Thöl, § 134, S. 535.

[17]) Auch des trassirt-eigenen Wechsels, da es hier gleichfalls dem Acceptanten gegenüber des Protestes nicht bedarf. Vergl. Volkmar und Löwy, S. 179, Thöl, S. 628.

[18]) Thöl, § 156. S. 620.

[19]) Pöschmann, a. a. O.; Hauser, Arch. f. d. W. R. Bd. VI. S. 55; Kekule, ibid. Bd. IX. S. 256.; Hoffmann, Arch. f. prakt. Rechtsw. Bd V. S. 24. flg., und Erl. der Allg. W. O. § 51. S. 399, § 104. S. 576; Borchardt u. Jacob

haben sich mit nur wenigen Ausnahmen[21]) gegen die Bejahung der Frage ausgesprochen.

IV. Zu dem nothwendigen Thatbestande der auf positive Leistung gerichteten persönlichen Klagen gehören nur diejenigen Thatsachen, welche nach dem für das konkrete Rechtsverhältniß maßgebenden objectiven Recht geeignet sind, den klägerischen Anspruch zur Entstehung und Fälligkeit zu bringen.[22]) Nach den Normen des Wechselrechts ist daher zunächst zu entscheiden, ob die Präsentation einen unerläßlichen Bestandtheil des Klagegrundes bildet.

Die Existenz des Wechselanspruchs ergiebt sich aus der vorzulegenden Wechselurkunde, die Fälligkeit bei Tag- und Datowechseln aus ihrem Inhalte (Art. 30. 32. W. O.), bei Meß- und Marktwechseln in Verbindung mit dem Gesetz (Art. 35)[23]).

Als eine die Fälligkeit des Anspruchs bestimmende Thatsache tritt die Präsentation nur auf bei Klagen aus Sicht- und Nachsicht-Wechseln, deren Verfalltag erst durch die Vorzeigung zur Zahlung bezw. zur Sicht herbeigeführt wird (Art. 31, 32.). Hier gehört die Präsentation daher zum Klagegrunde und bedarf im Wechselprocesse urkundlichen Beweises, wenn der Verfalltag nicht etwa bereits in Folge Ablaufs der Präsentationsfrist eingetreten war (Art. 20, Abs. 3, Art. 98, Ziff. 3.).[24]) Nach der herrschenden Meinung[25]) kann die vorher erfolgte Sicht jedoch nur durch

---

in Weiske, Rechtslexikon, Bd. XIV. S. 400; Gelpcke, Zeitschrift für Handelsr. Heft II. S. 164; Volkmar und Löwy, a. a. O. S. 162; Braun, a. a. O. § 105, S. 447; Renaud, a. a. O. § 85. S. 278; O. Wächter, W. R. des Norddeutschen Bundes, § 79. S. 556.; Thöl, a. a. O. § 156. S. 619.; Rehbein, a. a. O. S. 133. 52. Nr. 12.

[20]) O. A. G. Rostock (Arch. f. d. W. R. Bd. III. S. 412, Seuffert Arch. Bd. X. Nr. 279); O. A. G. Celle (Arch. f. W. R. Bd. VI. S. 211), ob. Oesterr. G. (Bd. XVIII. S. 312. ibid., Goldschmidt's Zeitschrift f. Handelsr. Bd. XIII. S. 289); O. G. Wolffenbüttel (ibid., S. 290); O. T. Berlin (Entsch. Bd. XXII. S. 410, Bd. 46. S. 260, Striethorst Arch. Bd. 13. S. 109. 164, Bd. 42. S. 360, Bd. 43. S. 306, Bd. 72. S. 353); Reichsoberhandelsgericht (Entsch. Bd. 3. S. 300, Bd. 5. S. 314, Bd. 14. S. 31).

[21]) O. G. Glückstadt (Arch. f. W. R. Bd. I. S. 442); H. A. G. Nürnberg (Löhr, Centralorgan N. F. Bd. II. S. 451), Hartmann, d. D. Wechselrecht § 154. S. 475. Anscheinend auch Gaupp, a. a. O. Bd. I. S. 291. Bem. IIb.

[22]) Wetzell, Civilproz. 3. Aufl. S. 144, 150. Unger, Oesterr. Privatr. 4. Aufl. Bd. II. S. 454 flgd.

[23]) Thöl S. 167.

[24]) Entsch. R. O. H. G. Bd. XIV, S. 31, Bd. XVI. S. 346. Thöl, S. 175, 180.

[25]) Entsch. R. O. H. G. Bd. XX. S. 173, Thöl S. 180. Dagegen: Renaud S. 279.

Datirung des Accepts oder durch Protest bewiesen werden; inwiefern sie unter Umständen durch die gerichtliche Verhandlung ersetzt werden kann,[26]) mag hier dahingestellt bleiben.

Bei allen übrigen Wechseln aber kann die Präsentation nicht die Aufgabe haben, die Fälligkeit des Anspruchs herbeizuführen, da der Gläubiger mit dem Eintritte des im Wechsel bestimmten Tages die Leistung einfordern darf.[27]) Ob der Schuldner ohne Rechtsnachtheile befugt ist, bis zur Einforderung Seitens des Gläubigers die Erfüllung zu unterlassen, ist für die Frage nach der Fälligkeit der Forderung ohne Belang.[28])

Da aus der Wechselurkunde zugleich das Recht des Klägers und die Verpflichtung des Beklagten zu entnehmen sind, so liegen alle Thatsachen vor, welche zur Begründung der Klage auf die Wechselsumme nothwendig sind.

Die Annahme, daß es hierzu auch noch des Nachweises vorheriger Präsentation des Wechsels bedürfe, wird durch keine Bestimmung der Wechselordnung gerechtfertigt. Art. 44 hat eine rein negative Bedeutung gegenüber Art. 41 und 43 und gestattet einen Schluß weder für noch gegen die Nothwendigkeit der Präsentation, während Art. 91 nur den Ort derselben festsetzt, wenn sie nothwendig ist. Dagegen wird im Art. 23 anerkannt, daß die Verpflichtung des Acceptanten, zur Verfallzeit Zahlung zu leisten, lediglich „durch die Annahme" begründet wird, und daß der Anspruch des Wechselgläubigers mit dem Eintritte des Verfalltages erwächst, ergiebt sich aus der Normirung des Beginns der Verjährung (Art. 77, 100).

Sicherlich ist der Wechselschuldner nur verpflichtet, gegen Aushändigung des quittirten Wechsels zu zahlen. (Art. 39, 98. Ziff. 5). Der Anspruch des Gläubigers geht auf Einlösung[29]) des Wechsels, der Schuldner hat nur gegen den Wechsel zu leisten. Dies ist so selbstverständlich, daß es — wenigstens nach altpreußischer Praxis — im Klageantrage und in der Urtheilsformel nicht zum Ausdrucke gebracht wird, weil es nicht zweifelhaft ist, daß der dem Wesen des Wechsels entsprechende Inhalt des Rechts und der Pflicht sich weder durch die Klageerhebung noch durch die Verurtheilung ändert. Aus der rechtlichen Natur des Wechselvertrages als Formalkontraktes folgt, daß der Beweis in aktiver und passiver Beziehung durch den gemäß §§ 565. 556. 558. Abs. 3, 385 C. P. O. vorzulegenden

---

[26]) Entsch. R. O. H. G. Bd. III. S. 300. Bd. V. S. 315. vergl. dagegen O. T. Berlin, Striethorst Arch. Bd. 67 S. 320.

[27]) Vergl. Windscheid Pand. 5. Aufl. Bd. II. S. 77, 78.

[28]) Deshalb dürfte die Ausführung bei Dernburg Preuß. Privatr. Bd. II. S. 150 der Berichtigung bedürfen.

[29]) Thöl, S. 227.

Wechsel, als den Träger des Rechtsverhältnisses, zu führen ist, ohne Besitz, Vorzeigung und Auslieferung des Wechsels der Anspruch nicht realisirt werden, und eine Verurtheilung des Beklagten nur mit der dem Charakter der Pflicht entsprechenden Beschränkung ergehen kann.[30]) Daß dem Kläger aber die so qualifizirte Forderung wirklich zusteht, wird schon durch die bloße Vorlegung des Wechsels im Prozesse festgestellt, und es kann mithin aus der Eigenthümlichkeit der Einlösungspflicht nicht gefolgert werden, daß es zur Begründung des Anspruchs auf Einlösung des Nachweises einer vor der Klageerhebung erfolgten Präsentation des Wechsels bei dem Schuldner bedürfe.

In Wahrheit kommt die Präsentation juristisch nur in Frage bei der Abwickelung des Wechselgeschäfts. Als unerläßliche Voraussetzung für die Erfüllung der Wechselverpflichtung gewinnt sie hier ihre Bedeutung für die Begründung des Verzuges.

V. Es wird kaum noch bestritten,[31]) daß der Acceptant der Tratte und der Aussteller des trockenen Wechsels erst durch gehörige Präsentation in Verzug versetzt werden. Innerhalb des deutschen Reichs haben sich hierfür fast die sämmtlichen höheren Gerichte,[32]) mit verschwindenden Ausnahmen,[33]) ausgesprochen, und dieser Praxis ist das Reichsoberhandelsgericht beigetreten.[34]) Auf der entgegengesetzten Seite steht allerdings die Autorität des obersten Oesterreichischen Gerichtshofes; soweit derselbe sich dabei auf Art. 40 W. O. stützt, liegt aber eine offenbare Verwechselung von Rechts- und Pflichtversäumniß vor, und ob die Berufung auf § 1334 a. b. G. B. stichhaltiger ist, entzieht sich hier der Erörterung. Für das Gebiet der deutschen Civilprozeßordnung kann jetzt als unstreitig angenommen werden, daß die gehörige Präsentation regelmäßig eine Voraussetzung des Verzuges bildet, und eine Polemik gegen die abweichende Ansicht deshalb unterbleiben. Die letztere wird überdies sicherlich kein Bedenken tragen, die den Gegenstand des Gutachtens bildende Frage zu ver-

---

[30]) Vergl. Entsch. R. O. H. G. Bd. X. S. 154. Bd. XI. S. 71, Bd. XV. S. 299. Bd. XXI. S. 303.

[31]) Soviel dem Verfasser bekannt, nur von Liebe, A. D. W. S. 138, Gelpcke, a. a. O. S. 163, G. E. Schmidt W. R. S. 113. 118.

[32]) Vergl. die Nachweisung bei Borchardt Zus. 449a (6. Aufl., in der 7. Aufl. zum größten Theil fortgelassen) betr. die Praxis des O. T. Berlin, O. A. G. Lübeck, Rostock, Berlin; A. G. München, Nürnberg, Wiesbaden, Leipzig, Hildburghausen, Altenburg; H. G. Hamburg, Stuttgart. Außerdem O. A. G. Oldenburg, (Seuffert Bd. 25 Nr. 224.)

[33]) Vergl. Borchardt a. a. O. Note 328.

[34]) Entsch. Bd. 5. S. 314. 375. Bd. 6 S. 157. Bd. 14. S. 31. Bd. 22. S. 305.

neinen, in der Hauptsache also mit dem hier vertretenen Resultate übereinstimmen.

Dagegen ist es nicht ohne praktisches Interesse den Gründen nachzugehen, welche die herrschende Meinung rechtfertigen.

Aushändigung des Wechsels und Zahlung haben an sich gleichzeitig, Zug um Zug, zu geschehen. Die formale Natur der Wechselverpflichtung begründet aber den Anspruch des Schuldners, den Wechsel, gegen welchen, und die Legitimation Desjenigen, an welchen er zahlen soll, zu prüfen, bevor er verpflichtet ist, das Papier einzulösen (Art. 36, 39). Die Vorlegung des Wechsels bildet daher einen nothwendigen Bestandtheil eines jeden wechselrechtlichen Zahlungsactes, auch wenn der Schuldner bereits im Verzuge oder zur Zahlung verurtheilt ist, ja selbst wenn die Beitreibung durch Zwangsvollstreckung erfolgt.[35]) Somit kann auch eine Zahlungsaufforderung seitens des Gläubigers nur dann Rechtswirkungen haben, wenn sie unter Vorzeigung des Wechsels geschieht.

Damit ist noch nicht entschieden, daß eine solche Aufforderung stets eine Voraussetzung der mora solvendi bildet; es ist nicht ausgeschlossen, daß nach dem Inhalte des Wechselvertrages dem Schuldner die Initiative zur Erfüllung obliegt, welcher dann das Recht des Gläubigers verletzt und deshalb in Verzug geräth, wenn er seiner Pflicht nicht unaufgefordert rechtzeitig nachkommt.

Auf spezifisch wechselrechtliche Normen läßt sich die Nothwendigkeit der Mahnung nicht zurückführen. Die hierfür gewöhnlich geltend gemachte Begebbarkeit des Wechsels (Art. 9, 98 Zif. 2) kann bewirken, daß der Schuldner bei Verfall nicht weiß, wo und bei wem der Wechsel sich befindet. Dies ist aber keineswegs immer der Fall; der Aussteller bezw. Remittent kann den Wechsel behalten oder der Erwerber dem Schuldner rechtzeitige Anzeige gemacht haben. Würden mithin an sich die Voraussetzungen für die Regel: „dies interpellat pro homine“ vorliegen, so könnte die juristische Consequenz ihre Anwendung nur für den Fall ausschließen, daß der Inhaber dem Schuldner bei der Fälligkeit des Wechsels unbekannt ist.

Der wahre Grund, weshalb es der Präsentation für die Herbeiführung des Verzuges bedarf, ist vielmehr darin zu suchen, daß der Wechselschuldner in der Regel nicht verpflichtet ist, die Leistung dem Gläubiger zu bringen. Die Erörterung, ob dieser Satz durch Art. 91 zu rechtfertigen[36]) oder nicht

---

[35]) Die Entsch. R. O. H. G. Bd. 5 S. 384 würde sich nach Art. 39 W. O. in Verbindung mit §§ 674, 675, 677, 716. C. P. O. nicht rechtfertigen lassen. Vergl. Wilmowski und Levy, 1 Aufl. S. 498. 473.

[36]) So Thöl S. 203; dagegen wohl mit Recht: Hoffmann, im Arch. f. prakt. Rechtsw. Bd. V. S. 4. 14. 15. Vergl. auch Hauser a. a. O. S. 62. 63.

vielmehr aus der prinzipiellen Eigenschaft des Wechsels als eines Ordrepapiers abzuleiten ist, würde die dem Gutachten gezogenen Grenzen überschreiten und kann umsomehr unterbleiben, als der Rektawechsel, für welchen die Frage praktisch wird, im Verkehre nur selten vorkommt. Es ist jedenfalls unbestrittenes Recht: wenn sich aus dem Vertrage keine Abweichung [37]) ergiebt, ist die Schuld aus dem Wechsel Holschuld. Hierin liegt keine Besonderheit des Wechsels. Der Satz gilt auch für die indossabelen und auf Inhaber lautenden Papiere (Art. 324. 325. H. G. B.), wenn auch nicht für alle sg. „Präsentationspapiere“.[38]) Und die sich hieraus ergebende Nothwendigkeit der Präsentation zur Begründung des Verzuges beruht gleichfalls nicht auf der eigenthümlichen Natur des Wechsels, sondern auf dem allgemeinen civilrechtlichen Grundsatze, daß, ebensowenig wie bei nichtbefristeten Obligationen die Mahnung, so auch der Ablauf der vertragsmäßig festgesetzten Erfüllungszeit nicht ausreicht, den Schuldner in Verzug zu setzen, wenn er nicht zum Zwecke der Leistung sich bei dem Gläubiger einzufinden, sondern letzterer dieselbe zu holen hat.[39]) Wo diese Voraussetzung zutrifft, hat die Bestimmung eines Verfalltages im Wechsel nur die Bedeutung, den Zeitpunkt festzustellen, von welchem ab der Gläubiger berechtigt ist, Erfüllung zu fordern.[40]) Der Wechselschuldner kommt daher nicht mit dem Ablaufe des Verfalltages, sondern erst dadurch in Verzug, daß er nicht erfüllt, obwohl der Gläubiger sich bei ihm einfindet und Zahlung begehrt. Daß dies wirksam nur unter Präsentation des Wechsels geschehen kann, ist oben dargethan.

Damit rechtfertigen sich die beiden weiteren praktischen Folgen, daß die Erhebung der Klage im Sinne des § 230 C. P. O. und die Vorlegung des Wechsels im Termine nicht geeignet sind, den Beklagten in Verzug zu bringen: erstere nicht, weil die Zustellung der Klage nur die Mahnung ersetzen kann, und diese zur Begründung der Mora bei Holschulden nicht genügt[41]); letztere nicht, weil Beklagter eben nicht verpflichtet ist, die Wechselsumme zu bringen, weder zum Kläger noch in den Sitzungssaal. Auf die prozessualische Vorlegung des Wechsels hat sich der Schuldner zwar über die Echtheit desselben gemäß §§ 404. 129. C. P. O., sowie über die

---

[37]) Wie nach Ansicht des Verfassers bei dem (trassirten und eigenen) Rektawechsel aus der negativen Ordreklausel.

[38]) So Brunner in Goldschmidt's Zeitschr. f. H. R. Bd. 22. S. 61.

[39]) Mommsen, die Lehre v. d. Mora, S. 36. 108. 109. Vergl. auch Dernburg, Bd. II. S. 150; Motive zu § 737. Sächs. bürgerl. Ges. Buch, bei Siebenhaar, Commentar, Bd. II. S. 54.; Entsch. R. O. H. G. Bd. V. S. 26.

[40]) Seuffert, Arch. Bd. 25. Nr. 224. (Oldenburg).

[41]) Mommsen S. 40. vergl. Entsch. R. O. H. G. Bd. 10. S. 265.

Existenz des Klageanspruchs zu erklären; Zahlung zu leisten aber hat er nur in seinem Geschäftslokale bzw. seiner Wohnung, sobald ihm dort der Wechsel mit dem Erbieten zur Aushändigung vorgelegt wird.

Dagegen ist die Präsentation zum Eintritte des Verzuges, wie allseitig anerkannt wird, nicht erforderlich, wenn der Schuldner, sei es außergerichtlich oder im Rechtsstreit, die Befriedigung des Gläubigers ausdrücklich verweigert und die Weigerung nicht blos auf den Mangel der gehörigen Präsentation stützt.[42])

Alles dies trifft nur zu, wenn der Gläubiger die Wechselsumme zu holen hat. Muß der Schuldner bringen, so hat er diese Verpflichtung am Verfalltage zu erfüllen. Die Zeitbestimmung hat dann die Bedeutung, daß der Schuldner zur festgesetzten Zeit leisten muß,[43]) und die Nichterfüllung am Verfalltage versetzt ihn in Verzug ohne vorherige Aufforderung und demgemäß auch ohne vorherige Präsentation des Wechsels.[44]) Er hat sich unaufgefordert zu dem Gläubiger zu begeben und dort die Zahlung gegen den Wechsel anzubieten. Ist der Gläubiger zur Vorlegung und Aushändigung desselben bei der Meldung des Schuldners nicht bereit, so kann Letzterer selbstverständlich die Leistung verweigern, und der Gläubiger kommt in Verzug. Ob der Wechsel an Ordre gestellt ist, erscheint an sich unerheblich; entscheidend allein ist, ob der Inhaber in der Lage ist, dem sich an der Zahlstelle meldenden Schuldner den Wechsel zu präsentiren und gegen Zahlungsleistung auszuhändigen.[45])

Für die Frage, ob die eine oder die andere Bedeutung des Verfalltages zutrifft, ist der Inhalt des Wechsels maßgebend, abgesehen von mündlich oder schriftlich außerhalb des Wechsels getroffenen und deshalb nur unter den unmittelbaren Kontrahenten wirksamen Abreden. Hierher gehören die Klauseln, welche ohne einen Domizilwechsel zu schaffen, eine Zahlstelle bei dem Aussteller bezw. Remittenten bestimmen[46]) und den Acceptanten verpflichten, sich dort zum Zwecke der Zahlung am Verfalltage ohne Aufforderung einzufinden, und namentlich die sog. „negative Präsentationsklausel"[47]) („ohne vorgängige Präsentation"), da diese, auch wenn nicht hinzugefügt ist, daß die Zahlung bei dem Aussteller bzw. Remittenten geschehen müsse, nur die Bedeutung haben kann, daß der Schuldner in Abweichung von der Regel

---

[42]) Vergl. Mommsen S. 37. 40. 44. 45.

[43]) Windscheid, Bd. II. S. 86.

[44]) Entsch. R. O. H. G. Bd. 8. S. 164.

[45]) Vergl. Entsch. R. O. H. G. Bd. 21. S. 26.

[46]) Vergl. Entsch. R. O. H. G. Bd. 2. S. 230., Bd. 3. S. 6., Bd. 17. S. 53., Bd. 18. S. 146., Bd. 21. S. 250.

[47]) Brunner a. a. O. S. 63.

den Gläubiger aufsuchen und dort, vorausgesetzt daß der Wechsel nicht weiterbegeben ist, Zahlung leisten solle.

VI. Läßt sich sonach auch nicht leugnen, daß in der Regel die gehörige Präsentation für den Verzug des Wechselschuldners eine nothwendige Voraussetzung bildet, so ist doch zu bestreiten, daß durch dieselbe auch die Statthaftigkeit der Klage bedingt werde. Zu dieser unrichtigen Annahme hat die Lehre verleitet, wonach das Klagerecht erst durch eine Rechtsverletzung und diese erst durch Verzug des Beklagten begründet werden soll.[48])

Die Motive zur Civilprozeßordnung (S. 182) haben allerdings die Definition von Wetzell (3. Aufl. S. 144) adoptirt, daß der Klagegrund aus denjenigen Thatsachen besteht, „welche an sich geeignet sind, das vom Kläger behauptete Recht als in seiner Person entstanden und zugleich als durch den Beklagten verletzt erscheinen zu lassen." Allein auch Wetzell findet die „Verletzung" bei Obligationen in der Regel schon in der negativen, eines besonderen Beweises nicht bedürfenden Thatsache der Nichterfüllung (S. 150) und verlangt, abgesehen von den auf Unterlassungen gerichteten Forderungsrechten, den Beweis der Rechtsverletzung nur für den Fall, daß aus derselben ein besonderer Anspruch, z. B. auf Verzugszinsen, abgeleitet wird (S. 151). Er befindet sich damit in Uebereinstimmung mit der Doktrin, welche fast ohne Ausnahme die Angabe der den Verzug begründenden Thatsachen in der Klage (s. g. clausula monitoria) für unwesentlich erklärt, wenn und soweit die Klageforderung nicht auf eine Mora des Beklagten gestützt wird.[49]) Auch von denjenigen, welche civilrechtlich den klagbaren Anspruch erst durch die Rechtsverletzung entstehen lassen wollen, wird keineswegs Verzug gefordert.[50])

Für unsere Frage kann der Streit über die civilrechtlichen Voraussetzungen der Nativität der Klageansprüche auf sich beruhen bleiben, da jedenfalls der Anspruch des Wechselgläubigers auf Befriedigung durch Einlösung des Wechsels, wie oben aus den Bestimmungen der Wechselordnung nachgewiesen ist, ohne Weiteres mit dem Verfalltage erwachsen ist. Daß aber das Klagerecht als Mittel zur Erlangung des staatlichen Rechtsschutzes gegeben ist mit dem Vorhandensein des Anspruchs, daß die Nativität der Klage keine anderen rechtlichen Voraussetzungen hat, als die

---

[48]) So Hartmann, d. D. W. R. S. 475, 478.

[49]) Brackenhoeft, Erörterungen S. 411 flgd., Bayer, Vorträge, 1858, S. 533, Schmid, Handbuch des gem. d. Civilpr. Bd. II. § 95 S. 5 flgd., Renaud, Lehrbuch des gem. d. Civilpr. §§ 197, 228, Unger, Oesterr. Privatr. II. § 123 S. 463, 464.

[50]) Vergl. Savigny, System, Bd. V. S. 285.

Nativität des klagbaren Rechtsanspruchs, wird in der Theorie und Rechtsprechung kaum noch bestritten,[51]) und ist auch unmittelbar aus den Bestimmungen der Civilprozeßordnung zu rechtfertigen, welche überall nur eine Substantiirung durch Angabe der zur Begründung des „Anspruchs" erforderlichen Thatsachen vorschreibt. (§§ 230 Ziff. 2, 555, 560 Abs. 1, 630 Ziff. 3.)

Freilich darf die staatliche Hilfe nicht ohne Noth angerufen werden, und es kann daher zugegeben werden, daß der Berechtigte erst zur Klage schreiten soll, wenn ein „Widerstreben" des Verpflichteten „gegen den berechtigten Willen zu Tage getreten ist."[52]) Allein der Satz enthält nur eine prozeßrechtliche Norm, deren Uebertretung, abgesehen von den auf einem Verzuge beruhenden Nebenforderungen und der unter Umständen gerechtfertigten Aufschiebung der Zwangsvollstreckung, für den Kläger niemals die Abweisung mit seinem der Existenz und Fälligkeit nach begründeten Anspruche, sondern nur den Rechtsnachtheil der Kostenlast zur Folge haben kann. Dies ergiebt sich nicht nur mit begrifflicher Nothwendigkeit aus dem Charakter und dem Zwecke der Norm, sondern ist in der Prozeßordnung (§§ 89, 278, 296 Abs. 2, 309) deutlich zum Ausdrucke gebracht. Denn insoweit Beklagter den Anspruch anerkennt, ergeht Verurtheilung auf Grund seines Anerkenntnisses; bestreitet er denselben ohne Grund, so verletzt er das klägerische Recht durch die Ableugnung;[53]) für das Versäumnißurtheil aber kommt die Veranlassung der Klage, wie aus der Entstehungsgeschichte des § 89 zweifellos erhellt, (Entw. § 87, Begr. S. 113, 114, Komm. Prot. S. 33, 518, 519, Hahn, S. 14, 199, 550, 983, 984), überhaupt nicht in Betracht,[54]) sondern nur die Rechtfertigung des Anspruchs durch die Klagethatsachen. Ob man hiernach das Erforderniß einer Weigerung oder eines Widerstrebens des Beklagten, den Klageanspruch anzuerkennen oder zu erfüllen, mit Windscheid noch eine Voraussetzung des Klagerechts nennen kann, ist zu bezweifeln,[55]) praktisch aber ohne Gewicht, sobald zugegeben wird, daß derselben nur eine prozeßrechtliche Bedeutung in dem ausgeführten Sinne zukommt.

Mag sonach immerhin den Kläger die Beweislast dafür treffen, daß jenem Erfordernisse genügt ist, so fallen die hierher gehörigen Thatsachen doch

---

[51]) Vergl. die Nachweisung bei Thon, Rechtsnorm und subjektives Recht S. 261.

[52]) Windscheid, I. S. 360.

[53]) Vergl. Drechsler, im Arch. f. civ. Praxis, Bd. 62 S. 408, 416.

[54]) Gaupp, I. S. 290, 291, Petersen, I. S. 260, 261, Puchelt, S. 323, Sarwey I. S. 172, Wilmowski und Levy, 2. Aufl. S. 124.

[55]) Vergl. Wernz, in Hauser's Zeitschr. f. R. u. L. R. Bd. III. S. 338, Mandry, der civilrechtl. Inh. der Reichsges. S. 221.

nicht mehr in den „zur Begründung des Anspruchs“ nöthigen Thatbestand, und können mithin gemäß §§ 555, 558 Abs. 2 C. P. O. im Urkundenprozesse auch durch Eideszuschiebung bewiesen werden.

Dies trifft daher auch zu für die Behauptung der Präsentation, wenn sie bei der Frage der Klageveranlassung durch Verzug des Beklagten erheblich wird.

Die entgegenstehende Meinung würde, da auch der Regreßpflichtige in der Regel nur gegen Vorlegung des Wechsels und Protests in seinem Geschäftslokale bezw. seiner Wohnung zu zahlen braucht,[56]) mithin vorher nicht in Verzug gerathen kann, (wenn auch die Verpflichtung zur Zinsenzahlung durch die Feststellung eines solchen nicht bedingt ist,)[57]) nothwendig zu der wunderlichen Consequenz gelangen, daß es auch zur Begründung der Regreßklage im Wechselprozesse außer der Beibringung des in Art. 41. W. O. vorgeschriebenen Protests noch einer Urkunde über die erfolgte Präsentation des Wechsels und dieses Protests bei dem Regreßschuldner bedürfe!

VII. Das Gutachten trägt hiernach kein Bedenken, die von der ständigen Deputation gestellte Frage zu verneinen.

Ein rechtliches Interesse des Beklagten wird dadurch nicht verletzt. Derselbe hat, wenn er nicht die Leistung dem Gläubiger unaufgefordert bringen muß, unzweifelhaft das oben nachgewiesene Recht, die Erfüllung zu unterlassen, bis ihm der Wechsel in seinem Geschäftslokale bezw. in seiner Wohnung mit dem Erbieten zur Aushändigung vorgelegt ist. Den Kläger trifft die Verpflichtung, diesen Anspruch des Beklagten zu erfüllen, wenn er seine Forderung auf Einlösung des Wechsels realisiren will. Daß dem Beklagten hierauf ein Klagerecht nicht zusteht, hindert ihn nicht, seinen Gegenanspruch mit rechtlichem Erfolge einer Klage des Gläubigers gegenüber zur Geltung zu bringen. Da aber andererseits die Klageforderung mit dem Eintritte des Verfalltages auch ohne den Nachweis der Präsentation vollständig begründet ist, so kann das Recht des Schuldners auf gehörige Präsentation nicht von Amtswegen, sondern nur auf Grund einer den Mangel derselben rügenden Vertheidigung des Beklagten berücksichtigt werden, und diese ist nicht negative Litiskontestation, sondern Einrede.

So ist das Rechtsverhältniß auch von den preußischen Gesetz-Revisoren in den Motiven zu dem Entwurfe von 1836 (S. 162) aufgefasst worden. Sie beweisen, daß schon nach dem A. L. R. die Wechselklage gegen den Acceptanten auch ohne Protest zulässig war, und fahren dann fort:

---

[56]) Striethorst, Arch. Bd. 13 S. 164.

[57]) Entsch. R. O. H. G. Bd. 14 S. 328.

„Und hierbei würden wir stehen bleiben, obschon das hiesige Stadtgericht es zweckmäßig finden will, wenn dem Wechselinhaber zur Pflicht gemacht würde, gegen den nicht zahlenden Acceptanten den Protest wegen der Nichtzahlung aufnehmen zu lassen, damit auf solche Art dem Richter gleich bei Anbringung der Wechselklage der Beweis geführt werde, daß der Inhaber, der sich ja aus der Wohnung des Acceptanten die Bezahlung des Wechsels abholen müsse, auch wirklich dort gewesen sei, aber fruchtlos die Bezahlung begehrt habe, und damit ferner auch nicht ein solider, zur Bezahlung des Wechsels ganz bereiter Acceptant der Gefahr ausgesetzt werde, von einem bösen Wechselgläubiger durch Anstellung einer Klage auf die ihm gar nicht verweigerte Zahlung diskreditirt zu werden. Denn wir können ein solches Bedenken nicht begründet finden, und glauben es sonst den Einwendungen des Acceptanten vorbehalten zu müssen, daß der gegen ihn eingeklagte Wechsel ihm vorher noch gar nicht zur Zahlung vorgelegt worden sein möchte."

Dieser Einrede[58]) gegenüber ist die Erwiderung des Klägers, daß er dem Anspruche des Beklagten genügt habe, Replik; ihm liegt daher, jedoch nur wenn die Einrede erhoben wird, der Beweis der Präsentation ob, welcher im Wechselprozesse, wie erwähnt, nach § 558 Abs. 2 C. P. O. erbracht werden kann. Die Einrede ist aber von vornherein unbegründet, wenn die Vertheidigung des Beklagten sich nicht auf dieselbe beschränkt, sondern mit einem ungerechtfertigten Bestreiten der Klageforderung verbunden ist,[59]) und wird ferner hinfällig, wenn die gehörige Präsentation bis zum Urtheil nachgeholt und vom Beklagten nicht sofort Zahlung geleistet wird. Daß im letzteren Falle der Verzug erst im Laufe des Rechtsstreits eintritt, ist unerheblich, da es nach Beseitigung der bisherigen prozeßrechtlichen Schranken nicht mehr zweifelhaft sein kann,[60]) daß abgesehen von einer unzulässigen Klageänderung für den erkennenden Richter die zur Zeit der Urtheilsfällung vorhandene Rechtslage maßgebend ist. Ein umsichtiger Anwalt wird es daher schwer-

---

[58]) Vergl. auch die analoge Behandlung der Beweispflicht bezüglich der Notifikation von der Nichtzahlung des Wechsels (Art. 45. W. O.) in den Entsch. R. O. H. G. Bd. 2. S. 125. 220, Bd. 16. S. 366.

[59]) Urtheile des H. A. G. Nürnberg (Löhr, Centr. Org. N. F. Bd. II. S. 451) u. des O. G. Wolffenbüttel (Goldschmidt's Zeitschr. f. H. R. Bd. 13. S. 290); Entsch. R. O. H. G. Bd. 5. S. 315.

[60]) Unger II. S. 601. Note 1. Dernburg I. S. 260. Petersen I. S. 261. N. 1. Siebenhaar S. 145. Vergl. die Nachweisung über die bisherige Praxis bei Windscheid, § 128. N. 5. u. ferner Striethorst, Arch. Bd. 18. S. 315, Bd. 22. S. 314.

lich versäumen, sobald die Einrede vorgeschützt wird, die sofortige Präsentation des Klagewechsels bei dem Beklagten zu veranlassen, weil dadurch, sofern wie zu erwarten die Zahlung ausbleibt, die Einrede ohne Weiteres elidirt wird, während im Falle der Zahlung immer nur die Entscheidung über den Kostenpunkt von dem Beweise einer früheren erfolglosen Präsentation abhängen wird.

Ist die Einrede dagegen gerechtfertigt, so erschöpfen sich ihre Wirkungen darin, daß Kläger die Kosten zu tragen hat (§ 89 C. P. O.), und daß Beklagter gegen eine unbedingte Verurtheilung und damit gegen die Zwangsvollstreckung geschützt wird.[61]) Sie richtet sich weder gegen den Anspruch an sich, noch gegen dessen zeitige Verfolgbarkeit. Analog[62]) der Einrede der Retention[63]) und der exceptio non adimpleti contractus, wie sie neuerdings von der gemeinrechtlichen Praxis gehandhabt wird,[64]) erstrebt sie vielmehr nur bis zur Befriedigung des Gegenanspruchs des Beklagten Schutz gegen die zwangsweise Realisirung der dem Kläger durch das Urtheil zuzusprechenden Forderung. Die Anwendung des abweichenden, in der landrechtlichen Praxis aus § 271. I. 5. A. L. R. gefolgerten Princips ist schon aus dem Grunde ausgeschlossen, weil der Wechselvertrag nicht zu den zweiseitigen Verträgen gehört.

Weist der Gläubiger auf die begründete Einrede mithin nicht nach, daß er den Schuldner bis zum Urtheil durch gehörige Präsentation in Verzug versetzt hat, so muß das Urtheil dahin erlassen werden, daß die Zwangsvollstreckung bis zum Eintritte der den Verzug herbeiführenden Thatsache der Präsentation hinausgeschoben werde. Zwar muß bei der Vollstreckung eines jeden zu einer Wechselzahlung verurtheilenden Erkenntnisses dem Schuldner der Wechsel vorgelegt werden; die Zulässigkeit der Vollstreckung ist aber, wenn das Urtheil dies nicht ausspricht, nicht dadurch bedingt, daß der Gläubiger sich vorher noch zum Schuldner begiebt und dort Zahlung unter Vorlegung des Wechsels begehrt, sondern es genügt, wenn der Gerichtsvollzieher bei dem Antritte der sofort zulässigen Vollstreckung als Beauftragter des Gläubigers[65]) den Wechsel vorlegt. Anders dagegen, falls ein auf Grund der Einrede des Beklagten erlassenes Urtheil die Zulässigkeit der Voll-

---

[61]) Hoffmann, im Arch. f. pr. R. W. Bd. 5. S. 30, und Erl. § 104. S. 576, Hauser a. a. O. S. 57, Braun a. a. O. S. 212. 213.

[62]) Vergl. Unger II. § 125. Note 17. 19. 20, Thon, Rechtsnorm S. 266—270. 272.

[63]) Dernburg I. S. 804. N. 12.

[64]) Vergl. Windscheid, II. § 321. Note 2 und Schmidt in Busch Zeitschr. f. d. C. Pr. Bd. II. S. 10. flgd.

[65]) Vergl. oben S. 35. Note 119.

streckung von einer vorherigen erfolglosen Präsentation abhängig macht. Hier darf die die Vollstreckung ermöglichende Ausfertigung erst ertheilt werden, wenn Kläger den ihm obliegenden Beweis führt, daß er den Wechsel dem Beklagten in dessen Geschäftslokal bezw. Wohnung ohne Erfolg vorgelegt habe (§§ 664. 667. C. P. O.). Das Interesse des Beklagten liegt dabei auf der Hand. Würde die Klausel ohne Nachweis der Präsentation ertheilt werden können, so würde er ohne alles Verschulden einer sofortigen Zwangsvollstreckung und der damit verbundenen Creditgefährdung ausgesetzt und eventuell genöthigt sein, die Einwandsklage des § 686 C. P. O. anzustrengen, obwohl es Sache des Klägers wäre, die Voraussetzungen seines Executionsrechtes darzuthun. Muß aber hiernach der Inhalt des Urtheils die Statthaftigkeit der Vollstreckung ausdrücklich von der Vorbedingung der Präsentation abhängig machen, so wird dasselbe nicht von der bekannten Controverse berührt, ob § 664 auf jeden Fall einer Verurtheilung auf Leistung gegen eine Zug um Zug zu gewährende Leistung des Gläubigers zu beziehen ist.[66])

Daß es bei einem Urtheile dieser Art zu thatsächlichen Erörterungen in der Exekutionsinstanz kommen kann, wie eingewendet worden ist[67]), wird jetzt von der Civilprozeßordnung gerade im § 664 vorausgesetzt; unrichtig ist es aber, wenn von derselben Seite behauptet wird, daß die Thatsache der Präsentation, wovon das Vollstreckungsrecht abhängig gemacht werde, nicht einseitig konstatirbar sei.

Andererseits kann auch gegen die Zulässigkeit eines die Vollstreckung hinausschiebenden Urtheils im Urkundenprozesse nicht etwa geltend gemacht werden, daß ein derartiges Urtheil ein lediglich feststellendes Erkenntniß sei und deshalb nach § 555 C. P. O. in dieser Prozeßart nicht ergehen dürfe. Denn, wenn auch zugegeben werden muß, daß Feststellungklagen nicht im Urkundenprozesse verfolgt werden können, so ist doch von Weismann[68]) überzeugend dargethan, daß der Begriff des kondemnatorischen Urtheils durch die Hinausschiebung der Vollstreckung nicht alterirt wird. Daß es aber etwa nicht statthaft sein sollte, abweichend vom ordentlichen Verfahren, im Urkundenprozesse die Vollstreckung einer rechtskräftigen Verurtheilung von dem Eintritte gewisser Bedingungen abhängig zu machen, kann aus den Bestimmungen der Civilprozeßordnung nicht gefolgert werden.

Endlich wird auch der Einwurf nicht zu befürchten sein, daß das gewonnene Resultat die Nothwendigkeit des urkundlichen Beweises der

---

[66]) Vergl. Fitting d. Reichs-Civilpr. 4. Aufl. S. 317. Note 3.

[67]) Hartmann, S. 482.

[68]) Die Feststellungsklage, S. 124 flgd. 132.

Präsentation von dem Anfange des Prozesses lediglich auf das Ende verlegt. Dabei würde völlig übersehen sein, daß es zur Erlangung des Vollstreckungsrechts gemäß § 664 C. P. O. des urkundlichen Nachweises der Präsentation nur in den überaus seltenen Fällen bedürfen wird, in denen der Einwand der mangelnden Präsentation überhaupt sachlich begründet ist und nicht durch eine vor dem Urtheile nachgeholte Präsentation beseitigt wird.

VIII. Für den bisher nicht erörterten Anspruch auf Zinsen hat die Präsentation dagegen eine wesentlich andere Bedeutung. Daß der Acceptant bezw. der Aussteller des eigenen Wechsels zur Zahlung von Zinsen nur verpflichtet ist, wenn ihm ein Zahlungsverzug nachgewiesen wird, folgt aus allgemeinen Rechtsgrundsätzen, da die Wechselordnung keine Bestimmung enthält, aus welcher zu folgern wäre, daß die Wechselsumme, abgesehen vom Regreßfalle (Art. 81, 50, 51), ohne weitere rechtliche Voraussetzungen vom Verfalltage ab verzinst werden müsse.[69]) Auch auf Grund des Art. 289 H. G. B. können in der Regel Zinsen nicht von der Fälligkeit des Wechsels beansprucht werden, weil derselbe keine Anwendung findet, wenn der Gläubiger verpflichtet ist, sich bei dem Schuldner einzustellen und die Leistung abzuholen.[70]) Vielmehr können in allen Fällen, in denen nach Maßgabe der obigen Ausführungen erst Präsentation den Schuldner in Verzug setzt, auch die Zinsen erst von der Präsentation ab laufen. Für den Anspruch auf die letzteren gehört daher die gehörige Präsentation zu den rechtserzeugenden Thatsachen und muß als nothwendiger Bestandtheil des Klagegrundes im Wechselprozesse durch Urkunden bewiesen werden.

Daß es des Nachweises der Präsentation dagegen nicht bedarf, soweit Verzug schon durch den Eintritt des Verfalltages oder durch ungerechtfertigtes Bestreiten begründet wird, ist selbstverständlich. Im letzteren Falle kann es auch für gerechtfertigt gelten, Zinsen von der Klageerhebung zuzuerkennen, da Beklagter durch sein späteres Verhalten gezeigt hat, daß er die Erfüllung doch unterlassen hätte, wenn ihm der Wechsel auch vorher präsentirt worden wäre.[71]) Dagegen setzt die Klagezustellung an sich den Beklagten nicht in Verzug, und es erscheint deshalb unrichtig, ihm Zinsen von diesem Tage ab aufzuerlegen, wenn er den Anspruch anerkennt und mit Erfolg die Einrede der mangelnden Präsentation erhebt; vielmehr kann in diesem Falle ein Zinsanspruch nur von der demnächstigen Präsentation ab begründet sein. Wenn die Praxis endlich bei Versäumnißurtheilen Zinsen

---

69) Thöl, S. 282.

70) Entsch. R. O. H. G. Bd. 22 S. 305.

71) Mommsen, S. 40.

von der Klageerhebung ab zubilligt, so mag dahingestellt bleiben, ob sich dieselben als Prozeßzinsen rechtfertigen lassen,[72]) da trotz mancher theoretischer Bedenken kein Grund vorliegt, die ebenso feststehende wie zweckmäßige Praxis anzugreifen.

Zur Begründung des Zinsanspruchs von einem früheren Zeitpunkte ab wird aber in der Regel im Wechselprozesse eine Urkunde über die Präsentation beigebracht werden müssen. Dieselbe Behauptung der Präsentation wird mithin bald nur durch Urkunden, bald auch durch Eideszuschiebung bewiesen und demgemäß bei der Entscheidung berücksichtigt werden können oder nicht, je nachdem sie bezweckt, den Anspruch auf die Zinsen zu begründen oder den gegen den Hauptanspruch gerichteten Einwand zu entkräften! Wenn indessen in einem Prozesse die Präsentation einmal durch Eid zur Feststellung gelangt ist, wird es wohl gestattet sein, sie auch für die Begründung und Beurtheilung des Zinsanspruchs zu verwerthen.

Freilich wird hiernach der Wechselgläubiger in der Regel genöthigt sein, entweder sofort zur Klage oder zur Protestaufnahme oder Beschaffung einer sonstigen Urkunde über die Präsentation zu schreiten, um sich die Verfolgung seines Zinsanspruchs im Wechselprozesse zu sichern. Dies Resultat mag bedauerlich sein; nach der klaren Vorschrift des § 555 C. P. O. ist es juristisch nicht zu ändern.

Das Gutachten gelangt hiernach zu folgenden Thesen:

1. Die Präsentation zur Zahlung ist zur Begründung des Anspruchs auf die Wechselsumme gegen den Acceptanten und den Aussteller des eigenen Wechsels, sowie gegen deren Mitunterzeichner, nicht erforderlich. Zur Begründung der Wechselklage im Urkundenprozesse bedarf es mithin nicht der unter urkundlichen Beweis zu stellenden Behauptung der Präsentation.

   Eine Ausnahme bildet nur der Domicilwechsel mit benanntem Domiciliaten und der Sichtwechsel.
2. Wird der Mangel der Präsentation eingewendet, so ist sie vom Kläger zu beweisen; als Beweismittel ist im Urkundenprozesse auch Eideszuschiebung zulässig.
3. Der Einwand ist nur zu berücksichtigen, wenn der Beklagte den Anspruch an sich sofort anerkennt, und ferner sofort Zahlung leistet, sobald die gehörige Präsentation bis zum Urtheile nachgeholt wird.

---

[72]) Vergl. Savigny, System Bd. 6. S. 268—271, Unger, II. S. 547, Dernburg. I. S. 256.

4. Ist der Einwand begründet, so hat das Urtheil nur die Prozeßkosten dem Kläger zur Last zu legen und die Vollstreckung von vorheriger, durch denselben zu beweisender, Präsentation abhängig zu erklären.
5. Soweit Verzug nicht durch Ableugnung der Schuld, oder auf Grund besonderer Klauseln mit dem Verfalltage, eintritt, kommt der Wechselschuldner ohne Präsentation des Wechsels in seinem Geschäftslokale bezw. in seiner Wohnung nicht in Verzug. Zur Begründung des Anspruchs auf Verzugszinsen ist mithin im Urkundenprozesse der urkundliche Nachweis der gehörigen Präsentation erforderlich.
6. Von der Klageerhebung ab sind Zinsen auch ohne Beweis vorheriger Präsentation zuzuerkennen, wenn nicht der Beklagte den Hauptanspruch sofort anerkannt und mit Recht den Mangel der Präsentation eingewendet hat.

Fortsetzung und Schluß des Gutachtens des Herrn Professor Dr. Alex Franken in Greifswald.

(Siehe S. 13—51.)

B. Entwicklung gesetzgeberischer Vorschläge.

Wie das Resümé zeigt, erweist sich vor einer, wenn auch hier und da nur flüchtigen, vergleichenden Kritik der bestehenden Gesetzgebungen einzelnes Vorhandene als praktisch unnütz oder schädlich, vieles als juristisch irrig, halb, inconsequent; auf der einen Seite erscheinen gewisse von Alters conservirte Details als bloße Trümmer älterer nicht mehr lebendiger Ideen, auf der andern sind moderne herrschende Begriffe vielleicht besserer Formulirung fähig.

Zu dem positiven Theil der Aufgabe überzugehen, so steht hier, anders als vorhin, voran offenbar nicht die technisch-juristische, sondern die ökonomische Frage, was die schützenswerthen Interessen im Verkehr fordern. Indeß ist eine strenge, systematische Scheidung, weil immer noch Möglichkeiten und Einwürfe der verschiedensten Art zu berücksichtigen sind und in dem heut vorliegenden status causae et controversiae ökonomische Ziele und juristische Wege oft genug nicht gebührend auseinander gehalten werden, — es ist eine strenge äußere Scheidung hier nicht wohl möglich.

So mag die Hinführung zu den diesseitigen Vorschlägen einem freiern Plane gemäß versucht werden.

I. Der Wunsch nach Publicität des Mobiliareigenthums und die Tradition.

Diese Frage steht in erster Linie: schon deshalb weil in den bisherigen Debatten nicht blos die innere Berechtigung eines Systems der unbeschränkten oder eines solchen der beschränkten Vindication von der Möglichkeit oder Unmöglichkeit der Beschaffung jener Publicität abhängig gemacht worden ist (S. 27 ff.), sondern auch, die zweite unsere Aufgabe durchschneidende Controverse betreffend, vielfach der Wunsch nach Publicität das Verlangen nach der Tradition als modus acquirendi erzeugt hat (S. 21 ff., 25).

Den letztern, oft behaupteten Zusammenhang konnte allerdings die bisherige Prüfung nicht als erbracht anerkennen. Es hat sich vielmehr als eine vielleicht schon alte, aber nichtsdestoweniger als eine Täuschung erwiesen, wenn die Tradition für dienlich galt, die Rechtsverhältnisse an Mobilien der Oeffentlichkeit zu übergeben (S. 21, 25). Denn publik ist, soweit er es überhaupt ist, nicht der durch Tradition erworbene Besitz als solcher, sondern der Besitz schlechthin. Und daran ändert es auch Nichts, ob man constructiv die Tradition als „Form des dinglichen Vertrags" oder wie sonst immer behandelt.

Andere in positiven Rechten versuchte Publicationsmittel sind oben schon abgewiesen (S. 48 f., 50), neue ohne empfindliche Belästigung des Verkehrs kaum ausfindbar, und wenn z. B. vorgeschlagen worden ist, als Surrogat der Tradition die Umschreibung in Handelsbüchern zu wählen, so mag darin, von einer andern noch zu berührenden Seite aus, eine Ahnung des Richtigen stecken: aber für den hier erwogenen Zweck hieße diesem Vorschlag folgen Nichts als einen nicht nothwendig öffentlichen Akt durch einen regelmäßig heimlichen ersetzen; — seine Vertreter verwechseln Publicitätsmittel und Beweismittel.

Bleiben also, so lange wir von dem Publicationsgesichtspunkt ausgehen, nur der Besitz als solcher, und die beiden einzigen auf ihn zu stützenden Postulate, es möge entweder hinter dem Besitz das Eigenthum fingirt, präsumirt, oder es möge unter Fallenlassen der Eigenthumsklage nur ein Mobilar**besitz**recht geschaffen werden (S. 26). Daß die erstere Alternative eine Halbheit ist, wurde bereits oben erwähnt (S. 50, 26). Die letztere **kann** zu innerer Consequenz erhoben werden: aber dann unterliegt sie zwei anderen Einwürfen. Erstens: sie gibt unwidersprechlich auch die historisch gewonnene Differenzirung zwischen Eigenthum, Pfand, Nießbrauch, u. s. w. für das Mobilar auf. Und zweitens: wenn einmal, behufs möglichster Sicherung aller Interessenten, die Publicität der Mobilarsachenrechte das im Verkehr anzustrebende Ziel ist, so muß logisch das Publicitätsmittel (jedenfalls unter höchstens secundären Correkturen, wie exceptio doli u. s. f.) als alleiniges und ausschließliches Princip des Mobilarsachenrechts anerkannt werden, während die unverkennbar in der ganzen Welt herrschende Tendenz nur den auf Grund einer „**causa**" und nur den „**redlich erworbenen**" Besitz schützen will. Es würde also von den Vertretern der Publicität als des die juristisch-technische Aufgabe beherrschenden ökonomischen Postulates nachzuweisen sein, daß sie und wie sie ohne Brechung des Princips „Erwerb, Causa, Redlichkeit" demselben einzuverleiben im Stande seien. Ich sehe keine Möglichkeit, das zu erreichen: denn dem Besitzschutz als solchem ist ja gerade die principielle Loslösung von der Causa des Erwerbs immanent.

Indeß, wenn sich so, wie die Tradition, auch der Besitz als Princip des Mobilarverkehrsschutzes nicht halten läßt, so folgt daraus nicht, daß er — auch abgesehen von der oben schon berührten Möglichkeit, neben dem zu wählenden Eigenthumsschutz an andrer Stelle des Systems suo casu auch dem Besitz seine eigene Wirkung zuzuerkennen — schlechthin aller Bedeutung im juristischen Sinn leer erscheinen müsse.

Um letzteres zu zeigen, spreche ich lediglich von der Tradition — einfach weil sie der bei Weitem gewöhnlichste Modus des Besitzerwerbes ist, nicht weil ihr eine eigene Zauberkraft, analog der Grundbucheintragung innewohnte, — und bediene mich zunächst eines blos historischen römischen Beispiels.

Aus der gegen die lex Cincia verstoßenden Schenkung konnte der Beschenkte einen Anspruch weder agendo herleiten, noch exipiendo abwehren. War aber die Tradition gefolgt, so erschien unter Umständen der Effekt der Schenkung unangreifbar, wenn der Donatar dem interdictum uti possidetis gegenüber gedeckt war: nicht zufolge einer mit dem Veräußerungsgeschäft unmittelbar zusammenhängenden rechtlichen Kraft der Tradition als solcher, sondern weil der faktische Erfolg des durch sie vollzogenen Rechtsgeschäfts sich zwischen die Parteien schob und die dem Schenker sonst gebotene Handhabe zur Rückziehung der verschenkten Sache unbrauchbar machte.

In diesem Sinne und in dieser Anwendung, kann gesagt werden, sei die Tradition bereits den Römern nicht als Rechtsgeschäft erschienen, — und was hier durch dieses Beispiel hat vorbereitet werden sollen, ist die Aufstellung des (hier selbstverständlich nicht ex professo zu erhärtenden) Satzes, im modernen Recht sei die Tradition in keinem Sinn und in keiner Anwendung ein Rechtsgeschäft, — wohlverstanden das Wort „Rechtsgeschäft" in seiner eigentlichen Bedeutung gefaßt, in welcher Testament, Wechsel, Grundbuchung Rechtsgeschäfte sind, nicht in der weitern, welche als Rechtsgeschäft jede eine rechtlich geschützte Wirkung zu erzeugen bestimmte Handlung umfaßt. Jeder durch die Tradition veranlaßte Rechtseffekt basirt in der Causa und wechselt mit der Causa, und der von einer Causa unabhängige Besitzschutz haftet nicht an der Tradition, sondern kann bestehen, wo sie mangelt (z. B. beim Fund) und kann fehlen, wo sie vorliegt (z. B. bei der Leihe).

So erscheint die Tradition als bloßer Thatakt, nicht ohne rechtliche Folgen, aber ohne selbständige rechtliche Folgen, wie sie die Unterzeichnung eines Wechsels, die Grundbucheintragung, oder auch wie sie die formlose Willenserklärung hat. Und diese rein faktische Natur der Tradition hat sich auch in den positiven Gesetzbüchern, wenngleich ohne Willen der Gesetzgeber, ausgesprochen. Z. B. wenn es statt der üblichern Formulirung, ein Mobilarpfand entstehe nur durch Tradition [1]), heißt, ein Mobilarpfand dauere nur so lange, als der Besitz der Mobilie. [2]) So ferner, wenn das systematisch und dogmatisch allenthalben durch Anhängung an die Tradition über Wasser gehaltene Constitutum sich, wie oben berührt, im Wesen als rein von der Causa getragen ergibt. [3]) So auch in unsern üblichen Lehrbüchern, wenn die Tradition als „Versetzung in die Möglichkeit der Herrschaft über die Sache" definirt wird; so endlich, wenn einzelne Gesetzgebungen die Tradition, beim Gennskauf, rücksichtslos in die „Ausscheidung" u. dgl. verflüchtigen. [4]) Umgekehrt hat zwar das englische Recht die Tradition als wahres Rechtsgeschäft, ja sogar als „Form" conserviren wollen, — aber es ist dabei nicht allein, in der Gleichstellung bloßer Theillieferung mit der wirklichen Uebergabe, zum totalen Widerspruch mit der erwähnten rationalistisch unangreifbaren Definition gekommen, sondern obendrein, indem es der Theillieferung die Theilzahlung und sogar die Begebung eines Papiers im Effekt gleichstellte, nach unseren Begriffen aus dem Sachenrecht in das Obligationenrecht gefallen. [5])

Doch wie dem Allem sei, — um die „Publicität" der Mobilarsachenrechte völlig abzuthun: die gleiche Nützlichkeitserwägung spräche für „Publicität" der Forderungsrechte. Beides wird ein frommer Wunsch bleiben, — und für unsere Frage ist derselbe von vielen Seiten, auch in den Verhandlungen des vorigen Juristentags, längst fallen gelassen worden. Letzteres, wie schon angedeutet, unter Anknüpfung des Schlusses: so bleibe Nichts übrig, als das im Vergleich zum Grundeigenthum nur mangelhaft zu publicirende sachenrechtliche Verhältniß zur Mobilie auch weniger streng zu schützen. [6])

Diese Conclusion erheischt eine nähere Prüfung. — Mit dem Satze, unser modernes Verkehrsbedürfniß fordere Beschränkungen der Vindication, ist sie zwar nicht identisch; — doch führt beides legislatorisch zum selben Resultat und mag deshalb zusammen erwogen werden.

II. Soll der Schutz des Mobilareigenthums im Vergleich zum Schutze des Immobilareigenthums „abgeschwächt" werden?

Die Antwort wird modificirt lauten. — Der Satz, die Möglichkeit der Publicität bedinge den Anspruch auf vollkräftigen Schutz des beweglichen

---

[1]) H. G. B. (3), Sachsen (7), Frankreich (8), Nieder-Californien (5) u. s. w.
[2]) Peru (8), Argent. Rep. (10), Zürich (8); vgl. Venezuela (8).
[3]) Oben S. 24 f., vgl. u. III.
[4]) So: Schweiz (2).
[5]) England (4), Verein. St. (1a, 4, 8, 9).
[6]) Z. B. Petersen, Gutachten S. 41, 182. Vgl. o. S. 50.

Eigenthums, enthält zunächst einen schweren Vorwurf gegen die Römer: diese publiciren gar kein Eigenthum und schützen mit der Vindication jedes. Solche Vorwürfe schlagen aber selten zu Gunsten derer aus, die sie erheben.

Und weiter: wenn Aller Mobilareigenthum gleich unpublicirbar ist, so läge in einem vom Verkehrsgesichtspunkt aus vielleicht nicht zu billigenden, aber doch für und gegen Alle gleich kräftig vorhandenen Vindicationsmittel an sich noch nichts Unjuristisches oder Inconsequentes.

Ferner aber, wie schon oben S. 132: wie soll von der gedachten Conclusion aus zu der allerseits gewünschten Bevorzugung gerade des redlichen Besitzers gekommen werden, da doch am sachenrechtlichen Verhältniß die Redlichkeit das allerwenigst Oeffentliche ist?

Mit einem Wort: wenn die Publicität der Mobilarsachenrechte nicht zu beschaffen ist, so mag das vielleicht einen in quali andern Schutz derselben bedingen, nicht aber einen in quanto schwächern. Oder: wenn das Institut der Vindication Voraussetzungen unterstellt, die im Mobilarverkehr fehlen, resp. wenn — was hier im Resultat gleichkommt — das heutige Verkehrsbedürfniß der unbeschränkten Mobilarvindication sogar positiv entgegensteht, wenn ferner — was ich glaube gezeigt zu haben[1]) — die Vindications-„Beschränkungen" Halbheiten sind, — dann rechtfertigt sich nur Folgendes: zwar einerseits, ausdrücklich oder stillschweigend, im Gesetzbuch zu sagen „es gibt keine Mobilarvindication", — aber andererseits — insofern die Unterscheidung der dinglichen und persönlichen Klagen als eine erschöpfende festgehalten werden soll — zugleich den so auf dem sachenrechtlichen Gebiet gestrichenen Schutz auf dem Gebiet des Obligationenrechtes zu geben: als einen andern, wenn auch nicht als einen schwächern.

So ergeben sich zwei Fragen, eine ökonomischer und eine technisch-juristischer Natur. Die erste dahin: steht das moderne Verkehrsbedürfniß der „unbeschränkten Vindication" oder, nach dem mehrfach Gesagten schärfer, der „Vindication" entgegen, — und zweitens: ist ein Eigenthum ohne Vindication vor der juristischen Logik zu halten oder nicht?

Die erste Frage wird fast von aller Welt bejaht, in gesetzgeberischen Vorschlägen[2]) wie in gesetzgeberischen Anordnungen.[3]) Und so wäre dem juristischen Gutachter kaum ein Vorwurf zu machen, wenn er für seine Aufgabe die ökonomische Frage als entschieden behandelnd, schlechtweg dieser

---

[1]) Oben S. 27, 30 ff.

[2]) Goldschm. Zschr. VIII. 225, 227. — Juristentag 1878, Bornemann S. 116, Plenum S. 252.

[3]) Vgl. oben S. 51.

communis opinio folgte. Aber der Ursprung derselben, — obschon er sehr tief kaum irgend gesucht worden zu sein scheint, liegt doch nicht so verborgen, daß er nicht mit wenig Worten zu zeigen wäre. Es ist die durch unsere anderen Productionsverhältnisse herbeigeführte großartige Vermehrung gerade der fungibeln, vertretbaren Mobilargüter.[1])

Die Idee der Vindication als der in dem reinen Bezug zwischen Person und Sache wurzelnden und deshalb selbst bei der freiwilligen faktischen Trennung beider erwachsenden Klage, unterstellt, — um es so gut hier in Kürze möglich auszudrücken, wobei erinnert sei nur an den Sklavenreichthum der Antike — eine Individualität auch der Sache, oder, praktisch statt speculativ zu reden, ein so verbreitetes Interesse gerade am einzelnen concreten Eigenthumsobject, daß die Gesetzgebung demselben in der Formulirung ihres obersten Princips gerecht zu werden nicht umhin kann.

Hier fußen die Römer. Sie erkennen den Gegensatz der fungibeln und nichtfungibeln Sachen sehr genau. Aber nicht gewöhnt, das materiellrechtliche Fundamentalprincip durch „Ausnahmen" zu zertrümmern, statuiren sie für beide das gleiche und gleichwirkende Eigenthum. Nur in einzelnen Punkten der Lehre vom Eigenthumserwerb und -verlust, in der Behandlung des mutuum (nebst der sog. condictio de bene depensis) und des depositum irregulare nimmt insbesondere das absolut fungible Geld eine eigene Stellung ein.

Der Gegensatz des Fungibeln und Nichtfungibeln besteht auch heut; aber der verkehrsmäßige Schwerpunkt liegt in jenem, nicht wie oben in diesem: das zeigt sich schon darin, daß der Handelsverkehr, der seine Waaren loszuwerden, nicht zu behalten wünscht, es war, der zuerst gegen das römische Recht die „beschränkte Vindication" durchgesetzt hat, — das zeigt sich auch in der Ersetzung der Vindication durch die Einlösung, die dem redlichen Erwerber das Individualobject nimmt, aber durch das Fungible κατ' ἐξοχήν, das Geld ersetzt.

Das ist der Grund, weshalb heute, Fuß fassend auf einem dem römischen entgegengesetzten Fundament, principiell die Mobilarvindication könnte negirt werden, — wobei dann, behufs einer der römischen Exceptionalbehandlung des Geldes entsprechenden Modification, nur noch zu fragen bliebe, wie neben diesem Fundamentalprincip suo loco auch dem Interesse an der Individualität des Objects gerecht zu werden sei.

Die zweite der obigen Fragen, betreffend die Logik des vindicationslosen Eigenthums, eines Begriffs, vor welchem freilich nicht Wenige heute

[1]) Es bedarf wohl keines Nachweises, daß hiermit die oben S. 34 berührte Indistinctheit des concreten Objects nicht identisch ist.

noch erschrecken werden, ist mit dem zuletzt Gesagten flüchtig gleichfalls schon gestreift. Näher komme ich auf sie erst unten zurück. Denn nachdem nun ein positiver Standpunkt eingenommen ist, fragt sich zunächst, ob, wie und in welcher dogmatischen Gestalt von ihm aus den oben S. 21 ff. bezeichneten Verkehrsbedürfnissen nachzukommen möglich sei.

Das führt zunächst zu der früher vorbehaltenen Prüfung eines Eigenthumsüberganges ohne Tradition.

III. Praktische und theoretische Haltbarkeit des Eigenthumserwerbes durch traditionslosen Vertrag; die Causa im Verhältniß zu Vertrag und Tradition.

Wir lassen nach dem früher im ersten Abschnitt und jetzt auf den letzten Seiten Ausgeführten die Tradition als modus acquirendi dominii fallen. Die sich von selbst anschließende Frage ist die nach den Verdiensten des „Vertragssystems".

Die Antwort soll zunächst nur den Utilitätsgesichtspunkt berücksichtigen, nicht den technisch-juristischen. Denn daß der drittens denkbare speculative bei Seite bleibt, wird, — obgleich derselbe bis zu dieser Stunde in alle juristische Beurtheilung über Gebühr hineingetragen zu werden pflegt, — dennoch gerade hier ohne Weiteres zugestanden werden. Uebrigens mag von ihm aus das Vertragssystem das Wahre sein: denn während die Tradition als der so zu sagen geoffenbarte Erwerbsmodus sich nicht hat ausweisen können, ist in der Sphäre der reinen, von keiner noch so bescheidenen Rücksicht auf die ökonomischen Verhältnisse getrübten Abstraction unverkennbar der Motor des Eigenthumsübergangs schlechtweg in den Willen zu verlegen.

Das Streben nach den Garantien, welche die Vertreter des Traditionssystems durch ihre angebliche Publicität der Rechte an beweglichen Sachen zu beschaffen meinen, wird von den Vertretern des Vertragssystems, wie schon bemerkt, fallen gelassen. Auf diesem Punkt steht also das letztere zurück, — aber nach dem Gesagten nur in der Intention. Als seine Vorzüge hat man dagegen folgende genannt: es sichere den Käufer besser, einmal indem es ihm gegen den Verkäufer und gegen die Concursmasse desselben statt blos persönlicher Klage die Vindication gebe, zweitens indem es ihm ermögliche, gegen dritte bösgläubige Besitzer ohne vorherige Klagencession vorzugehen, und drittens indem es ihm sogleich weiterzuveräußern gestatte.

Der an zweiter Stelle genannte Gewinn ist theils unbedeutend, theils mit dem zuletzt aufgeführten gleichbedeutend. Ersteres wenn unterstellt wird, es sei mit dem Besitzer contrahirt worden, dieser habe ex post den Besitz verloren und weigere sich nun böslich der Cession (die schlimmsten Falls richterlich supplirt werden könnte). Letzteres, wenn der Verkäufer nicht Besitzer war.

Denn das ist in der That der (an dritter Stelle aufgeführte) Vorzug des Vertragssystems, daß es ohne Besitzübertragung und deshalb consequent auch dem Nichtbesitzer gestattet, Eigenthum zu übertragen, daß es also schlechtweg von der ärgerlichen Aufgabe dispensirt, die den Vertretern des Traditionssystems zufällt, in Erfüllung eines „unüberwindlichen Verkehrsbedürfnisses“ [1]) Personen, die „die thatsächliche Herrschaft über die Sache“ nicht haben als Besitzer, und Handlungen oder Erklärungen, die „die thatsächliche Herrschaft über die Sache“ nicht übertragen, als Besitzübergaben zu deuten.

Das erste Moment hingegen ist wieder offenbar nicht stichhaltig und auch auf dem vorigen Juristentag, insbesondere von Dernburg, zurückgewiesen worden (Verhandlungen S. 45). Gegen den Verkäufer selbst läuft in dem eventuellen Antrag auf Ersatz des Schadens und im Beweisstadium die Vindication auf dasselbe hinaus wie die actio emti. Ob aber und unter welchen Voraussetzungen ein angeblicher Käufer gegen die Concursmasse durchdringt, das hängt de lege ferenda natürlich nicht davon ab, ob er derselben mit einem technisch als „reivindicatio“ oder mit einem technisch als „actio emti“ charakterisirten Rechtsmittel gegenübertritt, sondern davon, ob auf irgend eine Weise der Preis in die Masse (oder wenigstens sine dolo malo in die Hände des Cridars) gekommen ist. Und sollte die Alternative „Vindication oder Kaufklage“ über diesen Punkt entscheiden, so müßte man unzweifelhaft gerade gegen die „Vindication“ stimmen: denn wenn der bloße Willensaustausch das Eigenthum absolut auch im Verhältniß zu Dritten übergehen läßt, dann behalten in der That, wie vor zwei Jahren mit Recht von praktischer Seite eingeworfen worden ist (J.t. Vhdlg. S. 48), die Gläubiger das leere Nachsehen, — und sollen sie trotz jenes Satzes nicht das leere Nachsehen behalten, so erscheint sofort das doppelte Eigenthum der Franzosen, dessen gesetzgeberische Reception in Deutschland zu empfehlen aussichtslos wäre.[2])

[1]) Vergl. J.t. 1878, Vhdl. S. 51.

[2]) Vergl. Camillo Re, l. c. 24: se questo dualismo ... non sia una involontaria conseguenza di un sistema erroneo — . è in contradizione aperta col concetto della proprietà, concetto assoluto universale indipendente da qualsiasi relazione con altre persone. — Und hinsichtlich des „Eigenthums inter partes“ speciell: propietà incerta, vacillante, che le cento volte può essere disconosciuto, e che il venditore medesimo può rendere vana nelle mani del compratore. Quale differenza reale passa fra questa proprietà ibrida monca precaria, e l'azione personale? — 32: quella proprietà che sotto un certo aspetto è passata e sotto un altro è rimasta nell'antico proprietario, .. riesce assai imbarrazzante nella pratia.

Indeß dieser auf das Verhältniß des Käufers zu den Creditoren des in Concurs gerathenen Verkäufers bezügliche Einwurf kann wiederum in ganz ähnlicher Weise auch dem Traditionssystem gemacht werden. Das Interesse der Gläubiger gegenüber Veräußerungsgeschäften erscheint — abgesehen von den Voraussetzungen der actio Pauliana — soweit es ein berechtigtes ist, als gewahrt, wie gesagt jedenfalls wenn der Preis in die Masse, aber auch wenn er nur überhaupt sine dolo malo in die Hände des jetzigen Cridars gelangt ist: denn die Gefahr der persönlichen Unzuverlässigkeit des letzteren ruht offenbar mit Recht auf seinen Chirographargläubigern. Die Tradition als das den Eigenthumswechsel entscheidende Moment trifft also das punctum saliens des fraglichen Verhältnisses gar nicht, weil die trotz geleisteter Zahlung nicht tradirte Sache zu Unrecht in der Masse des Verkäufers zurückgehalten, die unbezahlt tradirte zu Unrecht als ausgeschieden behandelt würde. —

Aus allem Gesagten ziehe ich den Schluß, man habe, auf der einen Seite, bestochen von dem rationalistischen Satz, daß der nackte Vertrag den Eigenthumsübergang bewirke, die dem Verkehr nöthigen praktischen Garantien constructiv zu suchen unterlassen, auf der andern, verrannt in die einmal überkommene Tradition, durch sie eine Reihe von Garantien zu erzielen gemeint, die sie ihrem Wesen nach zu leisten außer Stande ist, und habe auf beiden Seiten über diesem Irrthum das gerade von den römischen Quellen an die Hand gegebene wahre Garantiemittel in dieser seiner Function ignorirt oder wenigstens zu secundär behandelt. Alle Interessen nämlich, die überhaupt durch civilistische Normen gedeckt werden können, sind gedeckt durch den einfachen Satz: das Eigenthum scheidet aus dem Vermögen des Veräußerers in demselben Augenblick aus, in welchem das ökonomische Aequivalent in dasselbe eintritt. M. a. W.: nicht der Besitzaustausch und nicht der Willensaustausch sind Motor des Eigenthumsaustauschs, sondern der Motor ist die bloße und nur die Causa, d. h. — indem ich die Schenkung zunächst bei Seite lasse und indem ich den alltäglichen Fehler vermeide, eine causa in ernsthaftem juristischem Sinne als wirklich gegeben anzunehmen, wenn die Parteien sagen, sie sei da — die Gegenleistung,[2]) die consideration der Engländer.[1])

---

[2]) England (3), Verein. Staaten (3).

[1]) Es begreift sich leicht, daß an die strengere Betonung und realistischere Auffassung der Causa, durch welche sich mein Vorschlag von dem bisher sogenannten „Vertragssystem" fundamental unterscheidet, früher schon von anderen Seiten gemahnt worden ist, — nur freilich ohne unmittelbare Consequenz. Z. B. bemerkt Bornemann in seinem dem vorigen Juristentag erstatteten Gutachten S. 114, der Verkäufer wolle Eigenthum übertragen „nicht unmittelbar und unbedingt, sondern nur

IV. Der römische gesetzliche Vorbehalt des Eigenthums bis zur Zahlung des Kaufpreises. — Eigener Vorschlag.

Mit dem zuletzt Gesagten habe ich den Kern meiner eigenen Anschauung über das zu wählende System des Eigenthumserwerbs berührt. Erübrigt eine nähere Ausführung.

Nehmen wir zunächst den schlichten Standpunkt des reinen Baarverkehrs ein und unterstellen ein pretium justum, so sind alle Interessen befriedigt. Auch die der Creditoren und des zweiten Käufers. Denn wenn

---

wenn ihm die Gegenleistung zu Theil oder sichergestellt werde"; aber dann fällt er sofort, für die Tradition plädirend, aus dem richtigen Gedankengang heraus und fügt zu: daß letzteres geschehen, erkenne thatsächlich der Verkäufer erst durch die Tradition an! Eine eigentliche praesumtio juris soll damit im Ernst wohl nicht statuirt sein (vgl. o. S. 24. und Verein. Staaten 5,7); die freie Beweiswürdigung des Richters aber kann jenen Schluß im Weg der praesumtio hominis natürlich unter jedem Erwerbs- und jedem Vindicationssystem machen. — Im Gegensatz zu diesem stimmt der andere Gutachter, Seitz (S. 68,75), für das Vertragssystem, statuirt aber, durch die Natur der Dinge gezwungen, „Ausnahmen", theils zu Gunsten der Tradition (was hier nicht von unmittelbarem Interesse), theils zu Gunsten der Gegenleistung: beim Kauf solle die Zahlung des Preises, bei der Bestellung der Dos die Eheschließung entscheiden, u. s. w. — mit einem Wort, seinem abstrakten „Vertragssystem" entzieht er im Weg der Ausnahme das eigentliche Gros der alltäglichen Geschäfte hinterdrein wieder und erkennt so an, daß in der That nicht der Willensaustausch an sich, sondern die reale Basis des Geschäfts, der ökonomische Leistungsaustausch es ist, was über den Eigenthumsaustausch entscheidet. — Auch Albrecht (Verhdl. S. 34) spricht nahezu den im Text niedergelegten Gedanken aus: nur mit einer Einschränkung — „sofern Verkäufer im Besitz sei" — und, damit zusammenhängend, mit anderer Begründung: „Fortbildung des römischen Constitutums", weil nach Empfang des Preises Verkäufer kein Interesse mehr habe, für sich zu besitzen. Ich vermisse darin Consequenz: denn wenn A von B, ohne Besitz zu erlangen, Eigenthum erwerben kann, so muß er nothwendig — oder sein Eigenthum ist nur Schein — auch seinerseits ohne Besitzer zu sein, den C zum Eigenthümer machen können. Denn sollte statuirt werden, Eigenthum sei zu übertragen zwar ohne Besitzübertragung, aber doch nur vom Besitzer, und würde zugleich der „Schutz des redlichen Erwerbers" durchgeführt, so hätte das Postulat, Veräußerer müsse besitzen, unverkennbar nur den Sinn, eine faktische Grundlage für die bona fides des Erwerbers zu geben, einen „Typus" in dem früher erläuterten Sinn. Und in der That wird, wer zugleich a non possessore und a non domino kauft, so gut wie nie von dolus oder — zumal wenn er sogleich bezahlt — von gröbster culpa frei sein. Aber das braucht nicht dazu zu führen, den Besitz, der doch nur ein und nur ein unsicherer Anhalt für das Eigenthum des Besitzers ist, zu einer juristischen Voraussetzung der Veräußerungsmöglichkeit zu machen, sondern kann getrost richterlicher Würdigung überlassen bleiben. Wer von A den Stuhl, in dem B Tag für Tag in seiner Wohnung sitzt, kaufen will, muß natürlich, ehe er bezahlt, sich ganz speciell überzeugen, daß nicht der Besitzer, sondern der Verkäufer der Eigenthümer ist.

Verkäufer den Preis verschwendet oder verschleppt, so ist nicht abzusehen, wen mit mehr Recht der daraus erwachsene Schade treffen könnte, als diejenigen, welche seiner Person getraut und creditirt haben. Soweit hier überhaupt civilistische Mittel helfen können, ist der Arrest geboten, d. h. der Versuch, ex post die personale Creditirung in eine reale, durch genommenes Pfand gedeckte, zu wandeln. Und wenn ich eine Sache von Jemand kaufe, der zufolge eines frühern Verkaufs gegen Baar nicht mehr Eigenthümer ist, — mag er nun Besitzer sein oder nicht — so kann dieses selbe Unglück mir mit einem Miether, Commodatar u. s. w. begegnen, kurz, mit Jedem der die Sache durch das Geschäft mit mir unterschlägt: denn daß der zweite Verkauf, sobald aus dem ersten der Preis in die Hände des Verkäufers gelangt ist, auch criminalistisch nur als Unterschlagung gewürdigt werden kann — wovor man billiger Weise bei dem System des Eigenthumsüberganges durch nackten Vertrag, puren Willensaustausch, zurückschreckt — das liegt auf der flachen Hand, und civilistische Mittel sind gegen solche Gefahren überhaupt nicht zu beschaffen. Zudem ist die gerade in unsern Beispielen drohende Gefahr, wenn wir an dem oben gerechtfertigten Gesichtspunkt principieller Fungibilität der beweglichen Sachen festhalten, nur in einem Fall wirklich groß: wenn nämlich der Schuldner, oder der (natürlich für allen Schaden haftende) Verkäufer schon einmal verkauften Gutes insolvent sind, — der Schutz dagegen aber, als Chirographargläubiger in Folge einer Insolvenz pecuniär zu kurz zu kommen, liegt in der That (abgesehen vom Falle wirklicher fraus) nicht in der Macht juristischer Regelung.

So verschwinden, wenn wir unter Aufgabe des zum Eigenthumswechsel nicht in logischem Connex stehenden Besitzwechsels, aber unter gleichzeitigem Verlassen des blos speculativen, nicht juristischen Standpunktes des nackten Willensaustauschs als des Erzeugers dinglicher Rechtseffekte, die logische Trägerin des Eigenthumsübergangs und die wirthschaftliche Basis des staatlichen Schutzes der Erwerbsgeschäfte, die Causa, wieder in ihr Recht einsetzen, — so verschwinden für das Baargeschäft alle Schwierigkeiten.

Aber wie beim Creditgeschäft? wird gefragt. Beginnen hier die Schwierigkeiten nicht erst?

Auch bei Beantwortung dieser Frage kehre ich zunächst zum römischen Recht zurück.

Die römischen Stellen über den hier fraglichen gesetzlichen Eigenthumsvorbehalt divergiren: sie lassen das Eigenthum übergehen theils wenn der Preis „gezahlt oder sichergestellt", theils wenn er „gezahlt oder creditirt" ist.[1]) Ersteres, aller Wahrscheinlichkeit nach die frühere historische Stufe,

---

[1]) S. 44. N. 2—4.

macht, auch bei fallen gelassener Tradition, sofern die „Sicherheit" eine äquivalente ist, noch gar keine Schwierigkeit: von hier aus geht das Eigenthum der Waare über, von dort aus das Pfand. Die ganze Schwebe, soweit das Verhältniß eine solche aufweist, besteht ausschließlich auf dem Boden des letztern, betrifft nur die Natur oder die Individualität des Aequivalentes: erfolgt seiner Zeit der Preis in Geld, so muß die Caution an den Käufer zurück, — wenn nicht, so verfällt die Caution u. s. f.: aber der Eigenthumswechsel ist über allen Zweifel erhoben, unbedingt.

In der That beginnt die Schwierigkeit erst, wo die Sicherheit, das Pfand unterwerthig oder nur juristisch werthvoll (Handschrift, securitas in diesem Sinne) ist, oder gar rein auf die Person creditirt wird. Der Veräußerer will hier, mag er tradiren oder nicht tradiren, Eigenthum übertragen nicht schlechthin, sondern — und das ist kein mechanisches Plus oder Minus zu seinem Eigenthumsübertragungswillen, sondern eine logisch untrennbare Modalität desselben — gegen den Preis: eine „Voraussetzung", wenn man diesen Ausdruck recipiren will, einfacher, unter Benutzung des von den Römern geschaffenen, von uns seit Jahrhunderten bewahrten technischen Terminus, eine Bedingung, wenngleich eine nicht von einer Vereinbarung sondern von der Natur der Sache, von der Billigkeit, der Gewohnheit oder auch einmal positiv (C. civ. 1184) vom geschriebenen Recht getragene condicio juris, nicht eine „unentwickelte", nach der heutigen gemeinrechtlichen Terminologie zwar eine sogenannte „uneigentliche" Bedingung, aber nichtsdestoweniger eine wahre Bedingung. Das zeigt sich, wenn man die erste beste der anerkannten Definitionen daneben hält, von selbst.

Ob aber im Einzelnen die Wirkungen einer solchen gesetzlichen Bedingung von den Wirkungen einer vereinbarten, oder die lex commissoria des citirten Art. 1184 von der lex commissoria des gemeinen Deutschen Rechts sich unterscheiden mögen, das zu verfolgen geht weit über die gegenwärtige Aufgabe hinaus. Genug daß wir sehen, die wie gesagt hier erst beginnende Schwierigkeit wurzle in der thatsächlichen Unterlage des rechtlich zu beurtheilenden Verhältnisses, nicht in der rechtlichen Beurtheilung als solcher. Wenn es zweifelhaft ist, ob Käufer zahlen wird, wie kann es unzweifelhaft sein, daß Verkäufer das Eigenthum eingebüßt habe? Und diese Schwierigkeit drängt sich den Vertretern jedes Erwerbssystems in den Weg, denen des „Vertragssystems" so gut als denen des „Traditionssystems". Denn ist der Vertrag der Motor des Eigenthumsüberganges, so muß offenbar die Wirkung der Ursache entsprechen und kann von den Modalitäten der letztern nicht frei sein, — und ist die Tradition der Motor, so kann der Eigenthumsübergang nur dann frei von jenen Modalitäten sein, wenn die Tradition von der Causa gelöst, d. h. wenn kraft der zum Formalact gewordenen Uebergabe auch der Depositar Eigenthümer wird. Die Frage aber, ob eine solche Tradition, oder auch, ob ein analog formaler Eigenthumsübertragungsvertrag geschaffen werden soll, darf von vornherein als verneint gelten.

Mithin, wenn ich, nachdem die Tradition sowohl als der nackte Eigenthumsübertragungsconsens mir als beseitigt gelten, vorschlüge, im Wesentlichen zu den Römern zurückkehrend — denen ja die Tradition nur als der freiere Widersacher der Mancipation, nicht als absolutes logisches oder Utilitäts-Postulat unerläßlich war, — und nur in der Formulirung über sie hinausgehend, man solle den Eigenthumsübergang als unbedingten mit der Zahlung, als bedingten mit der Creditirung statuiren, so könnte der letzten Hälfte dieses Vorschlags der Tadel, sie umgehe eine Schwierigkeit, nicht begegnen, sondern es müßte eingestanden werden, daß nur eine im Thatsächlichen gegebene und von keiner civilistischen Gesetzgebung der Welt zu beseitigende Schwierigkeit anerkannt und technisch formulirt worden sei. Denn wollte eine Gesetzgebung die faktisch vorhandene Schwebe ignoriren und trotz des ausstehenden Kaufpreises den Eigenthumsübergang als einen fixen behandeln, so müßte sie entweder unwahr werden, wie der Code civil es hier ist, und in irgend einem Artikel 1583 den puren Eigenthumsübergang kraft bloßen ausgetauschten Kaufconsenses oder wie sonst immer statuiren und in einem andern Artikel 1184 trotzdem eine resolutorische Klage geben, — oder sie müßte, eine Duplicität der Rechtsbehelfe anerkennend, at law im erstern, at equity im zweiten Sinn entscheiden, — oder endlich sie müßte (ob das aber im Mobilarverkehr anginge, kann billig dahin stehen) von vornherein Vorsorge treffen durch ein der Vormerkung des modernen Grundbuchrechts annologes Mittel.

Constructiv dürfte hiernach gegen den gedachten Vorschlag sich Nichts sagen lassen. Ob die Bedingung „suspensiv" oder „resolutiv" gestaltet würde, wäre eine Detailfrage, und man kann sehr wohl für den Fall ausgestellter Sicherheit (Wechsel u. dgl.) der Resolution, für den Fall rein personaler Creditirung der Suspension den Vorzug geben, — vorausgesetzt, daß die Gesetzgebung überhaupt Anlaß sähe, diese Distinction festzuhalten.

Schwieriger erscheint auf den ersten Blick die Frage der praktischen Brauchbarkeit des gedachten Systems, eine Frage, die sich — was keiner weitern Ausführung mehr bedarf — schlechthin reducirt auf die andere juristische Frage, wie es mit der Wirkung dieser Bedingtheit gegen Dritte zu halten sei. Aber auch diese Schwierigkeit besteht, wenn meine früheren Ausführungen nicht falsch sind, nur scheinbar.

Ich bin nämlich hier zu der Stelle gelangt, wo die weiter oben gefundenen Resultate puncto der Vindication sich mit den gegenwärtigen puncto der Eigenthumsübertragung verketten: lasse ich die Vindication als Rechtsschutz des Mobilareigenthums fallen, so fällt damit zugleich jede im Sinne des heutigen gemeinrechtlichen Systems „dingliche“ Wirkung jener Bedingung gegen Dritte. Und wenn eingeworfen werden sollte, dann sei die durch den ausstehenden Kaufpreis herbeigeführte Bedingtheit doch von sehr platonischer Bedeutung, so antworte ich, gleichfalls auf eine frühere Bemerkung verweisend: vindicando wird diese Bedingung allerdings nicht realisirt, aber sie wird realisirt im Weg der obligatorischen Klage, und es fragt sich nur, ob es möglich ist, durch einen einfachen Rechtssatz den richtigen Kläger und den richtigen Verklagten zu kennzeichnen.

Somit nehme ich hier den oben S. 136 f. fallen gelassenen Faden der Untersuchung über die Art der dem Mobilareigenthum zu gewährenden actio wieder auf und hoffe damit für das zuletzt in kurzen Vorschlägen zu formulirende Resultat den Schlußstein zu liefern.

Die Schenkung bleibt auch im Folgenden zunächst außer Betracht.

V. Charakter des an die Stelle der „Vindication“ zu setzenden Mobilareigenthumsschutzes.

Das oben erst andeutend berührte „vindicationslose Eigenthum“ wird, wie nicht zu bezweifeln ist, zunächst auf großen Widerstand stoßen. Meinten doch schon die Redaktoren des Handelsgesetzbuchs, durch den Art. 306 werde „die Lehre vom Eigenthum in ihren Grundlagen erschüttert und *letzteres nahezu aufgehoben*.“ [1])

In Wirklichkeit steht die Sache nicht entfernt so schlimm, und vor Allem die citirten Schlußworte aus den Protokollen zum H. G. B. verwechseln einfach die Art des *positiven Eigenthumsschutzes* und *das Eigenthum*.

Ist die Naturalobligation, weil ihr die Klage fehlt, keine Obligation? Oder, um ein anderes als dieses Ausnahmeexempel zu nehmen: ist das „geistige“ Eigenthum, das man nun doch allmählig wieder als ein Recht an immateriellem Gut mindestens *neben* das „physische“ Eigenthum zu setzen beginnt, mit einer Vindication versehen? Ist dasselbe nicht vielmehr durch bloß obligatorischen Anspruch wegen eingetretener Verletzung geschützt — ähnlich wie die Geldvindication hier und da bereits als bloße Schuldklage anerkannt ist? [2]) Und gilt dieser Schutz nicht als genügend?

Mit einem Wort: wenn es ein historisch-römischer Satz ist, daß schon

---

[1]) Protokolle 4607.

[2]) Oben S. 34 Nr. 1 und Anhang, Bremen 4.

die nackte Thatsache der Trennung des Besitzes vom Eigenthümer die specifische Eigenthumsklage erzeuge, so muß dieser Satz nicht deshalb allein schon der logisch-absolute sein. Und selbst historisch ist er bis heute bestritten. Denn wenn wenigstens eine Minorität behauptet, nur gegen den juristischen Besitzer gehe die Vindication, so wird damit neben der Thatsache, daß der Eigenthümer nicht im Besitz seiner Sache ist, noch ein Weiteres als Voraussetzung dieser Klage anerkannt: eine bestimmte Willensrichtung auf der Gegenseite, ein jedenfalls objectiv, inhaltlich rechtswidriger Wille, eine vom Recht reprobirte Aneignungsintention. Und daß ein praktisches Bedürfniß nach einer Eigenthumsklage nur dem juristischen Besitzer gegenüber besteht, dürfte durch das Institut der laudatio auctoris genügend erwiesen sein: denn macht der alieno nomine detinirende Verklagte von ihm keinen Gebrauch, so constituirt er sich eben dadurch als juristischer Besitzer.

Aber wie dem sei, und mag nun eine nur gegen den juristischen Besitzer gehende Klage des Eigenthümers nach „Vindication" heißen dürfen oder nicht — denn diese Fragen de lege lata hier abzumachen ist weder beabsichtigt noch möglich —: ein innerer Fehler liegt in einer solchen Klage de lege ferenda nicht, und die Consequenz, wegen deren das Vorige gesagt wurde, ist nur diese: wenn es möglich ist, ohne Vernichtung des Eigenthumsbegriffs einen Eigenthumsschutz nur unter der Voraussetzung einer „rechtlich reprobirten Aneignungsintention" auf der Gegenseite zu gewähren und wenn man „Vindication" blos die Klage nennen darf, welche rein durch das Factum der Trennung zwischen Eigenthum und Detention erwächst, dann braucht man vor einem „vindications"losen Eigenthum nicht a priori zurückzuschrecken, sondern hat nur zu fragen ob es gelingt, analog wie nach römischem und gemeinem Recht der den juristischen Besitz und so als rechtswidriger die passive Legitimation zur Eigenthumsklage herstellende animus rem sibi habendi zugleich als rechtsgemäßer der die Tradition zum derivativen und die Occupation zum originären Eigenthumserwerbsmittel machende Factor ist, — ob es gelingt, analog auch auf unserm Gebiete den Erwerbsmodus einerseits und die Klagevoraussetzung andererseits in befriedigenden Parallelismus zu setzen.

Aber hier zeigt sich sofort wieder der unlösliche Zusammenhang zwischen Erwerbssystem und Klagesystem und es muß deshalb zunächst vom erstern ausgegangen werden.[1])

---

[1]) Nur beiläufig sei darauf aufmerksam gemacht, daß einerseits, wie nach unserer Anschauung die Vindication nicht als absolute Consequenz des Eigenthumsbegriffs gelten kann, der Sprachgebrauch, auch der Juristen und Gesetzgeber, längst von einem Eigenthum an der Forderung spricht, und daß andererseits sowohl das deutsche H. G. B. als das oft bezogene neue schweizerische Gesetz — wenn auch letzteres unter der

Das Stichwort aller neueren gesetzgeberischen Bestrebungen auf diesem Felde ist „Schutz des redlichen Erwerbers", das Mittel dazu entweder sein Anspruch auf Erstattung der Anschaffungskosten oder seine gänzliche Sicherstellung gegen jede dingliche Klage, — nach der üblichen Gegenüberstellung das System des Landrechts oder das System des Handelsgesetzbuchs.

De lege lata halten beide sich ziemlich die Wage; aber unsere Entscheidung ist implicite schon getroffen, für das System des Handelsgesetzbuchs.

Wenn es nämlich richtig ist, was oben (S. 136) ausgeführt wurde, daß die den modernen Zuständen der Production und des Verkehrs entsprechende rechtliche Regelung ihren Ausgang von der Fungibilität der Mobilien zu nehmen habe, so rettet, gegenüber dem römischen, das Landrecht von der Vindication die Schale und opfert ihren eigentlichen Kern. Denn es wendet dem gekränkten Eigenthümer im Verhältniß zum „redlichen Erwerber" die Individualität seiner Mobilie wieder zu, raubt ihm aber den ökonomischen Werth. Wo nämlich das zu refundirende pretium erheblich kleiner ist, als letzterer, so daß an und für sich der Einlösende im Vortheil wäre, da liegt fast regelmäßig bösgläubiger Erwerb vor, hat also Vindication schlechtweg statt, — auf der andern Seite aber ist es nach dem erkannten Grundsatz der Fungibilität die Ausnahme, wenn einmal, kurz gesagt, der Individualwerth den Curswerth übersteigt, also die Ausnahme, wenn einmal der gekränkte Eigenthümer wirkliches Interesse an der Einlösung hat.

Nicht minder halb ist das landrechtliche System übrigens von seiner technisch-juristischen Seite aus. Man fragt unter ihm vergebens, wer denn eigentlich der Eigenthümer sei: der redliche Erwerber als unentsetzbarer Eigenthümer des gemeinen Werthes? oder der andere Theil als unentsetzter Eigenthümer der Individualität?

Ich zweifle deshalb keinen Augenblick, das System des Handelsgesetzbuchs zu wählen, — vorbehaltlich der Möglichkeit, daneben suo caso dem Interesse an der Individualität Rechnung zu tragen, soweit die Construction das immer gestattet.

Darüber genügen wenige Sätze.

Heftet man sich dem oben S. 136 und zuletzt hier Gesagten gegenüber an die Worte, so könnte vorgeschlagen werden, Fungibilien dem Art. 306 H. G. B., andere Sachen dem preußischen oder consequenter dem

---

Rubrik „Sachenrechtliche Verhältnisse des Mobilarverkehrs" — von der Mobilarvindication im „Obligationenrecht" handeln. — Praktisch ferner läßt sich nicht behaupten, und vom Standpunkte des römischen Rechtes aus am allerwenigsten, daß für den Eigenthümer gerade die Vindication mit ihrem schwierigen Beweisthema das bequemste Verfolgungsmittel sei (vgl. o. S. 49).

römischen Recht zu unterwerfen. Aber als zwingende gesetzliche Norm ist das unmöglich: denn der Gegensatz des Fungibeln und Nichtfungibeln ist fließend, concret, subjectiv, nicht abstract oder objectiv. Wohl möglich indeß, und gerade diesem Charakter des Gegensatzes entsprechend wäre es, einem Jeden, der durch die Strömung des Verkehrs wider Willen sein Eigenthum eingebüßt hat, — eventuell unter näher zu fixirenden Bedingungen — die Wahl zu gewähren, ob er, um sein Gut ohne Kosten wiederzuerhalten, nach H. G. B. 306 oder was nun an die Stelle tritt, über die Redlichkeit und Unredlichkeit des Gegners streiten, oder ob er, auf diesen Streit verzichtend, durch Anerbieten des gemeinen Werths oder des Anschaffungspreises — das ist Detailfrage — dem Gegner den rechtlichen Boden seines principaliter zugestandenen „redlichen Erwerbs" unter den Füßen wegziehen will. —

Für die hiernach vorzuschlagende materielle Gestaltung boten sich oben S. 29 f. nach Vorbild der bestehenden Gesetzgebungen zwei Formulirungen. Doch wurde die eine — „Regel: Vindication; Ausnahme: gegen den redlichen Erwerber" — im Vorübergehen schon dort abgewiesen. Ihr Fehler ist, principiell ein aus der bloßen Thatsache der Trennung zwischen Eigenthum und Besitz resultirendes Rechtsmittel einzuführen, es hinterdrein aber in einer ganzen großen, vielleicht überwiegend großen Kategorie von Fällen zu eliminiren wegen eines auf der gegnerischen Seite obwaltenden Thatbestandes. Hätten wir ein Analogon zu der prätorischen Rechtsbildung, so wäre ein derartiger Zustand, corrigendi juris civilis causa, unangreifbar. Aber nach der heutigen Lage der Rechtswissenschaft können wir nicht anders als den Gegensatz von actio und exceptio in einem höhern, einheitlichen Princip nivelliren.

So bleibt nur die andere Formel, nach welcher der „redliche Erwerber" auch a non domino Eigenthümer wird. Indeß, es ist keine Illusion darüber möglich, daß dieser Satz, der allem Anschein nach heute schon das Mobilarsachenrecht der meisten Völker beherrscht, auf seinem Gebiete die hergebrachte romanistische Anschauung von Grund aus umstürzt.

Er schafft nämlich unverkennbar — obschon nicht gesagt werden kann, bekanntlich — einen neuen originären Erwerbsmodus, zu vergleichen etwa der römischen Usucapion. Denn der Erwerber fußt nach ihm nicht auf dem Recht seines Vormannes, sondern nach der üblichen Ausdrucksweise, die wir unsererseits oben S. 39 ff. nur in der Fassung zu berichtigen gesucht haben, auf seiner „bona fides", jedenfalls aber auf irgend einem selbstständigen Moment, das er von sich aus prästirt.

Daraus aber ergibt sich, meines Erachtens unwidersprechlich, die Consequenz, daß der Vertrag als Motor dieses Erwerbes fällt, — es ergibt sich, wenn der „Schutz des redlichen Erwerbers“ dem Gesammten des Mobilarsachenrechts wirklich einverleibt werden soll, auf dem eigentlichen Kernpunkt für das heutige Recht die innere Unrichtigkeit des Vertragssystems. Denn soll der Willensaustausch Träger des Eigenthumserwerbs sein, so ist logisch die Voraussetzung, daß der Auctor Eigenthümer sei, absolut unentbehrlich: ein vernünftiger Wille, Fremdes zu Eigenthum zu übertragen, ist undenkbar. Welcher einzige andere Motor aber bleibt, das wird sich sogleich näher zeigen: die justa causa, die Gegenleistung. —

Wird nun dieser originäre Titel, der französischen Juristen vorgeschwebt hat, wenn sie im Art. 2279 ihres Code eine „prescription instantanée“ statuirt fanden, gesetzlich anerkannt, so fragt sich, welches das Schicksal des derivativen sein soll.

Ihn aufgeben, hieße der ganzen Masse der regelrechten Eigenthumsübertragungen nicht gerecht werden, und wäre ein nicht zu fordernder Bruch mit der bisherigen Anschauung.

Mein Vorschlag geht deshalb dahin: es möge der originäre Titel des redlichen Aufwandes für die Sache allerdings anerkannt werden, aber neben dem derivativen, es möge also dem Erwerber die Wahl zustehen, etwa wie nach heutigem gemeinen Recht zwischen der Anrufung des Rechts seines Auctor und der Anrufung der vollendeten Usucapion, so hier zwischen ersterm und seiner „Redlichkeit“.

Dabei stößt aber eine neue Schwierigkeit auf. Es überträgt dann der a non domino Eigenthümer gewordene redliche Erwerber seinerseits derivativ Eigenthum auch auf einen unredlichen, dem alle Rechte des ursprünglich, als die Sache in den Verkehr kam, Gekränkten bekannt sind. Denn es ist zwar widersinnig vom Nichteigenthümer Eigenthum erwerben zu wollen: aber vom Eigenthümer, wenngleich unter Kränkung eines fremden Rechtes, Eigenthum erwerben zu wollen, ist nur widerrechtlich, nicht widersinnig. Gesetzgebungen (s. z. B. Argentinische Republik 6) und Juristen hat diese Schwierigkeit besonders in dem crassen Exempel vorgeschwebt, daß sogar der, dem ursprünglich die Unterschlagung 2c. zur Last fiel, durch Erwerb aus den Händen eines redlichen Zwischenmannes, insbesondere mittels Durchpassirens der Sache durch den Markt (s. England 8), seinerseits Eigenthümer würde.

Es ist also eine Correktur dahin nöthig, daß nicht aus dem der „Redlichkeit“ zugedachten „Rechtsvortheil“ die „Unredlichkeit“ Gewinn ziehe.

Indeß auch die Lösung dieser Schwierigkeit ist bereits angedeutet und hier nur zu wiederholen: in dem Vorschlag, den Mobilareigenthumsschutz auf das obligationenrechtliche Gebiet zu verlegen und Jeden, der eine durch einen Rechtsbruch in den Verkehr gerathene Sache, sei es zu totaler oder zu partieller Beherrschung dolos oder culpos an sich bringt, zur Restitution zu verpflichten, und zwar jedesmal aus eigenem Namen, nicht kraft Succession in eine an der Sache seit dem Moment des Rechtsbruchs haftende Verpflichtung. Diese Restitutionspflicht des „Unredlichen" ist unverkennbar der Revers zu der „rechtlichen Begünstigung" des „Redlichen", und so findet sich hier auch der oben S. 144 f. gesuchte Parallelismus zwischen Eigenthumserwerb und Passivlegitimation zur Eigenthumsklage. —

Ich halte damit den Kreis für geschlossen und mein Ziel — die Richtigkeit der früheren Ausführungen unterstellt — für erreicht. Blos ein denkbarer Einwurf bleibt abzuweisen: der praktische, wie es mit der Beweislast werden solle.

Nach der vorgeschlagenen und sogleich näher zu formulirenden Gestaltung des Rechts der beweglichen Sachen soweit es in die Sphäre der gestellten Frage reicht, ist das Eigenthum der zurückbegehrten Mobilie in ähnlicher Weise zunächst nur legitimatio ad causam wie auf dem Gebiete des Obligationenverkehrs das durch Cession erworbene „Eigenthum" der Forderung. Der bezügliche Beweis kann — hier natürlich abgesehen von eigener Production u s. w. — nach den früheren Ausführungen doppelt erboten werden, derivativ, mit Bezug auf das Eigenthum des Auctors, oder „originär": mit Bezug auf den „redlichen Erwerb". Im ersten Fall tritt Kläger (und dadurch mit ihm Verklagter) für diesen Theil seiner Klagebegründung einfach auf den Boden des gemeinen Rechts. In dem andern wird er seinerseits allerdings sämmtliche Thatsachen, die geeignet sind, der freien richterlichen Würdigung gegenüber die Möglichkeit eines untergelaufenen Dolus oder einer untergelaufenen Culpa auszuschließen, articuliren müssen: aber das wird bei vorhandener Redlichkeit regelmäßig sehr leicht sein, ist vielleicht nichts Anderes als was schon heute auch zur Publiciana erboten werden muß und zeigt jedenfalls den Kläger nicht entfernt in so schwieriger Lage, als sie ihm bei der rei vindicatio vorbehalten ist; Verklagter mag die für eine „Unredlichkeit" sprechenden Momente erbieten, — Alles ohne ernstlichen Anstoß.

Der hier vorzusehende Einwurf erhebt sich erst auf dem Punkte, wo Kläger zweitens, nach dem Satze affirmantis est probare, Dolus oder Culpa beim gegnerischen Erwerb behaupten muß, — und unter einem Rechtssystem, das keine freie Beweiswürdigung kännte, geriethe vielleicht der ganze diesseitige Vorschlag arg ins Gedränge. Denn wie Dolus und Culpa des Gegners articuliren? und unter Umständen obendrein ohne zu wissen, wo und wie er an die geforderte Sache gekommen ist?

Aber R. C. P. O. § 259 statuirt die freieste Beweiswürdigung und verbindet den Richter auch die gesammte Einlassung der Parteien zur Basis seines Urtheils in facto zu machen, und ein Beispiel — bei welchem nicht einmal mit den im illoyalen Mobilarverkehr regelmäßig vorhandenen Verdächtigkeitstypen gewisser Gesetzgebungen, z. B. dem den Verhältnissen des Verklagten gegenüber ungewöhnlich auffallenden Besitz gerade von Sachen der fraglichen Art, gerechnet zu werden braucht — ein ganz alltägliches Beispiel genügt, um die Consequenz aus jener processualen Bestimmung zu Gunsten unseres Vorschlags sichtbar zu machen. Ein Handlungshaus klagt auf Herausgabe angeblich Seitens seiner Bediensteten entfremdeter Waaren, die im Besitze eines Detaillisten gefunden sind. Kläger behauptet, durch das eingewebte Zeichen die Identität, durch seine Bücher nachweisen zu können, daß eine Geschäftsverbindung zwischen ihm und dem Beklagten nie bestanden. Verklagter begnügt sich — ohne die Behauptung es sei auf eine Chicane abgesehen — mit einem bloßen Nein.

Entweder der cit. § 259 hat für seine „Berücksichtigung des gesammten Inhalts der Verhandlungen" u. s. w. überhaupt kein Anwendungsgebiet, oder das Urtheil wird hier auf Herausgabe lauten: denn jeder „Redliche" würde, schon um dem bloßen Verdacht zu entgehen, seine Bezugsquelle nennen. Kurz, eine juristische Verpflichtung den Titel anzugeben braucht gegen den Verklagten gar nicht ausgesprochen zu werden, da er — ich wiederhole, auch abgesehen von allen sonstigen Verdachtstypen — ohne diese Angabe oder in Folge einer falschen Angabe schon in facto unterliegen muß. —

Ich glaube nicht, daß dieses zuletzt berührte, obschon gewiß nicht unwichtige, praktische Moment noch einer nähern Ausführung bedarf, und formulire nunmehr meine Vorschläge, indem ich einige früher vorbehaltene Erläuterungen theils in kurzen Noten zu den einzelnen vorgeschlagenen §§, theils in einem kurzen Schlußabschnitt gebe.

VI. Formulirte Vorschläge.

§ 1. Durch Veräußerungsgeschäfte wird das Eigenthum beweglicher Sachen erst im Augenblick der erfüllten Gegenleistung erworben.

Uebergabe ist nicht erforderlich, vorbehaltlich der ausdrücklichen gesetzlichen Ausnahmen.

§ 2. Ist die Erfüllung der Gegenleistung durch eine bei Geschäften der fraglichen Art übliche Sicherheit garantirt, so geht im Augenblick der Uebergabe der letztern an den Veräußerer, auf den Erwerber das Eigenthum der veräußerten Sachen unter der auflösenden Bedingung des Nichteingehens der Gegenleistung über.[1])

---

[1]) Legitimirt zur Klage im S. 149 bezeichneten Sinn ist pendente condicione resolutiva der Erwerber, suspensiva der Veräußerer. — Daß Mangels einer

§ 3. Schenkung beweglicher Sachen überträgt Eigenthum nur dann, wenn der Schenker Eigenthümer ist und der Beschenkte die Gewahrsam der geschenkten Sachen erlangt und behält.[1])

Ist die Schenkung gesetzlich behufs ihrer Gültigkeit behördlicher Verlautbarung oder Bestätigung unterworfen, so ersetzen diese den Uebergang der Gewahrsam.

§ 4. Pfandrechte an beweglichen Sachen können nur vom Inhaber der Gewahrsam geltend gemacht werden.

§ 5. Vindication beweglicher Sachen findet nicht statt; doch steht demjenigen, welcher durch ein von einem Unbefugten vorgenommenes Veräußerungsgeschäft sein Eigenthum eingebüßt hat, jedem Besitzer gegenüber das Recht der Einlösung gegen Ersatz des Anschaffungspreises zu.[2])

§ 6. Wer eine fremde bewegliche Sache in rechtswidriger Absicht oder unter grober Fahrlässigkeit bei Prüfung der Rechtmäßigkeit seines Erwerbs von einer zur Verfügung über dieselbe nicht befugten Person an sich bringt, erwirbt kein Recht an derselben und ist dem Eigenthümer zur Herausgabe und zum Ersatz alles Schadens verpflichtet.[3])

Sicherheit der im Text des § bezeichneten Art die letztere Voraussetzung vorliegt, folgt aus dem ausdrücklich Gesagten von selbst. Nach den Worten „bei Geschäften der fraglichen Art übliche Sicherheit" ist es Thatfrage, wann und zwischen welchen Personen z. B. Ausstellung eines Wechsels für den Preis die Vertretung und Verfolgung der Waare übergehen läßt.

[1]) Daß ich die Schenkung bei der ganzen Frage durchaus in die zweite Linie setze (vgl. S. 19, 31, 34 ff., 133, 144), wird kaum auf Widerspruch stoßen. Daß sie einen zur „Beschränkung der Vindication" führenden Anspruch auf Schutz des „redlichen Erwerbs" nicht hat, ist de lege lata fast allgemein anerkannt (s. bes. S. 34), von uns aber de lege ferenda nicht blos als vom Verkehrsstandpunkt aus nützlich gebilligt, sondern durch die consequente Basirung des Eigenthumsübergangs auf die Gegenleistung zugleich als juristisch nothwendig anerkannt.

[2]) Die Auffassung der Mobilien als in erster Linie wie Fungibilien zu behandelnde Sachen, welche oben S. 136 zu Gunsten des redlichen Erwerbers geltend gemacht wurde, kann auch umgekehrt gegen ihn benutzt werden. Wie dort der Eigenthümer durch ein vom Nichteigenthümer mit einem redlichen Erwerber vorgenommenes Veräußerungsgeschäft enteignet und auf einen obligatorischen Anspruch gegen den Veräußerer eingeschränkt wurde, so wird nach dem zweiten Alinea dieses § eventuell dem redlichen Erwerber die individuelle Sache entzogen und durch den Preis ersetzt. Praktisch sehr bedeutsam wird die Bestimmung nicht sein; doch bietet sie die Möglichkeit, einem individuellen Interesse an der einzelnen Sache unter gleichzeitiger Wahrung des Verkehrsinteresses gerecht zu werden.

[3]) Daß der „redliche" onerose Erwerber auch a non domino Eigenthümer wird, ist nicht ausdrücklich aber genügend durch den Gegensatz der Schenkung (§ 3), durch die Worte „erwirbt kein Recht an derselben" (in § 6) und, mit Rücksicht auf die Aus-

§ 7. Wer in rechtswidriger Absicht oder unter grober Fahrlässigkeit bei Prüfung seines Verfügungsrechtes eine fremde bewegliche Sache, über die zu verfügen er nicht berechtigt ist, veräußert, ist dem Eigenthümer zur Herausgabe der Sache und der für den creditirten Preis erhaltenen Sicherheiten, sowie zum Ersatz alles Schadens verpflichtet.[1])

VII. Detailfragen.

Einige nachträglich zu berührende Einzelheiten schließen sich bequem an die vorstehend entworfenen Paragraphen an.

Zu § 1, Al. 1. — Durch die strenge Betonung der Causa fällt der vertragsmäßige Eigenthumsvorbehalt von selbst; wo der Eigenthumsvorbehalt überhaupt ein Existenzrecht hat, besteht er ipso jure.

Zu § 1, Al. 2. — Mit der Tradition fällt die Schwierigkeit der „symbolischen" Tradition, durch Ladeschein u. s. w. fort[2]); beim Verkauf nach Gewicht u. s. f. kommt es nur auf das Abwägen 2c., nicht auf das Zuwägen u. s. w. an.

Zu § 1, 2. — Hinsichtlich des Einflusses der Concurseröffnung ist schon früher (S. 46) gezeigt worden, daß derselbe nach speciellem Ermessen unabhängig von der hier behandelten Frage geregelt werden könne.

Zu § 1, Al. 2 u. § 4. — Wie bei der Schenkung wird auch beim Pfand, im Anschluß an bestehende Gesetzgebungen, nicht „Tradition", sondern wirklicher und dauernder Wechsel der Gewahrsam gefordert: dort in dem Sinne, daß das Recht ein auf seinen Schutz nicht eben unumgänglich legitimirtes Geschäft wenigstens als faktisch vollendetes anerkennt, hier im Sinne einer gleichfalls faktischen Arrestirung, die den Verpfänder, wenn nicht an der rechtlichen, so doch an jeder körperlichen Verfügung über die Sache hindert. In letzterer Hinsicht ist heute wohl allgemeines Einverständniß.

Zu § 5. — Von einer Sonderbehandlung des Geldes und des Inhaberpapiers ist hier nicht mehr Rede. Ob die Möglichkeit der Mortifica-

---

führungen in Abschn. V., durch den Zusammenhang zwischen § 5 Al. 1 und § 6 ausgedrückt.

[1]) Wird die Vindication, als Ausfluß des Interesses gerade an der Individualität des Eigenthumsobjects fallen gelassen (S. 136 f.), so ist um so mehr Vorsorge zu treffen, daß der Werth der dem Eigenthümer ohne Aequivalent entkommenen Sache an ihn zurückgelange. Deshalb die (dem gemeinen Rechte gegenüber, wenn überhaupt eine, so doch keine sehr schwierige Ausdehnung enthaltende, nach C. civ. 1382 schon vorhandenen, im Preuß. Ldr. [Anh. 7] sogar, aber meines Erachtens mit Unrecht, überschrittene) Verantwortlichkeit auch des culposen Veräußerers.

[2]) Das in dieser Beziehung allgemein anerkannte „unüberwindliche Verkehrsbedürfniß" (vgl. Jurist. 1878, Verhdl. S. 51) befriedigt sich so ohne alles Exceptionelle.

tion des letztern eine Singularität auf dem Boden des § 7 rechtfertigt — z. B. Begränzung der Haftbarkeit auf eine engere Frist, oder auf die Bereicherung — mag als eine Specialfrage unentschieden bleiben. —

Hinsichtlich des Besitzers alieno nomine, so fällt mit der rein in dem Faktum der Trennung zwischen Eigenthum und Besitz wurzelnden Vindication auch die laudatio auctoris: die Restitutionspflicht wegen dolus und culpa trifft eben auch den Miether u. s. w. — deshalb heißt es im Text nicht „erwirbt kein Eigenthum", sondern allgemein „kein Recht an derselben".

Zu § 6 und 7. — Nach dem in § 259 C. P. O. niedergelegten Grundsatz der freien Beweiswürdigung scheint mir die Frage, ob dem Richter für die Beurtheilung des dolus u. s. w. gewisse Typen (oben S. 42, 146) an die Hand zu geben seien — Erwerb im Trödelverkehr (England 8, Zürich 6), Rückkaufhandel u. dgl. —, zu verneinen. Höchstens das Erforderniß eines justum pretium — das z. B. auch nach englisch-amerikanischem Recht, als fair price, sound price (Kent l. c. 657 ff., 666) Bedingung des vollen Garantieanspruches ist — wäre noch in Betracht zu ziehen: doch reicht das zu weit in andere Materien hinüber. Dasselbe gilt von der Verjährung der Klagen der §§ 6 und 7, wie von der etwa zu statuirenden strengern Haftung des conscius fraudis (vgl. o. S. 49) im Fall eigentlich fraudulösen Manövers.

(Mit der Tradition und den bisher häufigen Eigenthumspräsumtionen oder -Fictionen scheinen mir Mobilar**besitz**schutz und -Ersitzung fallen zu können, wie mit der Statuirung des „redlichen Erwerbs" als selbständigen Titels die Publiciana fällt. Vgl. S. 49 f.)

Anhang.

Deutsches Reich (Reichsrecht).

Handelsgesetzbuch von 1861.

1) „Für Papiere, welche an Ordre lauten und welche durch Indossament übertragen werden können, gelten . . . in Betreff der Verpflichtung des Besitzers zur Herausgabe dieselben Bestimmungen, welche die Artikel 11 bis 13, 36 und 74 der A. D. W.-O. in Betreff des Wechsels enthalten . . ." (305).

2) „Wenn Waaren oder andere bewegliche Sachen von einem Kaufmann in dessen Handelsbetriebe veräußert und übergeben worden sind, so erlangt der redliche Erwerber das Eigenthum, auch wenn der Veräußerer nicht Eigenthümer war. Das früher begründete Eigenthum erlischt. Jedes früher begründete Pfandrecht oder sonstige dingliche Recht erlischt, wenn dasselbe dem Erwerber bei der Veräußerung unbekannt war.

Sind Waaren oder andere bewegliche Sachen von einem Kaufmann in dessen Handelsbetriebe verpfändet und übergeben worden, so kann ein früher begründetes Eigenthum, Pfandrecht oder sonstiges dingliches Recht an den Gegenständen zum Nachtheile des redlichen Pfandnehmers oder dessen Rechtsnachfolger nicht geltend gemacht werden.

Das gesetzliche Pfandrecht des Kommissionairs, Spediteurs und Frachtführers steht einem durch Vertrag erworbenen Pfandrechte gleich.

Dieser Artikel findet keine Anwendung, wenn die Gegenstände gestohlen oder verloren waren" (306).

„Die Bestimmungen des vorigen Artikels finden bei Papieren auf Inhaber auch dann Anwendung, wenn die Veräußerung oder Verpfändung nicht von einem Kaufmann in dessen Handelsbetriebe geschehen ist, und wenn die Papiere gestohlen oder verloren waren" (307).

„Durch die beiden vorhergehenden Artikel werden die Landesgesetze nicht berührt, welche für den Besitzer noch günstigere Bestimmungen enthalten" (308).

3) Mobilarpfand nicht ohne „Uebertragung des Besitzes auf den Gläubiger . . . nach den Bestimmungen des bürgerlichen Rechts" (309, 1).

4) „Die Uebergabe des an Ordre lautenden Connossements an denjenigen, welcher durch dasselbe zur Empfangnahme legitimirt wird, hat, sobald die Güter wirklich abgeladen sind, für den Erwerb der von der Uebergabe der Güter abhängigen Rechte dieselben rechtlichen Wirkungen wie die Uebergabe der Güter" (649).

5) „Wenn der Käufer mit der Zahlung des Kaufpreises im Verzuge und die Waare noch nicht übergeben ist, so hat der Verkäufer die Wahl, ob er . . . oder ob er von dem Vertrage abgehen will . . ." (354).

Wechsel=Ordnung von 1848.

„Der nach den Bestimmungen des Art. 36 legitimirte Besitzer eines Wechsels kann nur dann zur Herausgabe desselben angehalten werden, wenn er den Wechsel in bösem Glauben erworben hat oder ihm bei der Erwerbung des Wechsels eine grobe Fahrlässigkeit zur Last fällt" (Art. 74).

Konkursordnung von 1877.

1) „Ein Anspruch auf abgesonderte Befriedigung aus Gegenständen, welche zur Konkursmasse gehören, kann nur in den von diesem Gesetze zugelassenen Fällen geltend gemacht werden . . ." (§ 3).

„Gläubiger, welche an einer beweglichen körperlichen Sache . . . des Gemeinschuldners ein Faustpfandrecht haben, können aus den ihnen verpfändeten Gegenständen abgesonderte Befriedigung . . . verlangen . . ." (40).

[Dazu Einf. ges. § 14:

„Faustpfandrechte im Sinne des § 40 der K.=O." bestehen an beweglichen körperlichen Sachen nur, wenn der Pfandgläubiger oder ein Dritter für ihn den Gewahrsam der Sache erlangt und behalten hat.

Das Absonderungsrecht besteht ohne Uebergabe der Sache, sofern:

1) nach den Reichsgesetzen oder den Landesgesetzen die Uebergabe von Connossementen und ähnlichen Papieren . . . der Uebergabe . . . gleichsteht.

2) (Bodmereibrief.)]

„Den Faustpfandgläubigern stehen gleich:

. . . 6) Künstler, Werkmeister, Handwerker und Arbeiter wegen ihrer Forderungen für Arbeit und Auslagen, in Ansehung der von ihnen gefertigten oder ausgebesserten, noch in ihrem Gewahrsam befindlichen Sachen;

7) diejenigen, welche etwas zum Nutzen einer Sache verwendet haben . . . in Ansehung der zurückbehaltenen Sache;

8) diejenigen, denen nach dem H. G. B. an gewissen Gegenständen ein Pfandrecht oder Zurückbehaltungsrecht zusteht, in Ansehung dieser Gegenstände."

9) (Pfändung) . . . (41).

2) „Die Ansprüche auf Aussonderung eines dem Gemeinschuldner nicht gehörigen Gegenstandes aus der Konkursmasse auf Grund eines dinglichen oder persönlichen Rechts bestimmen sich nach den außerhalb des Konkursverfahrens geltenden Gesetzen" (35).

„Der Verkäufer oder Einkaufskommissionär kann Waaren, welche von einem anderen Ort an den Gemeinschuldner abgesendet und von dem Gemeinschuldner noch nicht vollständig bezahlt sind, zurückfordern, sofern nicht dieselben schon vor der Eröffnung des Verfahrens an dem Orte der Ablieferung angekommen und in den Gewahrsam des Gemeinschuldners oder einer anderen Person für ihn" (s. z. B. H. G. B. 649) „gelangt sind. Die Bestimmungen des § 19" (betr. nicht oder nicht ganz erfüllte zweiseitige Verträge, cf. 16) „finden Anwendung" (36).

Deutsches Reich (Einzelstaaten).

Braunschweig.

(Steinacker. Particulares Privatrecht des Hzgth. Braunschweig. 1843. § 176 f. S. 394 ff.)

Wesentlich gemeinrechtlich, insbesondere refusio pretii nur im Fall der negotiorum gestio. — Nach Holtzend. Encycl. 3. Aufl. S. 1047 gilt der Satz „Hand wahre Hand" nur zu Gunsten der Leihhäuser und bei Inhaberpapieren, und ist die Generalhypothek an Mobilien gegen Dritte unverfolgbar.

Bremen.

(Post. Entwurf eines gemeinen Deutschen und Hansestadtbremischen Pritvatrechts auf Grundlage der modernen Volkswirthschaft. II. Das . . . . universelle Vermögensrecht. Bremen 1868. —

Verordnung in Betreff des Uebergangs des Eigenthums an beweglichen Sachen vom 19./25. August 1848 (Sammlung . . . . S. 68 ff.).

Verordnung, betr. die Einführung des A. D. H. G. B., vom 6. Juni 1864. Ges.-Bl. S. 43.)

1) Die Grundlage des Mobilarsachenrechts sei nicht römisch, sondern statutarisch, die Sätze über Erwerb und Verlust aber aus dem römischen Recht entnommen (Post § 45).

Traditionssystem (V. v. 48 § 1 f.), und zwar behandelte die Praxis bis 1848 als wirksame Tradition jede Versetzung des Eigenthümers in die Möglichkeit, wirthschaftlich über die Sache zu verfügen (Post § 47 S. 100).

Nach dem Gesetz v. 48 dagegen ist bei Hausmobilien .... die Uebergabe ohne rechtliche Wirkung „sofern Veräußerer sich den Gebrauch der veräußerten Sache ausbedungen hat oder doch dieselbe ihm am Tage des Vertragsschlusses oder innerhalb der nächsten vierzehn Tage nach jenem Tage zum Gebrauche wieder zurückgestellt worden" (§ 1 Al. 2). Entgegenstehende Vereinbarung wirkt nur persönlich, inter partes, „namentlich . . reserv. dom., const. poss., pact. commiss.,[1]) add. in d., pact. displ. . ." (§ 3, 4). — Vereinbarungen in fraudem legis „sind von keiner rechtlichen Wirkung", „namentlich auch Wiederkaufsverträge . . . um die Bezahlung des creditirten Kaufpreises zu sichern" (§ 7).

Conossementsübergabe überträgt „wie bisher" das Eigenthum verschiffter Waaren (§ 2 Al. 2).

(Post § 47 S. 99 N. 1 bemerkt, das Gesetz „führe in der Praxis zu unerhörten Härten".)

2) „Ist zufolge obiger Vorschriften das Eigenthum auf den Erwerber übergegangen, so findet auch das Separationsrecht, welches .... dem Gläubiger in Ansehung der dem Schuldner verkauften und abgelieferten .... aber nicht bezahlten Sachen, dann, wenn kein Credit gegeben ist, zusteht, nicht weiter Statt. Es kann vielmehr dasselbe alsdann nur unter den Voraussetzungen geltend gemacht werden, unter denen es bei einem auf Credit geschlossenen Handel zulässig sein würde" (§ 5 das.).

„Ausnahmsweise bleibt in Fällen, wo gegen baare Zahlung verkauft, oder die sofortige Gegenleistung ausbedungen ist, dem Veräußerer der Uebergabe ungeachtet sein Eigenthumsrecht und ein Separationsrecht erhalten, wenn am Tage der Uebergabe oder binnen den nächsten vierzehn Tagen nach demselben entweder eine Klage auf Entrichtung der Gegenleistung oder auf Rücklieferung des veräußerten Gegenstandes von ihm erhoben, oder ein Debitverfahren über das Vermögen des Erwerbers eröffnet wird" (§ 6 das.).

3) Mobilarersitzung: ord. 3, außerord. 30 J. (Post, § 49 S. 104 ff.).

4) „Die Vindication des Geldes ist lediglich eine Schuldklage" (Post, § 56 S. 128).

5) „Die Bestimmungen der Art. . . 303—307 (A. D. H. G. B.) . . . sollen allgemeine, nicht auf Handelsgeschäfte und nicht auf Kaufleute beschränkte Geltung haben . . ." (V. v. 1864 § 30).

6) Vindication und Publiciana seien verschmolzen. Zur Klage genüge

---

[1]) Vgl. u. Preuß. Ldr. 9.

ein zum Eigenthumserwerb geeigneter Rechtstitel. Gegenbeweis: Bösgläubigkeit des Klägers. Analog auf der Gegenseite, insbesondere: Kläger müsse den Diebstahl, nicht, wie früher romanistische Praxis wohl statuirt, Verklagter ihm die freiwillige Besitzaufgabe nachweisen; so auch das Lüb. O. A. G. (Post, S. 113, 119 ff.)

Hamburg.

(Baumeister. Das Privatrecht der freien und Hansestadt Hamburg. Hamburg 1856.)

1) Zufolge I. § 16. S. 106. . . . gelten für den Besitzerwerb bei der Tradition die Grundsätze des römischen Rechts.

2) § 34 f. S. 243 ff.: „Hand wahre Hand", „keineswegs . . . die römische Vindicationstheorie, etwa mit einzelnen exceptionellen Milderungen, unterzulegen" (S. 248). Der „Funddiebstahl, nicht aber die Unterschlagung, sei dem Diebstahl gleichzustellen" (244).

3) Ausnahmen.

a. Veräußerung durch den betrauten Diener . . . .: unentgeltliche Vindication; durch den Handwerker: Vindication gegen Ersatz des Arbeitslohns (S. 253 f.).

b. Trotz Furtivität unvindicabel: zur See eingeführtes Gut, das der Importeur rechtlich an sich gebracht, oder das Jahr und Tag unangesprochen bleibt, sowie, gegen den gutgläubigen titulirten Erwerber, Inhaberpapiere (S. 245).

4) Kläger müsse ein rechtliches Interesse sowie das nach seiner Art zur Vindication berechtigende Abhandenkommen nachweisen; in ersterer Hinsicht genüge der bloße Umstand, detinirt zu haben, nicht (S. 257 ff.). Aber (das. N. 40) man werde geneigt sein, b. f. und j. t. zu präsumiren.

Preußen. (Das allgemeine Landrecht.)

1) „Zur Erwerbung des Eigenthums wird die Besitznehmung erfordert" (I. 9. § 3).

2) Die „Uebergabe" ist körperliche (I. 7. § 61), symbolische (§ 64 f.), durch Anweisung (§ 66), br. m. (§ 70), constit. (§ 71). Vgl. I. 2. § 131 ff., I. 9. § 3 ff., I. 10. § 1 ff.

3) I. 15. § 1: Vindication Ausfluß des Eigenthums. Dann näher: „Wer eine fremde Sache unredlicher Weise an sich gebracht hat, muß sie dem dazu besser berechtigten Rückforderer unentgeltlich herausgeben" (I. 15. § 17.).

„Ein Gleiches findet gegen Jeden statt, welcher die Sache von einer verdächtigen Person an sich gebracht hat" (§ 18).

„Wer die entfremdete Sache zwar redlicher Weise, aber unentgeltlich an sich gebracht hat, muß sie gleichergestalt unentgeltlich dem rechtmäßigen Eigenthümer oder Besitzer verabfolgen" (§ 24). — Vgl. u. 5 a. E.

„Wer die dem rechtmäßigen Eigenthümer oder Besitzer abhanden gekommene Sache von einer unverdächtigen Person, durch einen lästigen Vertrag, an sich gebracht hat, muß dieselbe zwar ebenfalls zurückgeben (§ 25);

Er kann jedoch dagegen die Erstattung alles dessen, was er dafür gegeben oder geleistet hat, fordern" (26).

4) Forts. — „Sachen, die von dem Fisco, oder bei öffentlichen Versteigerungen erkauft werden, sind keiner Vindication unterworfen" (42).

„Ein Gleiches gilt von Sachen, die in den Läden solcher Kaufleute, welche die Gilde gewonnen haben, erkauft worden" (43).

„Wer außerdem eine Sache auf Messen und Märkten, oder sonst von Leuten, welche Sachen dieser Art unter obrigkeitlicher Erlaubniß öffentlich feil haben (s. ab. schon Gew.-O. v. 17. Jan. 1845, § 22, 94), erkauft hat, dem kommen, wegen der nur gegen Ersatz zu leistenden Rückgabe, die Rechte eines redlichen Besitzers zu" (44).

5) Forts. — „Baares coursirendes Geld kann gegen einen redlichen Besitzer nicht zurückgefordert werden, wenn selbiges auch noch unvermischt und unversehrt in dem Beutel oder anderem Behältnisse, in welchem es vorhin gewesen ist, gefunden werden sollte" (45).

„Hat jedoch der gegenwärtige Besitzer des Geldes, welches unter obigen Umständen noch von allem anderen Gelde mit Gewißheit unterschieden werden kann, dasselbe unentgeltlich überkommen: so muß er es dem Eigenthümer herausgeben" (46). — Ebenso betr. Inhaberpapiere, § 47 f.

6) Ueber refusio pretii wegen negotiorum gestio: I. 15. § 21. jct. I. 13. Abschn. 2.

7) „Hat der redliche Erwerber einer fremden Sache selbige redlicher Weise hinwiederum veräußert, so ist er dem Eigenthümer, wenn dieser auf andere Art nicht vollständig entschädigt werden kann, den bei der Veräußerung gezogenen Vortheil zu verabfolgen (innerhalb eines Jahres: 30) gehalten" (28 ff.).

8) „Für verdächtig sind diejenigen anzusehen, welche mit Sachen derselben Art, von welcher die Rede ist, nicht zu handeln, oder dergleichen nach ihrem Stande und Lebensart nicht zu besitzen pflegen" (§ 19). Ferner wer ohne als Roßtäuscher oder angesessen bekannt zu sein, außerhalb des öffentlichen Marktes Pferde verkauft (Anh. § 49); Soldaten, die ohne Gegenwart des Feldwebels (das. 50), in gewissem Sinne auch Schiffer und Schiffsknechte, die Getreide verkaufen (V. v. 5. Mai 1809). — [Vgl. a. I. 7. § 10: „Wer des Besitzes einer Sache, die mit fremden Namen, einzelnen Buchstaben, Wappen, Petschaften oder andern zur Bezeichnung

des Eigenthums gewöhnlichen Merkmalen versehen ist, sich eigenmächtig anmaßt, hat die Vermuthung des unredlichen Besitzes gegen sich."]

„Die öffentliche Bekanntmachung der Entwendung oder des Verlustes eines solchen Instruments (Inhaberpapiers) ist noch nicht hinreichend, denjenigen, welcher dasselbe an sich bringt, als einen unredlichen Besitzer darzustellen" (52), ausgenommen: „wenn der Eigenthümer den Besitzer überführen kann, daß dieser davon, zur Zeit des Erwerbes, wirklich Wissenschaft gehabt hat" (53).

„Ein bloßer Irrthum in Thatsachen schadet der Redlichkeit des Besitzers nicht, sobald nur der Irrende nicht durch eigenes grobes oder mäßiges Versehen in einen solchen Irrthum gerathen ist" (I. 7. § 13).

„Wer aber aus Unwissenheit der Gesetze in der Gültigkeit seines Besitztitels irrt, heißt ein unrechtfertiger Besitzer, und wird, wo nicht besondere Ausnahmen gemacht sind, einem unredlichen Besitzer gleich geachtet" (§ 14)[1].

„Wer schon zur Zeit der Erwerbung des Besitzes, bei der Anwendung eines gewöhnlichen Grades von Aufmerksamkeit[2]), Ursache hatte, an der Gültigkeit seines Besitztitels zu zweifeln, und sich dennoch ohne weitere Untersuchung den Besitz zueignet, der wird bei einer in der Folge sich offenbarenden Unrechtmäßigkeit desselben, einem unredlichen Besitzer gleichgeachtet" (15).

9) „ . . . kann der Verkäufer, wenn der Käufer die Zahlung des Kaufgeldes, welche er bei der Uebergabe baar zu leisten versprochen hat, nicht leistet, die Uebergabe verweigern und den Kontrakt aufheben" (I. 11. § 230).

„Sobald der Verkäufer das Kaufgeld geborgt hat, kann er von der n. § 230 ihm zustehenden Befugniß, den Kontrakt aufzuheben, und die Sache selbst zurückzufordern, nicht mehr Gebrauch machen" (226 das.).

„Das Kaufgeld ist für geborgt anzusehen, wenn der Verkäufer, wegen der im Kontrakte vorbedungenen und bei der Uebergabe nicht geleisteten baaren Zahlung des Kaufgeldes, die gerichtliche Klage innerhalb acht Tagen nach der Uebergabe nicht anmeldet" (224).

„Hat der Verkäufer auf den Fall, wenn der Käufer das kreditirte Kaufgeld oder einen gewissen Theil desselben, in einem bestimmten Termine nicht zahlen würde, sich das Eigenthum der verkauften und übergebenen

---

1) Vgl. d. Bayer. Entw. (n. Goldschm. Zschr. IX. 35): „Dem unredlichen Besitzer steht derjenige gleich, dessen guter Glaube auf einem nicht entschuldbaren Irrthum über Thatsachen oder Rechtssätze beruht."

2) S. a. Engl. 8 im Anf.

Sache vorbehalten, so hat dieses Abkommen die Kraft einer auflösenden Bedingung" (das. 266; nach 261 f. geht in diesem Fall das Eigenthum auf den Käufer mit der Tradition über, „nach eingetretenem Falle" auf den Verkäufer erst durch Tradition zurück). Nach § 270, 264 steht diese lex commissoria dem redlichen Dritten nicht entgegen.

„Bei beweglichen Sachen hat ein solcher unbestimmter" (sc. „ohne Bestimmung eines gewissen Zahlungstermins" erfolgter: § 268) „Vorbehalt gar keine Wirkung" (269).

Preußen. (Provinz Hannover.)

(Grefe. Hannovers Recht. 1860 f. § 38, S. 113.)

Abweichung vom gem. R.: Inhaberpapiere dinglich herauszuklagen nur gegen m. f. oder grobfahrlässigen Erwerber (bereits zuf. Ges. v. 1859).

Preußen. (Provinz Hessen-Nassau.)

(Platner, Sachenrecht mit besonderer Rücksicht auf das frühere Kurfürstenthum Hessen. Marburg 1875 § 6, 30, 36, 37.)

Wesentlich gemeinrechtlich; jedoch:

„Bei Inhaberpapieren genügt zur Begründung der Nachweis, Vindikant habe dasselbe besessen und wider seinen Willen dessen Besitz verloren. Der Besitzer braucht dann aber zur Rechtfertigung nur einen Erwerbstitel anzugeben, welchen der Vindikant durch den Beweis zu beseitigen hat, der Verklagte habe sich beim Erwerb des Besitzes in bösem Glauben befunden" (§ 36 S. 166 ff., schon zuf. Verordn. v. 23).

(Bertram, das Nassauische Privatrecht. 2. Aufl. Wiesbaden 1878.)

Wesentlich gemeinrechtlich:

„Der Grundsatz Hand wahre Hand ist im Allgemeinen dem N. R. fremd" (§ 157 ff. S. 59). „Den für die Sache gegebenen Preis kann der Beklagte nur dann fordern,

a. wenn er zum Nutzen des Klägers verwendet ist,

b. wenn der Beklagte die Sache absichtlich zum Besten des Klägers an sich brachte,

c. wenn sie, soferne der Beklagte sie nicht erkauft hätte, für den Kläger gewiß auf immer würde verloren gegangen sein" (§ 168 S. 62).

Ferner: Erstattung des Viehkaufpreises bei Vindication nach Ablauf der Wandelungszeit (Viehhandelsordnung v. 1791), Ersatz des Darlehens an das Leihhaus, des Kaufpreises an den Ansteigerer im Hilfsvollstreckungsverfahren (das.).

Preußen. (Rheinprovinz s. Frankreich.)

Sachsen. (GHzth.)

(Völker, Hdb. d. Großh. Sächs. Privatrechts. Jena 1855.)

„Die altdeutsche Vindicationsweise nach dem Grundsatz ‚Hand muß Hand wahren‘ ist durch das römische Recht verdrängt worden“ (§ 119 S. 112 — vgl. Heimbach, Lhb. § 188, Sachse, Hdb. § 287).

Sachsen. (Kgr.)

(Das bürgerliche Gesetzbuch für das Königreich Sachsen, ... erläutert ... v. Wengler und Brachmann 2. Bde. Leipzig 1878.)

1) Formlosigkeit der Willenserklärungen (§ 98, 100, 783, 824). Uebergang der Gefahr mit dem Vertragsschluß (860).

2) Der Besitz präsumtiv redlich (§ 188); Besitzklage ohne Unterscheidung von Mobilien und Immobilien (205 ff.).

3) Eigenthumserwerb an Mobilien durch Uebergabe (253 ff.), und zwar mittels Einhändigen, Hinlegen, Schlüsselübergabe, br. m. trad., constit. poss. (§ 199 ff.); von Ort zu Ort ist die Abgabe zur Versendung entscheidend, sofern Adressat die Art der letztern bestimmt hat (204).

4) „Der redliche Besitzer einer beweglichen Sache erwirbt das Eigenthum derselben durch Ersitzung, wenn er den Besitz der Sache dreißig Jahre fortgesetzt hat“ (260).

„Ist der redliche Besitzer einer beweglichen Sache zugleich rechtmäßiger (vgl. 268 = titulirter) Besitzer und hat er den Besitz auf fehlerfreie Weise erlangt, so erwirbt er das Eigenthum, wenn er den Besitz drei Jahre fortgesetzt hat“ (261).

5) Im Princip unbeschränkte Vindication (295). Aber: „Bei Metallgeld, Papiergeld, ingleichen bei öffentlichen (297) auf den Inhaber gestellten Werthpapieren . . nur gegen denjenigen . . welcher zur Zeit der Erwerbung dieser Gegenstände in unredlichem Glauben gestanden hat“ (296).

„Als nothwendige Verwendung auf die Sache gilt auch der Preis, den der Inhaber bei Erwerbung unter Umständen gezahlt hat, nach welchen anzunehmen ist, daß durch seine Erwerbung dem Kläger die Verfolgung seines Eigenthums möglich geblieben ist. Es ist dies insbesondere anzunehmen, wenn erbeutete Sachen von dem Feinde erworben worden sind“ (314).

„In anderen Fällen kann der Beklagte Ersatz des für die Sache gezahlten Preises nicht verlangen, ausgenommen, wenn er die Sache aus einer öffentlichen Versteigerung, welche von einer Behörde oder von einer zur Abhaltung öffentlicher Versteigerungen verpflichteten Person bewirkt worden ist, oder im Meß- oder Marktverkehre von einer zum Handelsbetrieb damit befugten Person in redlichem Glauben erworben hat“ (315; 767: Retentionsrecht).

6) „Die dem Eigenthümer zustehenden Klagen kommen bei beweglichen Sachen auch dem rechtmäßigen und redlichen Besitzer unter den sonstigen Voraussetzungen dieser Klagen zu" (325).

„Einem rechtmäßigen und redlichen Besitzer ist rücksichtlich der dem Eigenthümer zustehenden Klagen bei beweglichen Sachen auch der Nichtbesitzer gleich zu achten, welcher einen Rechtsgrund zur Erwerbung des Eigenthums für sich hat, bei dem die Erlangung des Besitzes der Sache zur Erwerbung des Eigenthums nicht erforderlich ist, vorausgesetzt, daß sein Rechtsvorgänger, von welchem er seine Erwerbung ableitet, rechtmäßiger und redlicher Besitzer gewesen ist" (326).

„Die erwähnten Klagen können nicht gegen den Eigenthümer angestellt werden, auch nicht gegen denjenigen, welcher rechtmäßiger und redlicher Besitzer ist und sein Recht von einem anderen Vorgänger ableitet als der Kläger. Leiten Beide ihre Rechte von demselben Vorgänger ab, so kann die Klage nicht gegen Denjenigen angestellt werden, dessen Recht älter ist" (327).

7) „Pfandrecht an beweglichen Sachen" unterstellt Tradition (466); Constitutum genügt nicht (467); zu bestellen nur durch den Eigenthümer (469); a non domino convalescirend durch Ratihabition oder spätern Eigenthumserwerb . . . (470 ff.).

Württemberg.

(Reyscher, das ges. württb. Privatrecht 1846—48. II. § 295 S. 34.)

Gem. R., insbesondere refusio pretii nur wegen versio in rem oder negotiorum gestio.

England.

(Blackstone, Commentaries . . ., adapted to the present state of the law by Rob. Malc. Kerr, 4. ed. London 1874—76 vol. II.)

1) Grants or gifts of chattels personal[1]) are the act of

[1]) Das „Eigenthum" an „chattels personal" oder „moveables im eigentlichen Sinne" ist (l. c. S. 340 ff.) entweder property in possession oder property (oder chose) in action: jenes where a man hath not only the right to enjoy, but hat the actual enjoyment of, the thing, dieses where a man hath not the occupation, but merely a bare right to occupy the thing in question, the possession whereof may however be recovered by a suit or action at law. Vom letztern insbesondere, das sich als das alte jus ad rem ausweist, wird dann ferner bemerkt: all pr. in act. depends entirely upon contracts, und (mit Anrufung von 41, 1, 52; 50, 16, 49 Dig.) „chose in action heiße die Sache, while the thing, or its equivalent remains in su-

transferring the right and the possession of them; . . . . which may be done either in writing, or by word of mouth, accompanied by an actual delivery of possession to the donee. But this conveyance, when merely voluntary, is somewhat suspicious, and is usually construed to be fraudulent if creditors or others become sufferers thereby. And particularly by statute 3 Hen. VII. c. 4 all deeds of gift of goods. made in trust to the use, of the donor, shall be void . . . . . And now, a bill of sale, which is usual denomination of a grant of chattels personal, must by filed in the proper office of the High Court within twenty-one days after the making or giving it: otherwise any such grant will, as against creditors, be null and void. (17 & 18 Vict. c. 36; 29 & 30 Vict. c. 96.)

A true and proper gift or grant is always accompanied with delivery of possession, and takes effect immediately . . . .; it is not in the donors power to retract it, though he did it without any consideration or recompense; unless it be prujudicial to creditors, . . . or if he were drawn in, circumvented . . . . But if the gift does not take effect by delivery of immediate possession, it is then not properly a gift, but a contract; and this a man cannot be compelled to perform but upon good and sufficient consideration . . .

2) VII. A contract, which usually conveys an interest merely in action is thus defined: an agreement upon sufficient consideration to do or not to do a particular thing.“ — (Chose in action sei nach älterm Recht unübertragbar gewesen, z. B. (!) das gekaufte Gut vor dem Eigenthumsübergang) : . . . here (Tauschgeschäft über zwei Pferde vor der Tradition) the right only vests, and their reciprocal property is not in possession but in action; for a contract executed,

---

spense“ (vgl. oben den Text S. 140 ff.). Beispiele sind: money due on a bond — (contract express) —: for a property in the debt vests at the time of forfeiture mentioned in the obligation, but there is no possession till recovered by course of law; ferner der Schadensersatzanspruch wegen Nichterfüllung einer obl. ad faciendum — (an implied contract) —; desgl. der unvollzogene Tausch (S. 395, u. u. Nr. 2).

Weiter ist die prop. in poss. eine absolute oder qualified (limited, special). Jene, die absolute cannot be transfered from him (Eigenthümer) . . without his own act or default resp. without doing him an injury. Letztere, die qualificirte (meines Erachtens zu bezeichnen als regelmäßig vindicationsloses, aber mit sonstigem civilen oder pönalen Rechtsschutz versehenes dingliches Recht stellt sich ein entweder zufolge der Natur des Objektes („wilde Thiere, Feuer, Licht, Luft, Wasser“), oder, trotz objectiver Möglichkeit von absolute ownership, zufolge peculiar circumstances of the owner (z. B. des Pfandgläubigers).

which differs in nothing from a grant, conveys a chose in possession; a contract executory conveys only a chose in action. (p. 395.) Vergl. die Note zu Nr. 1.

3) .. the consideration ... or the reason which moves the contracting party to enter into the contract, (also nach unserer Terminologie die Causa) ... The civilians hold, that, in all contracts, either expressed or implied, there must be something given in exchange, something that is mutual or reciprocal. This thing, which is the price or motive of the contract, we call the consideration .. A good consideration ... is that of blood or natural affection between near relations .... Aber: this ... may sometimes be set aside and the contract be void, when it tends in its consequences to defraud creditors or other third persons of their just rights. But a contract for any valuable consideration, as for marriage, for money, for work done, or for other reciprocal contracts, can never be impeached at law (vgl. unten 5) and, if it be of a sufficient adequate value, is never set aside in equity: for the person contracted with has then given an equivalent in recompense, and is therefore as much an owner, or a creditor, as any other person. (Folgt die Eintheilung do ut des u. s. w., und dann:)

A consideration of some sort or other is so absolutely necessary to the forming of a contract, that a nudum pactum, or agreement to do or pay anything on one side, without any compensation on the other, is totally void in law: and a man cannot be compelled to perform it ... the maxim of our law being that ex nudo pacto non oritur actio. But any degree of reciprocity will prevent the pact from being nude: nay, even if the thing be founded on a prior moral obligation, as a promise to pay a just debt, though barred by the statute of limitations, it is no longer nudum pactum (S. 395 ff.)

4) Das sog. Statute of frauds, 29 Carl II. c. 3. s. 17.[1]) And be it further enacted ... that ... no contract for the sale of any goods, wares and merchandises, for the price of ten pounds sterling upwards, shall be allowed to be good, except the buyer shall accept part of the goods so sold, and actually receive the same, or give something in earnest to bind the bargain or in part of payment, or that some note or memorandum in writing of the

---

[1]) Gilt in Schottland nicht: cf. Kent l. c. S. 688 f. (Bell, on Sale 63,73.)

said bargain be made and signed by the parties to be charged by such contract, or their agents thereunto lawfully authorized. (Erneuert und generalisirt: 9. Mai 1828, durch Lord Tenterdens Act, 9 Geo. IV c. 14. s. 7. — cf. Kerr l. c. S. 399, — und zwar: notwithstanding the goods may be intended to be delivered at some future time, or may not at the time of the contract be actually made or provided, or ready for delivery . . . . .

Der Autor fährt fort: With regard to goods under the value of 10 l., no contract or agreement for the sale of them shall be valid, unless the goods are to be delivered within one year, or unless the contract be made in writing, and signed by the party, or his agent, who is to be charged therewith. (In alter Zeit shaking of hands was held necessary to bind the bargain, a custom which we still retain in many verbal contracts.)

5) Sale („a transmutation of property from one man to another, in consideration of some price or recompense in value", dsgl. Kent l. c. S. 640) or exchange (beide im Wesen gleich), und zwar

I. Kauf a domino (398 ff. vgl. u. 8.)

Hier the vendor . . . has the liberty of disposing . . to whomever he pleases, at any time, and in any manner: unless judgment has been obtained against him for a debt or damages, and the purchaser has notice that a writ of execution is actually delivered to the sheriff. (. . . St. of frauds, c. 3 . . . und Mercantile Law Amendment Act. 1856: for no writ of execution or attachment shall now predjudice the title to goods, by any person bonâ fide — vorher „innocent buyers" — and for a valuable consideration (vgl. o. 2.), before the actual seizure or attachment . . .) Between the parties the law remains as it was before the St. of fraud's.

6) If a man agrees with another for goods at a certain price, he may not carry them away before he has paid for them; for it is no sale without payment, unless the contrary be expressly agreed. And therefore, if the vendor says, the price of a beast is four pounds, and the vendee says, he will give four pounds, the bargain is struck; and they neither of them are at liberty to be off, provided immediate possession be tendered by the other side. But if neither the money be paid, nor the goods delivered, nor tender made, nor any subsequent agreement be entered into, it is no contract, and the owner may dispose of the goods as he pleases. But, if any part of the price is paid down, if it be but a penny,

or any portion of the goods delivered by way of earnest, which the civil law calls arrha, and interprets to be emptionis-venditionis contractae argumentum, the property of the goods is absolutely bound by it: and the vendee may recover the goods by action, as well as the vendor may the price of them. Vergl. S. 400 f.: As soon as the bargain is struck, the property (vgl. ab. oben im Text, S. 19 ff., und weiter unten v. „and B. pays him earnest") of the goods is transferred to the vendor, and that of the price to the vendor; but the vendee cannot take the goods, until he tenders the price agreed on . . And by a regular sale, without delivery, the property is so absolutely vested in the vendee, that if A sells a horse to B for 10 l. and B pays him earnest, or signs a note in writing of the bargain; and afterwards, before the delivery of the horse or money paid, the horse dies in the vendors custody; still he is entitled to the money, because by the contract the property was in the vendee.

7) But (und hier wird, wie im Text l. c. gezeigt ist, klar, daß „Eigenthum" in unserm Sinn durch bloßen Vertrag nicht übergeht; s. a. oben 2, v. „chose in action") in one particular instance, where the act of transfer is not completed, the right of property transferred by the sale to the vendee may be divested by an act of the vendor; this occurring when the vendor exercises . . . the right of stoppage in transitu (nach Law Merchant.) For where the parties deal on credit, that is, when the contract is in fact for the immediate delivery of the goods, but for the future payement of the money, it may sometimes happen that before the delivery has been completed, the vendor may discover that the vendee will be unable to perform his part of the contract, when the time arrives for so doing. And the law, therefore, allows the vendor, if he can, to prevent the goods coming into his possession (nämlich durch Retention oder durch Anhaltung auf dem Transport).

Nor will partial payment destroy this right, for the effect of the stoppage in transitu is not to rescind the contract, which cannot be done after part-payment; its operation is to create a lien upon the goods, which may be retained until full payment be made, the vendee or his assigns being then entitled to the goods.[1])

[1]) Mit a. W.: das Stoppage hindert die property in action (resp., was hier offen bleiben mag, die property in possession qualified) sich in property in possession (resp. in poss. absolute) zu wandeln.

Das Recht des St. erlischt, wenn das Gut actually or constructively in Besitz des Käufers gelangt, letzteres z. B. wenn es *gegen Miethzins* in the vendors warehouse lagert, dsgl. durch Indossirung des Ladescheins, welche den Indossatar zum Eigenthümer macht: a doctrine, wie der Autor anfügt, a doctrine at variance with the general principle of law, which does not permit anyone to transfer a greater right than he has himself.

8) II. Kauf a non domino (S. 401 ff.).

. . . property may also in some cases be transferred (sic) by sale, though the vendor *hath none at all* in the goods: for it is expedient that the buyer, *by taking proper precautions*,[1]) may at all events be secure of his purchase, ... And therefore the general rule of the law is, that all sales and contracts of anything vendible, in fairs or markets *overt*, that is, open, shall not only be good between the parties, but also be binding on all those that have any right of property therein. . . . .

. . In London every day, except Sunday, is market-day, ... every shop in which goods are exposed publicly to sale, is market overt for such things . . as the owner professes to trade in.

And it is expressly provided by statute 1 Jac. I. c. 21, that the sale of any goods wrongfully taken to any pawnbroker in London, or within two miles thereof, shall not alter the property; for this being usually a clandestine trade, is therefore made an exception to the general rule (cf. 35 & 36 Vict. c. 93).

Ausnahme: (für Krongut und) if the buyer knows the property not to be in the seller; or there be any other fraud in the transaction, if he knows the seller to be an infant, or feme-covert not usually trading for herself; if the sale be not originally and wholly made in the fair or market,[2]) or not at the usual hours. . . . .

And, notwithstanding any number of intervening sales, if the original vendor, who sold without having the property, comes again into possession of the goods, the original owner may take them, when found in his hands who was guilty of the first breach of justice.

9) Gestohlene Pferde sind, selbst wenn auf dem Markt gekauft, vin-

---

[1]) An anderen Stellen: innocent, bona fide buyer u. dgl.

[2]) Eine altburgundische Coutüme wandelt im Gegentheil den Abschluß auf dem Markt in ein ziemlich rabulistisches Mittel, sich gegen Vindicationen zu decken, möchte auch das Geschäft materiell ganz wo anders zu Stande gekommen sein (s. Franken, Gesch. d. französ. Pfandr. I. S. 283, Nr. 20).

dicabel, sofern nicht der Marktvorsteher Namen xc. des Verkäufers und Preis verzeichnet (31 Eliz. c. 12). — Aehnlich (gegen das Börsenspiel) hins. shares or stock in Joint stock Companies (Bank of Engl. u. Irel. ausgenommen) Eintragung in das Gesellschaftsbuch erfordert (30 Vict. 29).

Frankreich (nebst Belgien, Genf u. s. f.).

(Code civil von 1804.)

1) La propriété des biens s'acquiert et se transmet . . . . par l'effet des obligations (711); . . aussi . . par prescription (712).

2) L'obligation de donner emporte celle de livrer la chose et de la conserver . . (1136).

L'obligation de livrer la chose est parfaite par le seul consentement des parties contractantes. Elle rend le créancier propriétaire et met la chose à ses risques, dès l'instant où elle a dû être livrée, encore que la tradition n'en ait point été faite . . . (1138.)

Elle (la vente) est parfaite entre les parties, et la propriété est acquise de droit à l'égard du vendeur, dès qu'on est convenu de la chose et du prix, quoique la chose n'ait pas encore été livrée ni le prix payé (1583).

L'échange s'opère par le seul consentement, de la même manière que la vente (1703).

La promesse de vente vaut vente, lorsqu'il y a consentement réciproque des deux parties sur la chose et sur le prix (1589). — Princip des Consensualcontrakts: 1108 (s. ob. u. Nr. 5).

3) La délivrance est le transport de la chose vendue en la puissance et possession de l'acheteur (1604). — La délivrance des effets mobiliers s'opère, ou par la tradition réelle, ou par la remise des clefs des bâtimens qui les contiennent, ou même par le seul consentement des parties, si le transport ne peut pas s'en faire au moment de la vente, ou si l'acheteur les avait déjà en son pouvoir à un autre titre (1606).

4) Präsumtion, zu besitzen pour soi et à titre de propriétaire (2230).

En fait de meubles la possession vaut titre.

Néanmoins celui qui a perdu ou auquel il a été volée une chose, peut la revendiquer pendant trois ans, à compter du jour de la perte ou du vol, contre celui dans les mains duquel il la trouve; sauf à celui-ci son recours contre celui duquel il la tient (2279).

Si le possesseur actuel de la chose volée ou perdue l'a achetée dans une foire ou dans un marché, ou dans une vente publique, ou d'un marchand vendant des choses pareilles, le propriétaire originaire ne peut se la faire rendre qu'en remboursant au possesseur le prix qu'elle lui a couté (2280).

S. a. u. Nr. 9) u. 10).

Si la chose qu'on s'est obligé de donner ou de livrer à deux personnes successivement, est purement mobilière, celle des deux qui en a été mise en possession réelle est préférée et en demeure propriétaire, encore que son titre soit postérieur en date, pourvu toutefois que la possession soit de bonne foi (1141).

5) La condition résolutoire est toujours sous-entendue dans les contrats synallagmatiques, pour le cas où l'une des deux parties ne satisfera point à son engagement . . . La partie . . a le choix ou de forcer l'autre à l'exécution de la convention lorsqu'elle est possible, ou d'en demander (en justice) la résolution avec dommages et intérêts . . . (1184).

6) Les créances privilégiées sur certains meubles sont, . .

2) la créance sur le gage dont le créancier est saisi;

3) les frais faits pour la conservation de la chose;

4) le prix d'effets mobiliers non payés, s'ils sont encore en la possession du débiteur, soit qu'il ait acheté à terme ou sans terme, le vendeur peut même revendiquer ces effets tant qu'ils sont en la possession de l'acheteur, et en empêcher la revente, pourvu que la revendication soit faite dans la huitaine de la livraison, et que les effets se trouvent dans le même état dans lequel cette livraison a été faite; **der Vermiether der Wohnung des Käufers geht vor, außer wo er Kenntniß hatte** que les meubles . . . n'appartenaient pas au locataire; il n'est rien innové aux lois et usages du commerce sur la revendication (2102).

7) Code de commerce.

Le privilége et le droit de revendication, établis par le No. 4 de l'art. 2102 du C. civ., au profit du vendeur d'effets mobiliers, ne seront point admis en cas de faillite (550).

(Cap. X. De la revendication.) Pourront être revendiquées, en cas de faillite, les remises en effet de commerce ou autres titres non encore payés . . ., lorsque ces remises auront été faites par le propriétaire, avec le simple mandat d'en faire le recouvrement et d'en garder la valeur à sa disposition, ou lorsqu'elles auront été, de sa part, spécialement affectées à des paiements déterminés (574).

.. également ... les marchandises consignées au failli à titre de dépôt, ou pour être vendues pour le compte du propriétaire.

.. même .. le prix .. ni payé ni réglé en valeur ni compensé en compte courant entre le failli et l'acheteur (575).

Pourr. être rev. les marchandises expediées au failli, tant que la tradition n'en aura point été effectuée dans ses magasins, ou dans ceux du commissionnaire chargé de les vendre pour le compte du failli.

Néanmoins la rev. ne sera pas recevable si, avant leur arrivée, les marchardises ont été vendues sans fraude, sur factures et connaissemens ou lettres de voiture signées par l'expéditeur. Vindicant rembourſirt die a-conto-Zahlungen, Frachtkoſten ... (576).

Retentionsrecht des Verkäufers vor der Abſendung (577).

Beides (576 und 577) unter dem Recht der Maſſe, gegen Zahlung die Waare an ſich zu ziehen (578).

8) Mobilarpfand (gage) nur ſchriftlich (2074), und: le privilége ne subsiste sur le gage qu'autant que ce gage a été mis et est resté en la possession du créancier, ou d'un tiers convenu entre les parties (2076).

9) Celui qui se prétendra propriétaire des objets saisis .. pourra s'opposer à la vente par exploit ... contenant assignation libellée et l'énonciation des preuves de propriété, à peine de nullité ... — Le reclamant qui succombera, sera condamné, s'il y échet, aux dommages et intérêts du saisissant (C. d. pr. 608).

10) S. a. C. d. proc. 826—831: de la saisie-revendication.

Italien.

Codice civile von 1865, im Weſentlichen dem Code Napoleon folgend. (D'Ettore e Giordano. La Legislazione del regno d'Italia cioè i Codici e le altre leggi complementari, messi in ordine ed annotati. Napoli. 1868 ss. — Vgl. a. Camillo Re, Trattato sulla compra e vendita sec. il Cod. civ. ital., Roma 1877).

1) Nei contratti che hanno per oggetto la traslazione della proprietà o di altro diritto, la proprietà o il diritto si trasmette e si acquista per effetto del consenso legittimamente manifestato, e la cosa rimane a rischio e pericolo dell' acquirente, quantunque non ne sia seguita la tradizione (1125, entſpr. C. civ. 711,1138).

2) Der Art. 1589 (prom. de vente v. v.) fällt aus.

La donazione debitamente accettata è perfetta tra le parti, e la proprietà degli effetti donati s'intende trasferita nel donatario senza necessità di tradizione (1062).

3) Tradition, Begriff und Arten, 1463, 1465, = C. civ. 1604, 1636.

4) Besitz präsumtiv per sè stesso ed a titulo di proprietario (687,1 = C. civ. 2230). Präsumtion der b. f.: 702.

Von den Besitzklagen ist (unter Entscheidung einer ältern französischen Controverse, die complainte, das Mittel retin. poss., auf die universalità di mobili eingeschränkt (694), die réintegrande, dem violentemente od occultamente spogliato für Mob. und Immob. gegeben (695).

5) Jl proprietario della cosa ha diritto de rivendicarla da qualsiasi possessore o detentore, salve le eccezioni stabilite dalle leggi (439 al. 1).

Riguardo ai beni mobili per loro natura ed ai titoli al portatore, il possesso produce a favori dei terzi di buona fede l'effetto stesso del titolo. Questa disposiziom non si applica all' universalità dei mobili (707).

Dem französischen Artikel 2279 al. 2. entsprechen 708 und 2146, letzterer die Vindication in eine Extinctiverjährung von zwei Jahren einschränkend. — Art. 2280 C. civ. = 709 des ital.

Dem Art. 1141 C. civ. entspricht, in etwas verbesserter Redaction und auch ausdrücklich auf Inhaberpapiere erstreckt, 1126.

(Mexico.) Californien.

Civilcodex, in Kraft seit 1. März 1871.

(Codigo civil del distrito federal y territorio de la Baja-California. Mexico. 1878. — 4126 Art.)

1) Besitz präsumtiv pro suo (922), der Besitzer präsumtiv Eigenthümer (925); gutgläubiger Besitzer: el que cree fundadamente poseer en virtud de un título bastante para trasferir el dominio oder ignora los vicios del título, welches Nichtwissen präsumirt wird (927); Präsumtion des guten Glaubens (930); Besitzschutz ohne Unterscheidung zwischen Mobilien und Immobilien (955 ff.).

2) Mobilarersitzung analog Portugal 532 f. (1196 ff.).

Desgl. 1199 analog Portugal 534, nur am Schluß: salvas suas acciones contra el que la halló, si fué perdida ó abandonada: y contra el autor del robo en su caso.

3) System des Consensualcontracts (1392, 1439); der obligado á

dar muß bewahren und liefern — (keine Aeußerung über den Eigenthumsübergang) —; die Gefahr geht ohne Tradition über (1545 f.); Präsumtion der Culpa gegen den Schuldner, bei dem die Sache untergeht (1558).

4) Art. 1552 ff. analog Portugal 715, 718.

5) Zur Constituirung des Mobilarpfandes (prenda) ist Besitzwechsel unerläßlich (1889 ff.).

6) Der Kauf ist „zwischen den Parteien" auch ohne Lieferung oder Zahlung perfekt (2946).

Desde el momento que la venta es perfecta conforme á los articulos 1392, 1552 y 2946, pertenece la cosa al comprador y el precio al vendedor, teniendo cada uno de ellos derecho de exigir del otro el cumplimiento del contrato (2950).[1])

La venta de cosa ajena es nula; y el vendedor es reponsable de los daños y perjuicios, si procede con dolo ó mala fé (2959).[2])

7) Mobilartradition: reell oder durch Schlüssel (2982).

En cualquier caso se considera hecha la entrega, si el comprador dá por recibida la cosa (2985).[3])

8) Si una misma cosa fuere vendida po rel misma vendedor á diversas personas, . . si la cosa vendida fuere mueble, prevalecerá la venta primera en fecha; y si no fuere posible verícar la prioridad de ésta; prevalecerá la hecha al que se halle en posesion de la cosa (3000 f.)[4]) — Weiter, betr. Haftung (criminell wegen estafa) und Immobilar: analog Portugal 1579 f. (3002 f.).

Niederlande.

(Burgerlyk Wetboek vom 1. Oktober 1838.)

1) Eigenthumserwerb durch . . verjaring, . . opdragt of levering ten gevolge van eenen regstitel van eigendomsovergang, afkomstig van dengenen die geregtigd was over den eigendom te beschikken (639).

---

[1]) Mit dem Augenblicke, wo der Verkauf gemäß Art. 1392, 1552 und 2946 perfekt ist, gehört die Sache dem Käufer und der Preis dem Verkäufer, indem Jeder von Beiden das Recht hat, vom Andern die Erfüllung des Vertrags zu fordern.

[2]) Der Verkauf einer fremden Sache ist null; und der Verkäufer ist zum Schadensersatz verpflichtet, wenn er betrügerisch oder bösgläubig verfährt.

[3]) Jedenfalls gilt die Uebergabe als geschehen, wenn der Käufer die Sache als empfangen erklärt.

[4]) Wenn eine und dieselbe Sache vom selben Verkäufer an verschiedene Personen verkauft ist, . . . so geht, wenn sie beweglich ist, der dem Datum nach erste Verkauf vor; und wenn es nicht möglich wäre, die Priorität zu erbringen, so geht der an denjenigen geschehene vor, der sich in Besitz der Sache gesetzt hat.

2) Art. 1271 (und speciell für den Kauf 1510) entspricht C. Nap. 1136; 1494 desgl. C. Nap. 1583, aber unter Weglassung der Worte et la propriété est acquise à l'acheteur: vielmehr lautet 1495:

De eigendom van het verkochte good gaat niet eer tot den kooper over dan nadat de levering daarvan geschied is, overeenkomstig art. 667, 668 en 671.

Die Gefahr geht sogleich mit perfektem Vertrag über (1496).

3) Art. 1511 = C. Nap. 1604 (o. Nr. 3); Art. 667 entspricht inhaltlich C. Nap. 1606; bei Inhaberpapieren wordt de overgave voor levering gehouden (668); sonstige Forderungen werden tradirt (vorbehaltlich der gegen den Schuldner nöthigen Denunciation oder Anerkennung) door middel van eene authentieke of onderhandsche akte, waarby de regten op die voorwerpen aan een ander worden overgedragen (das.).

4) Aus dem Besitz folgt eine Präsumtion, pro suo geübt zu werden (590) und weiter eine Eigenthumspräsumtion (604 f.). Besitzklage gibt es nur für die algemeenheid van roerende zaken (506), nicht für einzelne Mobilien (611). Der Besitz endet gegen den Willen des Besitzers nur wenn die Mobilien 1) weggenomen of gestolen, 2) verloren, en men niet weet op welke plaats zy zich bevindt (602).

Met betrekking tot roerende goederen die noch in renten bestaan, noch in inschulden welke niet aan toonder betaalbaar zyn, geldt het bezit als volkomen titel (2014, Al. 1, bei der Verjährung — Diephuis, Handboek voor het Nederlandsch burgerlyk regt, 2. uitg. Groningen 1879, 80. III. S. 604 bemerkt hierzu: Het, der juristische Besitz, beschermt niet enkel den bezitter tegen een revindicatie, het geeft hem self hiertoe het regt). Al. 2 das. ist gleich C. Nap. 2279 Al. 2, nur mit zusätzlichem Vorbehalt von Art. 637, welcher letztere inhaltlich C. Nap. 2280 entspricht und vom cit. Commentator mit der Bemerkung begleitet wird: omdat er nu een vermoeden voor des houders goede trouw bestaat, nicht recht passend, da Art. 589, 2002 eine generelle Präsumtion der b. f. statuiren (vgl. 587 f.).

Oesterreich-Ungarn.

Oesterreichisches allgemeines bürgerliches Gesetzbuch von 1811, in Kraft seit 1. Januar 1812 (Commentar v. von Kirchstetter, 3. Aufl. v. Maitisch, Leipzig u. Wien 1876.)

1) „Körperliche, bewegliche Sachen werden durch physische Ergreifung, Wegführung oder Verwahrung . . . in Besitz genommen . . “ (§ 312).

„Durch einen gültigen Titel erhält man nur das Recht zum Besitze einer Sache, nicht den Besitz selbst . . .“ (320). — Consensualcontrakt (863, 883: „mündlich oder schriftlich“).

„Ist eine bewegliche Sache nach und nach mehreren Personen übergeben worden, so gebührt das Besitzrecht derjenigen, welche sie in ihrer Macht hat (322); desgl. geht bei mehrfacher Veräußerung die erste Tradition vor (430).

2) § 425 desgl. Traditionssystem, und zwar mittels entweder körperlicher Uebergabe (426), oder Zeichen (427: Urkunden, Werkzeuge der Bemächtigung, Bezeichnung) oder durch Erklärung (428: Constit. u. br. m. trad.); von Ort zu Ort entscheidet im Princip der wirkliche Empfang, ausgenommen bei vom Adressaten angeordneter oder genehmigter Uebersendungsart (429).

2a) Redlichkeit und Titel werden beim Besitzer vermuthet (323, 328), ersteres hinsichtlich entwendet scheinender Sachen vorbehaltlich der „Straf- und politischen Gesetze“.

Redlicher Besitzer: „wer aus wahrscheinlichen Gründen die Sache die er besitzt, für die seinige hält,“ — unredl.: „weiß oder aus den Umständen vermuthen muß, daß sie einem Andern zugehöre“ . . .

Besitzklagen ohne Unterscheidung von Mobilar und Immobilar (339 ff.).

3) „Ein redlicher Besitzer kann schon allein aus dem Grunde des redlichen Besitzes die Sache, die er besitzt, ohne Verantwortung nach Belieben brauchen, verbrauchen, auch wol vertilgen“ (329).

4) Die Vindication resultirt aus dem Eigenthum (366). Jedoch:

„Die Eigenthumsklage findet gegen den redlichen Besitzer einer beweglichen Sache nicht statt, wenn er beweist, daß er diese Sache entweder in einer öffentlichen Versteigerung oder von einem zu diesem Verkehre befugten Gewerbsmanne, oder gegen Entgelt von Jemandem an sich gebracht hat, dem sie der Kläger selbst zum Gebrauche, zur Verwahrung, oder in was immer für einer anderen Absicht anvertraut hatte. In diesen Fällen wird von den redlichen Besitzern das Eigenthum erworben und dem vorigen Eigenthümer steht nur gegen jene, die ihm dafür verantwortlich sind, das Recht der Schadloshaltung zu“ (367).

„Wird aber bewiesen, daß der Besitzer entweder schon aus der Natur der an sich gebrachten Sache oder aus dem auffallend zu geringen Preise derselben, oder aus den bekannten persönlichen Eigenschaften seines Vormannes, aus dessen Gewerbe oder anderen Verhältnissen einen gegründeten Verdacht gegen die Redlichkeit seines Besitzes hätte schöpfen können, so muß er als ein unredlicher Besitzer die Sache dem Eigenthümer abtreten“ (368).

„Sachen, die sich auf diese Art (370: indiv. Beschreibung) nicht unterscheiden lassen, wie baares Geld mit anderem baaren Gelde vermengt, oder auf den Ueberbringer lautende Schuldbriefe, sind also in der Regel kein Gegenstand der Eigenthumsklage, wenn nicht solche Umstände eintreten, aus denen der Kläger sein Eigenthumsrecht beweisen kann, und aus denen der Beklagte wissen müßte, daß er der Sache sich zuzuwenden nicht berechtigt sei" (371).

(§ 372 gibt, ohne Mobilien und Immobilien zu scheiden, die Publiciana).

„Wenn also der Beklagte die Sache auf eine unredliche oder unrechtmäßige Weise besitzt, wenn er keinen oder nur einen verdächtigen Vormann anzugeben vermag, oder wenn er die Sache ohne Entgelt, der Kläger aber gegen Entgelt erhalten hat, so muß er dem Kläger weichen" (373).

5) „Selbst der redliche Besitzer kann den Preis, welchen er seinem Vormanne für die ihm überlassene Sache gegeben hat, nicht fordern. Wer aber eine fremde Sache, die der Eigenthümer sonst schwerlich wieder erlangt haben würde, redlicher Weise an sich gelöst und dadurch dem Eigenthümer einen erweislichen Nutzen verschafft hat, kann eine angemessene Vergütung fordern." (333; Note: animus aliena negotia gerendi nicht erfordert.)

6) Mobilarpfand durch „in Verwahrung nehmen" analog Eigenthum (451 f.).

„Wird eine fremde bewegliche Sache ohne Einwilligung des Eigenthümers verpfändet, so hat dieser in der Regel zwar das Recht, sie zurückzufordern; aber in solchen Fällen, in welchen die Eigenthumsklage gegen einen redlichen Besitzer nicht statt hat (§ 367), ist er verbunden, entweder den redlichen Pfandinhaber schadlos zu halten oder das Pfand fahren zu lassen und sich mit dem Ersatzrechte gegen den Verpfänder zu begnügen" (456).

7) Mobilarersitzung: ord. in 3 Jahren (1466); aber:

„Derjenige, welcher eine bewegliche Sache unmittelbar von einem unechten oder von einem unredlichen Besitzer an sich gebracht hat oder seinen Vormann anzugeben nicht vermag, muß den Verlauf der sonst ordentlichen Ersitzungszeit doppelt abwarten" (1476).

Ungarn.

(Das Ungarische Handelsgesetz v. J. 1875, deutsche Ausgabe, unter steter Bezugnahme auf . . . d. allg. deutsche H. G. B. . . . redig. v. Herich, Szvetenay und Steinacker. V. kgl. ung. Justizminist. als Grundlage des amtlichen deutschen Textes angenommen. Budapest 1875.)

§ 299 entspricht Art. 306 des D. H. G. B., aber unter Weglassung von Al. 4 des letztern, das lautet: „Dieser Artikel findet keine Anwendung, wenn die Gegenstände gestohlen oder verloren waren."

Entsprechend fehlen in § 300 die Worte des Art. 307 D. H. G. B. „und wenn die Papiere gestohlen oder verloren waren".

Portugal.

Civilcodex vom 1. Juli 1870.

(Codigo civil portuguez. 4. off. Ausg. Lissab. 74.)

1) Parte II.[1]) Da acquisição dos direitos. Livro I.

Tit. IV. De direitos que se adquirem por mera posse e prescripção.

A posse produz em favor do possuidor a presumpção di propriedade, que póde ser mais ou menos attendivel, conforme as circumstancias (477). — Der Besitz ist präsumtiv gutgläubig, vorbehaltlich des Gegenbeweises und der gesetzlichen Ausnahmen (478), dsgl. präsumtiv pro suo (481).

2) Cap. II.[2]) Da prescripção. (Art. 532—534. Da pr. das cousas moveis). As cousas moveis podem ser prescriptas pela posse de tres annos, sendo continuo, pacifica, e acompanhada de justo titulo e boa fé, ou pela de dez, independentemente da boa fé e justo titulo.

§ unico. O justo t. e a b. f. sempre se presumem (532).

Se a cousa movel foi perdida por seu dono, ou obtida por algum crime ou delicto, e passar a terceiro de b. f., só prescreve a favor deste passados seis annos (533).

O que exige a cousa, no praso em que o póde fazer, daquelle, que a comprou em mercado ou praça pública, ou a mercador que negoceia em cousas do mesmo genero ou semelhantes, é obrigado

---

[1]) Th. II. Vom Erwerb der Rechte.

Tit. IV. Von Rechten, welche durch bloßen Besitz und Verjährung erworben werden.

Der Besitz erzeugt zu Gunsten des Besitzers die Präsumtion des Eigenthums, die nach den Umständen mehr oder weniger zu berücksichtigen ist.

[2]) Das. Cap. II. Von der Verjährung der beweglichen Sachen.

Die beweglichen Sachen können verjährt werden durch den Besitz von 3 Jahren, der ununterbrochen, friedlich und von rechtmäßigem Titel und gutem Glauben begleitet ist, oder, unabhängig von gutem Glauben und rechtmäßigem Titel, durch einen solchen von 10 Jahren.

Der rechtmäßige Titel und der gute Glaube werden immer präsumirt.

Wenn die bewegliche Sache (von ihrem Eigenthümer) verloren, oder durch irgend ein Verbrechen oder Vergehen erworben war und auf einen gutgläubigen Dritten übergeht, so wird sie zu dessen Gunsten nach 6 Jahren verjährt.

Wer rechtzeitig die Sache demjenigen absordert, der sie auf dem Markt oder auf öffentlichem Platz oder von einem mit Sachen der gleichen oder ähnlichen Art handelnden Kaufmann gekauft hat, ist verpflichtet, dieselbe dem gutgläubigen Dritten zu dem Preise zu bezahlen, den dieser für sie gegeben hat, vorbehaltlich des Rückgriffs auf den Urheber des Diebstahls oder Raubes oder den Finder.

a pagál-a ao terceiro de boa fé pelo preço que este houver dado per ella, salvo o regresso contra o auctor do furto ou da violencia, ou contra o achador (534).

3) Livro II.[1]) Dos direitos que se adquirem por facto e vontade propria e de outrem conjunctamente (641 ff.). — System des Consensualcontrakts (641, 643, 648, 686).

Secção III. Da prestação de cousas. Nas alienações de cousas certas e determinadas, a transferencia da propriedade opera-se entre os contrahentes, por mero effeito do contracto, sem dependencia de tradição ou de posse, quer material, quer symbolica, salvo havendo accordo das partes em contrário (715).

Nas alienações de cousas indeterminadas de certa especie a propriedade só se transfere, desde o momente em que a cousa se torna certa e determinada, com conhecimento do credor (716). — Die Gefahr geht mit dem Eigenthum über (717).

Se a cousa transferida pelo contracto, for alienada de novo pelo transferente, póde o lesado reivindicál-a, nos termos declarados nos artigos 1579 e 1580. (718).

4) Das Mobilarpfand (penhor) entsteht inter partes durch Uebergabe, gegen Dritte durch authentischen . . . Akt. (855 f. 858).

Specielle Priviligien auf Mobilien:

3. O credito pelo preço de quaesquer moveis ou machinas (882). — Vgl. 883,1: Preis des Rohstoffs auf das Fabrikat.

5) A doação pode ser feita verbalmente ou por excripto.[2])

§ 1. A d. verbal só póde ser feita com tradição da cousa doada, sendo esta mobiliaria.

---

[1]) B. II. Von den Rechten, die durch Concurrenz der Handlung und des Willens des Erwerbers selbst und eines Andern erworben werden. — Sect. III. Von der Sachleistung.

Bei Veräußerungen von speciellen und bestimmten Sachen vollzieht sich der Eigenthumsübergang zwischen den Contrahenten durch die bloße Wirkung des Vertrags, unabhängig von Tradition oder Besitz, seien sie real oder symbolisch, vorbehaltlich entgegengesetzter Uebereinkunft der Parteien.

Bei Veräußerungen unbestimmter Sachen bestimmter Art geht das Eigenthum erst mit dem Augenblick über, wo, mit Wissen des Gläubigers, die Sache zur speciellen und bestimmten wird.

Wenn die durch den Vertrag übertragene Sache vom Uebertragenden aufs Neue veräußert wird, so kann der Verletzte sie vindiciren, gemäß den Regeln der Art. 1579 und 1580.

[2]) Die Schenkung kann mündlich oder schriftlich geschehen.

Die mündliche kann nur unter Uebergabe der geschenkten Sache geschehen, wenn diese beweglich ist.

§ 2. A doação de cousas mobiliarias, não sendo acompanhada de tradição, só póde ser feita por escripto. (1458).

6) Formlosigkeit des Mobilarkaufs (1589).

Se a mesma cousa for vendida pelo mesmo vendedor a diversas pessoas . . . .: se . . . for mobiliaria, prevaleccerá a venda mais antiga em data, u. s. f. wie oben Californien 8 (1578).[1] — Civil- und criminellrechtliche Verantwortlichkeit des Verkäufers (1579).

Russische Ostseeprovinzen.

(Liv-, Est- und Curländisches Privatrecht, zusammengestellt auf Befehl des Herrn und Kaisers Alexander II. St.-Petersburg, offic. Druck der kaiserl. Kanzlei 1864, a. u. d. T.: Provinzialrecht der Ostseegouvernements, 3. Th.: Privatrecht).

1) Traditionssystem (799—803); Apprehension beweglicher Sachen, auch mittels Schlüssel, Zeichen auf dieselben, br. m. trad., constit. (641 bis 648); Waarenlager zu tradiren auch durch Uebergabe der Einkaufsrechnungen, Conoss. . . . (805) ꝛc.

2) Präsumtion für rechtmäßigen und redlichen Besitz (689). — Spolienklage auch für Mobilien und ohne Rücksicht auf b. f. (691 ff. 681).

3) Vindication im röm. Sinn (876, 897 ff.), auch hinsichtlich des Beweises (917 f.). —

Guter Glaube gibt regelmäßig keinen Anspruch auf refusio pretii (921); anders

1) wenn der Preis zum Nutzen des Klägers verwendet;
2) wenn Beklagter die Sache absichtlich zum Nutzen des Klägers an sich brachte, unter Umständen, wo sie sonst für den Kläger auf immer verloren gegangen sein würde;
3) im Fall der Einlösung aus feindlicher Gewalt durch den Beklagten (922).

Dann aber:

4) „Die Eigenthumsklage fällt ganz weg, wenn der Eigenthümer eine bewegliche Sache einem Andern anvertraut, z. B. geliehen, in Verwahrung gegeben, versetzt oder auf andere Weise freiwillig weggegeben,

---

Die nicht von Tradition begleitete Schenkung beweglicher Sachen kann nur schriftlich geschehen.

[1]) Wenn dieselbe Sache vom selben Verkäufer an verschiedene Personen verkauft ist . . .: so geht, wenn sie beweglich ist, der der Zeit nach ältere Verkauf vor; wenn es nicht möglich ist, die Priorität der Zeit festzustellen, so geht der Verkauf an den vor, der den Besitz erlangt hat.

und dieser Andere den Besitz weiter auf einen Dritten übertragen hat. In diesem Falle kann sich der Eigenthümer nur an den ersten Empfänger, d. i. nur an denjenigen halten, dem er die Sache anvertraut, nicht aber an den dritten redlichen Besitzer der Sache (923)." — In estl. Städten auf vermiethete Schiffe nicht anzuwenden (925).

„In den Städten Estlands ist es in diesem Fall [923] dem Eigenthümer gestattet, wenn der dritte Besitzer die Sache von dem ersten Empfänger durch einen Vertrag [Kauf, Pfand, Schenkung u. dgl.] erworben, dieselbe von dem Dritten gegen Erstattung des Kauf- oder Pfandschillings oder des Werthes der geschenkten Sache zurückzufordern" (924). (Cit. Lüb. St. r. III, 2. 2.)

„Wenn ein Handwerker eine ihm zum Verarbeiten, dsgl. wenn ein Fuhrmann oder Schiffer die ihm zum Verführen übergebene Sache einem Dritten verkauft, versetzt oder sonst veräußert, so kann in den Städten Liv- und Estlands der Eigenthümer dieselben vindiciren, muß aber dem dritten Besitzer den etwaigen Betrag des Macherlohns, resp. des Frachtlohns, bezahlen (926)" — (Cit. Riga, Lüb.).

Schweiz. (Bundesrecht.)

(Schweizerisches Obligationen- und Handelsrecht. Entw. v. 1879; deutsch und französisch.)

[. . .] fehlen im ersten Entwurf.

1) System des verbindlichen Consensus (Art. 1. 9. — betr. dingl. Rechte an Immobilien (10,216): kanton. Recht).

2) „Titel 6: Sachenrechtliche Verhältnisse des Mobilarverkehrs.

1. Kapitel. Uebergang des Eigenthums an Mobilien.

. . . Besitzesübergabe (mise en possession) erforderlich" (217).

(Erster Entwurf. — Schweizerisches Obligationenrecht mit Einschluß des Handels- und Wechselrechts, Bern 1875. — Art. 202: „Ein Rechtsgeschäft, das auf die Uebertragung von Eigenthum an bestimmten beweglichen Sachen gerichtet ist, überträgt das Eigenthum sofort, ohne daß die Uebergabe der Sache oder die Bezahlung des Preises erforderlich ist. Vorbehalten bleiben die Fälle, wo nach der Absicht der Parteien das Eigenthum erst in einem spätern Zeitpunkte übergehen soll".)

„Die Besitzesübergabe ist geschehen, sobald die Sache ausgeschieden und als Eigenthum des Erwerbes genügend bezeichnet ist.

Sind die veräußerten Sachen bloß der Gattung nach bestimmt, so vollzieht sich die Ausscheidung mit der Zählung, Messung oder Wägung derselben" (218).

„Bleibt die veräußerte Sache im Gewahrsam des Veräußerers zurück, so geht das Eigenthum nur insofern über, als nicht eine Benachtheiligung der Gläubiger beabsichtigt wurde.

Ist die veräußerte Sache in den Gewahrsam des Erwerbers übergegangen, so sind Verabredungen, durch welche der Veräußerer zum Nachtheile der Gläubiger des Erwerbers sich das Eigeuthum vorbehält, unwirksam" (219).

Nutzen und Gefahr gehen in der Regel mit dem Eigenthum über (220).

S. a. unten Nr. 5).

3) „Ist der Veräußerer nicht Eigenthümer der veräußerten Sachen, so erlangt der Erwerber durch die Besitzesübergabe dennoch Eigenthum, wenn er dieselben in gutem Glauben erworben hat [jedoch gilt in diesem Falle die Besitzesübergabe nicht als vollzogen, so lange die veräußerten Sachen im Gewahrsame des Veräußerers bleiben].

Konnte der Erwerber bei gehöriger Aufmerksamkeit vermuthen, daß der Veräußerer nicht Eigenthümer sei, so ist anzunehmen, er sei nicht in gutem Glauben gewesen.

[Vorbehalten bleibt die Bestimmung des Artikels 223 betreffend verlorene oder gestohlene Sachen]" (221).

Auch früheres Pfandrecht geht unter, sofern Erwerber Kenntniß davon weder hatte, „noch bei gehöriger Aufmerksamkeit haben konnte". [Ausgenommen wenn der Veräußerer, Pfandgläubiger . . den Gewahrsam behielt. Vorbehalt wie 221] (222).

4) „Derjenige, welcher eine Sache verloren hat, oder dem sie gestohlen worden ist, kann sie während drei Jahren vindiciren, vom Tage des Verlustes oder Diebstahles an gerechnet.

Wenn aber der Besitzer der gestohlenen oder verlorenen Sache oder dessen Rechtsvorfahr sie auf öffentlichem Markte oder öffentlicher Gant, oder von einem Kaufmanne, der mit solchen Waaren handelt, in gutem Glauben gekauft hat, so findet diese Vindication nur gegen Ersatz des Preises statt, den der Besitzer dafür bezahlt hat" (223).

„Gegen den bösgläubigen Erwerber bleibt die Vindication immer gestattet . . (si desiit possidere: Schadensersatz) . . (224).

„Die Bestimmungen der vorstehenden Artikel gelten auch für Inhaberpapiere.

[Jedoch findet die Vindication nach Artikel 223 nicht statt:

1) von Banknoten und verfallenen Coupons;
2) von solchen Inhaberpapieren, welche gegen Entgelt und in gutem Glauben aus einem Lande erworben worden sind, wo die Vindication ausgeschlossen ist]" (225).

5) „Werden Waaren durch Lagerscheine, Ladescheine oder ähnliche Papiere vertreten, so gilt der gutgläubige Erwerber des Scheines als Eigenthümer der Waare.

Steht ihm aber ein gutgläubiger Besitzerwerber der Waare selbst gegenüber, so geht dieser mit seinem Eigenthumsanspruche oder sonstigem dinglichen Rechte vor" (226).

6) (2. Capitel.) An Mobilien nur Faustpfand (227. 235 ff.: resp. Indossirung des Lagerscheins), und zwar: „die Uebergabe gilt nicht als vollzogen, solange die Sache im Gewahrsam des Verpfänders bleibt" (227). Art. 229 analog 221, vorbeh. 223.

7) Retentionsrecht: 243, analog 221, vorbeh. 223.

Schweiz (Cantone).

Genf.

Code civil von Genf, in: Code Genevois, Recueil complet .. des lois de la rép. et canton de Genève. Genève 1857.

(Der französ. Code, eingeführt durch Gesetze v. 14. vent. XI. bis 24. vent. XII, = 5. März 1803 bis 15. März 1804; — s. Frankreich.)

[Glarus, — Civilgesetzb. v. 1874.

(S. Annuaire de législation étrangère v. 1875, p. 539 ff.)

1) Traditionssystem, bezüglich des Ueberganges auch der Gefahr (221); br. m. trad. genügt (222); dsgl. mora accipiendi des Käufers . . . (223).

2) Gestohlene und verlorene Sachen sind von Jedem ohne refusio herauszugeben (228); freiwillig aus der Hand gelassene gegen den gutgläubigen Besitzer nur einlösbar (229, 231); dazu gehören aber an Handwerker, Familienglieder, Gesinde gegebene nicht (230).

3) Kläger muß sein Eigenthum, Verklagter seinen justus titulus beweisen. Hinsichtlich des Verlustes . . . ist im Zweifel gegen den Kläger im Sinne des Art. 229 freiwillige Besitzaufgabe anzunehmen (232).]

Luzern.

Bürgerliches Gesetzbuch, ed. Kas. Pfyffer. Luzern 1832, 39.

1) Traditionssystem (286 al. 2); von Ort zu Ort, entspr. Oesterr. § 429 (o. Nr. 2), im Uebrigen entspr. Oesterr. § 426 ff. (das.), aber im Fall des Constitutum „haben die Gläubiger des Uebergebers das Recht, wenn derselbe an den Konkurs [Geldstag] geräth, die von ihm auf diese Weise übergebenen aber nicht förmlich ausgelieferten Sachen zur Masse zu ziehen" (287 f.)

2) Präs. der Rechtmäßigkeit und Redlichkeit des Besitzes (228).

Besitzklage, „binnen der ordentlichen Verjährungsfrist", ohne Unterscheidung zwischen Mob. und Imm. (235).

3) Principiell schlechthin Vindication (254). Aber: § 255, entspr. Oesterr. § 371 (Nr. 4).

„Die Eigenthumsklage findet gegen den redlichen Besitzer einer beweglichen Sache nicht Statt, wenn er beweiset, daß er diese Sache gegen Entgeld von jemanden an sich gebracht hat, dem oder dessen Vormann sie der Kläger in was für immer einer Absicht anvertraut hat. In diesem Falle wird von dem redlichen Besitzer das Eigenthum erworben, und dem vorigen Eigenthümer steht nur gegen jene, die ihm dafür verantwortlich sind, das Recht auf Schadloshaltung zu" (256). Vgl. Oesterr. § 367 (das.).

§ 257 entspricht Oesterr. § 368; der Commentator bemerkt aber: „auch auf die persönliche Beschaffenheit und das Benehmen des Besitzers habe der Richter Rücksicht zu nehmen."

4) „Auf eine entwendete Sache kann Niemand einen gültigen Titel erwerben, bis sie wieder in den Besitz desjenigen gekommen ist, dem sie entwendet worden. Dieser hat das Recht, jeden Inhaber derselben zu der Auslieferung der ihm entwendeten Sache anzuhalten" (258). Hier keine refusio.

„Wenn derjenige, der die Eigenthumsklage anstellt, mit dem Beweis der Erwerbung des Eigenthums zwar nicht ausreicht, aber den rechtmäßigen Titel, wodurch er zu dem Besitze gelangt ist, dargethan hat, so wird er doch vor jedem andern Besitzer, der keinen oder nur einen schwächern Titel seines Besitzes anzugeben vermag, für den wahren Eigenthümer gehalten" (259).

„Weist der Besitzer welche mit der Eigenthumsklage angegriffen wird, einen gleich guten Titel vor, wie der Kläger, so soll der letztere abgewiesen werden" (260).

5) System des Consensus (530: „mündlich oder schriftlich"; Immob.-verkauf schriftl. 623).

Bei mehrfachem Mobilarverkauf geht vor: 1. die „körperliche Uebergabe", dann 2. die erste Tradition (290).

6) Für den Mobilar-Kaufpreis haftet nach der Uebergabe die Sache 14 Tage als Pfand, ev. der ausstehende Preis des Weiterverkaufs, 1. beim Baarkauf schlechthin, 2. beim Creditkauf nur wenn „innerhalb 14 Tagen von der Uebergabe der Sache an ein Aufrechnungsbefehl auf den Käufer gelöst wird" (628).

„Wenn der Käufer einer beweglichen Sache in den Besitz derselben von dem Verkäufer gesetzt wird, so wird vermuthet, dieselbe sei bezahlt, falls der

Verkäufer nicht durch ein gesetzliches Beweismittel darthut, daß er den Kaufpreis noch zu fordern habe" (629).

7) Ersitzung: „ordentlicher Weise" 10 J. (782), hinsichtlich entwendeter Sachen erst nach Rückkunft in den Besitz des Bestohlenen (779).

Solothurn.

Civilgesetzbuch für den Kanton Solothurn. Amtl. Ausg. 1855.

1) Traditionssystem (§ 736).

2) Mobilartradition soll in der Regel von Hand zu Hand geschehen (739); aber auch andere Handlungen, die die Absicht deutlich an den Tag geben, genügen (740: Schlüssel, Bezeichnen); auch br. m. trad. (741); von Ort zu Ort: vgl. Oesterreich, o. 2. (744).

3) „Durch die Uebergabe erhält der Uebernehmer in der Regel [§ 746] das Eigenthum der betreffenden beweglichen oder unbeweglichen Sache, der Uebergeber mag an derselben Rechte gehabt haben oder nicht" (745).

Von der im § 745 ertheilten Vorschrift sind jedoch entwendete und gefundene Sachen, sofern in Beziehung auf letztere die Vorschriften des § 716 (Auslieferung an den Ammann u. s. f.) nicht befolgt worden sind, ausgenommen.

Der bestohlene Eigenthümer, oder derjenige, der die Sache verloren, haben das Recht, jeden Besitzer zu der Auslieferung anzuhalten" (746).

„Die Bestimmungen des § 746 sind weder auf Geld noch auf Titel, die auf den jedesmaligen Inhaber (au porteur) lauten, noch auf solche Sachen anwendbar, die durch Steigerung erworben worden sind" (747).

4) Ersitzung: Mob. 10, Imm., aber nur gegen Uneingetragene (755), 30 Jahre (753); für gestohlene oder gefundene Mob. (mangels Anwendung von § 716) nur sofern eine Steigerung stattgefunden (754, 747).

5) Mobilarpfand: Uebergabe n. § 739, 741 (878 f.) gefordert, und zwar: „Bloße Bezeichnung, oder Uebergabe der Schlüssel 2c. [740] sind nicht hinreichend" — über 30 Francs auch Schrift (zur Entstehung); übrigens:

6) Consensualcontrakt (1020); aber beim Mobilarkauf hat der Verkäufer, Mangels Zahlung auf Lieferungsofferte, ein Rücktritts- und Schadensersatzrecht (1071).

Zürich.

Das zürcherische Sachenrecht, mit Erläuterungen herausgeben von Dr. Bluntschli, Redaktor des Gesetzes. 3. Aufl. Zürich 1861.

1) Traditionssystem (§ 647); s. ab. u. Nr. 9 (§ 1442).

„In dem Erwerb des Eigenthums von Seiten eines Inhabers der Sache liegt zugleich der Verlust des Eigenthums auf Seiten des bisherigen Eigenthümers" (650).

2) Zum Besitzerwerb nicht nothwendig „körperliche Berührung", „wohl aber die geoffenbarte Möglichkeit, auf die Sache unmittelbar einzuwirken" (488 f.). Tradition von Ort zu Ort: durch Ablieferung an den bestimmten Boten, nicht schon durch besondere Verpackung . . . (649).

3) „Der redliche Besitz setzt voraus, daß der Besitzer die Besitzergreifung nicht als eine unrechtmäßige gekannt habe" (497).

„Wer schon zur Zeit der Besitzergreifung — spätere Zweifel außer Betracht (499) — auch bei gewöhnlicher Aufmerksamkeit Ursache hatte, an der Gültigkeit seines Titels zu zweifeln, wird . . . nicht als redlicher Besitzer behandelt" (498).

Die Redlichkeit wird präsumirt, die Rechtmäßigkeit nicht (500. In letzt. Hins. contra: Bern 356, Luzern 228).

4) Poss. Klage des redlichen Besitzers, ohne Unterscheidung von Mob. u. Imm., 6 Monate lang (503 ff.).

5) „Vierter Abschnitt. Vom Eigenthum an beweglichen Sachen." — Fund (626 ff.). — Ersitzung in 3 J. (642), zu Gunsten des rechtmäßigen und redlichen Besitzers auch an furtiven Sachen (645).

6) Das. — „Wenn dem Eigenthümer eine bewegliche Sache entwendet oder sonst gegen seinen Willen aus seinem Besitze gekommen ist, so ist auch wer diese Sache redlich erkauft oder sonst rechtmäßigen und redlichen Besitz daran erlangt hat, nicht berechtigt, Ersatz für den darauf verwendeten Preis, oder wenn ihm die Sache zu Faustpfand gegeben worden, Bezahlung der versicherten Schuld zu fordern, sondern verpflichtet, dieselbe dem Eigenthümer ohne solchen Ersatz zurückzustellen" (651).

„Wenn dagegen der Eigenthümer seine Sache freiwillig dem Besitze eines Andern anvertraut hat, und dieselbe nun veraberwandelt wird, so mag er sich an den halten, dem er den Besitz anvertraut hat, und kann nur in sofern gegen den Dritten, welcher in rechtmäßiger Form und in redlicher Absicht den Besitz in der Folge erworben hat, eine dingliche Klage auf Herausgabe mit Erfolg anstellen, als er bereit ist, diesem den darauf verwendeten Preis zu ersetzen" (652; Note 3: der Beschenkte kann die Rückgabe nicht weigern).

„Sachen, welche einem Handwerker oder einem Arbeiter zur Bearbeitung oder einem Familiengliede oder Dienstboten zur Besorgung überlassen werden, gelten nicht als anvertrautes Gut" (653).

„Der unrechtmäßige dritte Besitzer der Sache, oder wer den Besitz unredlich erworben hat, hat weder dem klagenden Eigenthümer noch einem andern zu einer dinglichen Klage berechtigten gegenüber das Recht, die unentgeltliche Herausgabe zu weigern" (654).

„Sachen, welche auf öffentlichen und amtlich geleiteten Versteigerungen oder auf öffentlichen Märkten bei einer Marktbude von dem mit derlei Waaren handelnden Kaufmann oder Krämer gekauft werden, können von dem Eigenthümer nur gegen Ersatz des Preises zurückbegehrt werden, auch wenn dieselben gegen seinen Willen aus seinem Besitz gekommen sein sollten" (655). — Der Entwurf hatte, nach Ldr. I. 15 § 53, Oestr. § 367, C. civ. 2280, weniger detaillirt, die Worte „in ständigen und offenen Magazinen".

7) „Wenn auf Seite des Besitzers ein rechtmäßiger Erwerbstitel anerkannt oder nachgewiesen worden und der klagende Eigenthümer es nicht aus den Umständen mindestens wahrscheinlich machen kann, daß ihm die Sache wider seinen Willen weggekommen sei, so wird angenommen, sie sei anvertrautes Gut" (656).

8) Entstehung des Mobilarpfandes (Faustpfand: 854 f.) „setzt voraus, daß der Pfandschuldner den reellen Besitz an der verpfändeten Sache nicht mehr hat . . ." (856). Aber es ist „nicht durchaus nöthig, daß der Gläubiger den reellen Besitz persönlich übe" (857).

Verlust Seitens des Pfandgläubigers „zerstört" das Pfandrecht (865).

9) Das zürcherische Obligationenrecht . . . Zürich 1855.

System des Consensus (903 f. 911. 1385); Verträge über Veräußerung und Verpfändung von Grundstücken fordern zur Gültigkeit Schrift (912).

„Das Eigenthum an verkaufter Waare (beweglichen Sachen) geht bei dem Baarkauf auf den Käufer in Folge der Uebergabe (§ 649) nur unter der Voraussetzung über, daß der Kaufpreis bezahlt sei.

Läßt aber der Verkäufer die Forderung des Kaufpreises nach der Uebergabe der Waare längere Zeit anstehen, so wird angenommen, er habe dem Käufer kreditirt" (1442, 1430).[1]) —

„Bei dem Kreditkauf bewirkt die Uebergabe der Waare an den Käufer regelmäßig (d. h. Mangels pact. reserv. dom. 1454) Uebergang des Eigenthums, auch wenn der Kaufpreis noch nicht bezahlt ist (1443)."

Spanien (gemeines Recht).

(Novesimo tratado hist. filos. del derecho civil español, p. Don Clemente Fernandez Elias. Madrid, 1873.)

1) La posesion es entre los derechos in re similares del dominio[2]) . . (XXXIV. 2; aber das. 5: „potius facti quam juris").

---

[1]) Note: vor Zahlung des Kaufpreises sei die Sache „anvertrautes" Gut.

[2]) Der Besitz gehört zu den eigenthumsähnlichen dinglichen Rechten.

2) La Ley, que no puede juzgar sino por actos externos, presume la buena fe, miéntras no se pruebe lo contrario (16); desgl. das Eigenthum (17), mit dem Zusatz: podrá (der Besitzer) eludir la demanda de posesion y hacer entrar al contrario en la de propiedad, si ha poseido un año y un dia con buena fe y justo titulo.[1])

3) Die Theorie von titulus und modus acqu.; letzterer verstanden als posibilidad . . . de hacer que la imposicion de nuestra voluntad sobre ella sea una verdad práctica y tangible (XXXV. 3 ff.). — Für Immob.: Grundbuchung (6).

Tradicion (zum Eigenthumserwerb unerläßlich: XLI. 1 ff. LIX. 5) es el acto de poner una cosa é disposicion de aquel á quien se la quiere traspasar.[2]) Sie kann sein:

verdadera, cuando una cosa mueble se pone en manos del nuevo adquirente,

brevi manu . .

longa manu . .: pone á la vista . . . ó en su casa y de su órden,

constitutum possessorium . .

simbolica, si se entregan algunos objetos que hagan posible la toma de posesion, como las llaves.

4) Mobilar-Ersitzung: ordentliche in 3, außerordentliche, betr. gestohlener . . . und Minderjährigen gehöriger Sachen, 30 Jahren (XLII. 14 ff.).

5) Venta de cosa ajena. Cuando uno vende una cosa que no le pertenece, la venta desde luégo es inválida, excepto para los efectos de la prescripcion en su caso . . . (LX. 21).

Kauf mit fremdem Gelde ist regelmäßig gültig (22).

Venta doble hecha de la cosa: . . . será preferido el comprador que pagó el precio y se apoderó ó tomó posesion de la cosa vendida, pero el otro puede reclamar daños y perjuicios. Si se vendiere dos veces cosa ajena y surge pleito, tendrá mejor derecho

---

[1]) Das Recht, welches nur nach äußern Thatsachen urtheilen kann, präsumirt den guten Glauben, solange nicht das Gegentheil bewiesen wird; . . . (Der Besitzer) kann dem Possessorium ausweichen und den Gegner zum Eingehen auf das Petitorium nöthigen, wenn er Jahr und Tag in gutem Glauben und mit rechtmäßigen Titel besessen hat.

[2]) . . . die Möglichkeit, die Auflegung unseres Willens auf die Sache zur praktischen, greifbaren Wahrheit zu machen. Tradition ist der Akt, eine Sache zur Disposition desjenigen zu stellen, auf den sie übergehen soll.

[3]) (symb.): wenn gewisse Gegenstände übergeben werden, welche, wie die Schlüssel, die Besitzergreifung möglich machen.

el poseedor, aunque no haya pagado el precio, quedando siempre á salvo su derecho al dueño y segundo comprador para reclamar la cosa el primero, y el saneamiento el segundo (23).[1])

Spanien (aragonisches Recht).

(Derecho civil aragones, illustrado con la dottrina de los autores forales, con el derecho comun ..., por Don Andrés Blás. Madrid, 1873.)

1) Das Vermögen (patrimonio) umfasse einerseits objetos materiales que constituyen el derecho real, jus in re, andererseits prestaciones que constituyen el derecho de las obligaciones, jus ad rem (Nr. 292).

2) Auch der Besitz sei dingliches Recht, nur más débil que la propiedad (295).

3) Ersitzung aller privaten Sachen (340), beweglicher in 3 Jahren, unbeweglicher in 30 Jahren 1 Tag (348 f.) resp. (347, 287: ehegüterrechtlich) 1 Jahr 1 Tag. — Die bona fides wird präsumirt (343); auch Schenkung ist justus titulus (344); der Besitz liefert Präsumtion des Eigenthums (442); possessorischen Schutzes genießt der Annalbesitz (445).

4) Die Tradition als eine Art derivativen Erwerbes dinglicher Rechte (296): die justa causa ist der Titel, la causa remota que origina el jus ad rem, aber la trasferencia es el modo, la causa próxima que origina el jus in re.

5)[2]) Nr. 353 al. 1 vgl. o. Spanien Nr. 2, 3.

---

[1]) Verkauf einer fremden Sache. Wenn Jemand eine Sache verkauft, die ihm nicht gehört, so ist der Verkauf zur Zeit ungültig, außer behufs der Wirkungen der Verjährung in ihrem Falle ... Zweimaliger Verkauf der Sache: ... es geht vor der Käufer, welcher den Preis gezahlt und sich der Sache bemächtigt oder Besitz ergriffen hat; doch kann der andere Schadensersatz fordern. Wird eine fremde Sache zweimal verkauft, und es entsteht Streit, so hat der Besitzer das stärkere Recht, wenn er auch den Preis nicht gezahlt hat, vorbehaltlich immer des Rechtes des Eigenthümers auf Herausgabe der Sache und des zweiten Käufers auf Sicherstellung.

[2]) Dem Gesagten unbeschadet genügt zur Uebertragung des dinglichen Rechts der Titel ohne Erforderniß der Tradition, wenn der gratuite Vertrag urkundlich, der onerose urkundlich oder durch Arrha oder mittels Makler vollzogen ist, und gleicherweise, wenn die Schenkungs-, Kauf- oder Tauschurkunde über das Immobilar die Uebertragung des Besitzes enthält, wenngleich Behufs Sicherung des Rechtserwerbs gegen dritte Erwerber ihre Eintragung in das Grundbuch unerläßlich ist ... Die Tradition ist nicht nöthig; es genügt ein urkundlich vollzogener Vertrag, selbst eine Schenkung ...

Dann aber: Sin embargo de lo expuesto, basta el titulo para trasferir el derecho real sin necesidad de tradicion, si el contrato gratuito se hubiese verificado con instrumento, y el oneroso con instrumento tambien ó con arro ó por medio de corredor, é igualmente si los instrumentos de donacion, venta ó cambia de cosa inmueble — im Uebrigen unterscheidet der Abschnitt Mobilien und Immobilien nicht — contienen la entrega de la posesion, si bien para asegurar la adquisicion del derecho contra tercer adquirente, es requisito necesario su inscripcion en el Registro de la propiedad.

Vgl. Elias Der. esp. XLI. 7: Derecho foral. — Aragon: La tradicion no es necesaria; basto un contrato otorgado por instrumento, aunque sea donation . . .

6)[1]) La adquisicion de la posesion por instrumento no perjudica á tercero que asegura ser su verdadero poseedor. Tampoco servirá la posesion á aquel á quien se hubiere enajenado una cosa contra la persona á quien posteriormente se hubiere obligado la misma cosa, si el primitivo dueño centinuó poseyéndola por tres años continuos ó la mayor parte de ellos, — vorbehaltlich des Einflusses der Inscription bei Immobilien (438).

Si vendida una cosa, el vendedor la posee por tres años contínuos ó la mayor parte de ellos immediatamente siguientes, y posteriormente la enajenare segunda vez é hiciere actual entrega y posesion, el segundo comprador es preferible al primero, á no ser que el primero comprador hubiera inscrito la cosa inmueble en el Registro de la propiedad (739).

7) System des schlechthin verbindlichen consensus (684). — (Vgl. aber Elias am angef. O. LX. 31: Aragon: Immobilarkauf fordert authentische Urkunde, oder Uebergabe, oder Zahlung — letzteres beides al ménos de un señal —, widrigenfalls jeder Theil unter Zahlung von 5 sueldos an den andern zurücktreten kann.)

---

[1]) Der Besitzerwerb durch Urkunde präjudicirt demjenigen Dritten nicht, der der reelle Besitzer zu sein behauptet. Ebensowenig nützt der Besitz demjenigen, an welchen eine Sache veräußert worden, gegen die Person, der dieselbe Sache nachher obligirt worden ist, sofern der ursprüngliche Eigenthümer ununterbrochene drei Jahre oder den größten Theil davon im Besitz geblieben ist . . .

Wenn der Verkäufer die Sache nach dem Verkauf und im unmittelbarem Anschluß an denselben ununterbrochene drei Jahre oder den größten Theil davon besitzt und sie dann zum zweiten Mal veräußert und ihre reelle Uebergabe vollzieht, so geht der zweite Käufer dem ersten vor, es wäre denn, daß der erste das Immobilar ins Grundbuch eingetragen hätte.

El vendedor está obligado a entregar la cosa, pero si son vigas, se tienen por entregadas desde que se seseñalan por el comprador ó señalan en su nombre (736).[1])

8) El comprador de un animal en feria, pedido por el mismo al que lo poseyerá, no está obligado á manifestar otro antor ó sea primer vendedor que aquel á quien lo compró, porque la feria por costumbre es tenida en lugar de antor ó de primer vendedor (740).[2])

9) El comprador de una cosa hurtada, no animal, que asegura con juramento no conocer la persona á quien se la compró, devuelve la cosa a su dueño, si bien con restitucion por parte de este al comprador de la mitad del precio; pero si fuere la cosa hurtada animal, el poseedor habrá de manifestar el antor ó primer vendedor de quien recibió el animal, y el último antor ó primer vendedor debera probar que era suyo el animal al tiempo de la venta, en cuyo caso se respeta en su tenencia el poseedor; de otro modo sino diera determinado antor ó primer vendedor del animal, se devolverá este al antor ó primer vendedor, jurando, no obstante, que no vendió aquel animal, ni lo donó ó enajenó de modo alguno.[3])

Südamerikanische Staaten.

Argentinische Republik.

(Código civil de la República Argentina redactado por el Dr. D. Dalmacio Velez Sarsfield. Buenos Aires 1874.)

---

[1]) Der Verkäufer ist zur Uebergabe der Sache verpflichtet; sind es jedoch Balken, so gelten sie als überliefert, sobald sie vom Käufer oder in seinem Namen gezeichnet sind.

[2]) Wer ein Thier auf dem Markte kauft, ist nicht verpflichtet, einen andern Zwischen- oder ersten Verkäufer anzugeben, als den von dem er gekauft hat: denn der Markt gilt kraft Gewohnheit statt ihrer.

[3]) Der Käufer einer gestohlenen Sache, Thiere ausgenommen, welcher eidlich versichert, seinen Verkäufer nicht zu kennen, restituirt dieselbe ihrem Eigenthümer, wenngleich gegen Ersatz, Seitens des letztern an den Käufer, der Hälfte des Preises; wäre dagegen die gestohlene Sache ein Thier, so hat der Besitzer den Auctor oder ersten Verkäufer anzugeben, von denen er das Thier erhalten, und der letzte Auctor oder erste Verkäufer wird beweisen müssen, daß das Thier zur Zeit des Verkaufs sein Eigenthum war, in welchem Fall der Besitzer in seiner Detention respektirt wird; entgegengesetzt geht das Thier, wenn er keinen bestimmten Auctor ꝛc. nennt, an den ursprünglichen Eigenthümer (?) zurück, gegen Eid u. s. w.

1) [1]) Todos los derechos que una persona trasmite por contrato á otra persona, solo pasan al adquirente de esos derechos por la tradicion, con excepcion de lo que se dispone respecto á las sucesiones (L. IV. Tit. I. De la trasmision de los derechos en general. Art. 4).

Antes de la tradicion de la causa (cosa?), el acreedor no adquiere sobre ella ningun derecho real. (Lib. II. De los derechos personales en las relaciones civiles. Tit. VII. De las obligaciones de dar. Cap. I. . . cosas ciertas. Art. 4).

Bei ausbleibender Tradition der Mobilie kann der Käufer, welcher ganz oder zum Theil gezahlt hat, oder dem creditirt ist, den Vertrag auflösen lassen oder Lieferung fordern, beides je mit entsprechendem Schadenersatz (das. Art. 99).

2) [2]) La tradicion se juzgará hecha, cuando se hiciere segun alguna de las formas autorizadas por este Código. La sola declaracion del tradente de darse por desposeido, ó de dar al adquirente la posesion de la cosa, no suple las formas legales (28). Insbesondere beim Immobilar reale Akte erfordert (29, 34 f.).

La posesion de las cosas muebles se toma únicamente por la tradicion entre personas capaces cosintiendo el actual poseedor en la trasmision de la posesion (31). Ohne diesen Consens nur por el acto material de la ocupacion de la cosa, sea por hurto ó estelionato (32).

Folgt: Tradition durch Uebergabe der Schlüssel (35), an Abwesende durch Uebergabe an einen bezeichneten Dritten oder durch Lieferung an einen Ort, wo Adressat die ausschließliche Disposition hat (36), brevi manu trad. und constitutum possessorium für Mobilien und Immobilien (37); Tradition nicht präsenter Mobilien durch Conossement, Facturen . . . in den vom Handelsgesetzbuch bestimmten Ausdrücken oder durch Uebergabe an den

---

[1]) Alle Rechte, welche eine Person auf eine andere durch Vertrag überträgt, gehen auf ihren Erwerber nur durch die Tradition über, vorbehaltlich der Bestimmungen über Erbschaften.

Vor der Tradition der Sache erwirbt der Gläubiger kein dingliches Recht über dieselbe.

[2]) Die Tradition gilt als geschehen, wenn sie nach einer der in diesem Codex autorisirten Formen erfolgt. Die bloße Erklärung des Tradenten, er bekenne sich für depossedirt, oder er gebe dem Erwerber den Besitz der Sache, ersetzt die gesetzlichen Formen nicht.

Der Besitz der beweglichen Sachen wird einzig durch die Tradition zwischen handlungsfähigen Personen erlangt, indem der gegenwärtige Besitzer in die Uebertragung des Besitzes willigt.

Frachtführer . ., sofern Adressat die Art des Transportes angeordnet oder gebilligt (38).

3) Der Besitz ist präsumtiv gutgläubig (L. III. Tit. I. Art. 12); die bloße Diebstahls- oder Verlusts-Annonce schafft noch keine Präsumtion der m. f. (Tit. IX. Art. 15). Aber:

Sera considerado poseedor de mala fé el que compró la cosa hurtada ó perdida á persona sospechosa que no acostumbraba vender cosas semejantes, ó que no tenia capacidad ó medios para adquirirla (das. 16).[1])

Der Besitzer ist zur Production eines Titels nur zufolge einer dem Besitz in concreto „inhärenten" Obligation verpflichtet. El posée porque posée (L. III. Tit. I. art. 13). — Der Mobilarbesitz ist viciös, wenn erlangt durch Diebstahl, „Stellionat" oder Vertrauensmißbrauch (se ha recibido la cosa con obligacion de restituirla) (14, 22).

4) Der b. f. Mobilarbesitz crea la presuncion de tener la propiedad . . y poder repeler cualquier accion de reivindicacion, si la cosa no hubiese robada ó perdida. (Tit. II. Cap. II. Efectos de la posesion de cosas muebles. Art. 62)

Las acciones de resolucion, nulidad, ó rescision á que se halla sometido el precedente poseedor no pueden dirigirse contra el poseedor actual de buena fe (63).

La presuncion de propiedad no puede ser invocada por la persona que se encuentre en virtud de un contrato ó de un acto lícito ó ilícito, obligada á la restitucion de la cosa (64).[2])

5) Für Mobilien außer in Verbindung mit Immobilien keine Rechts-

---

[1]) Als bösgläubiger Besitzer wird betrachtet, wer die gestohlene oder verlorene Sache von einer verdächtigen Person gekauft hat, die solche Sachen nicht zu verkaufen pflegte, oder wer — doch kann es auch heißen sollen: „oder die" — keine Fähigkeit oder keine Mittel dieselbe zu erwerben hatte.

[2]) . . . schafft die Präsumtion, der Besitzer habe das Eigenthum . . . und könne jede Vindicationsklage zurückweisen, wenn die Sache nicht gestohlen oder verloren war.

Die Auflösungs-, Nichtigkeits- oder Rescisionsklagen, welchen sich der Besitzvorgänger ausgesetzt hatte, können gegen den gegenwärtigen gutgläubigen Besitzer nicht gerichtet werden.

Die Eigenthumspräsumtion kann von der Person nicht angerufen werden, die sich kraft eines Vertrags oder einer erlaubten oder unerlaubten Handlung unter einer Restitutionsverbindlichkeit befindet.

Vgl. IV, 1. 5. Las obligaciones que comprenden al que ha trasmitido una cosa, respecto à la misma cosa, pasan al sucesor universal y al sucesor particular; pero el sucesor particular no está obligado con su persona ó bienes, por las obligociones de su autor, por las cuales lo representa, sinó con la cosa trasmitida.

mittel recuperandae possessionis (accion de despojo), sondern nur la accion civil de hurto ú otra semejante, haya ó no precedido la accion criminal (L. III. Tit. III. Art. 20 f.); desgl. keines retinendae (28 ff.).

6) Vindication gegen Jeden als Ausfluß des Eigenthums (L. III. Tit. IX. Art. 3).

El que ha perdido, ó á quien se ha robada una cosa mueble, puede reivindicarla, aunque se halle en un tercer poseedor de buena fé (das. 10). — „Robada“ ist aber die durch Vertrauensmißbrauch, violacion de un deposito, sonstigen acto de engaño . . entfremdete Sache nicht (11).

La accion de reivindicacion no es admisible contra el poseedor de buena fé de una cosa mueble que hubiese pagado el valor á lá persona á la cual el demandante la habia confiado para servirse de ella, para guardarla ó para cualquier otro objeto (12).

La persona que reivindica una cose mueble robada ó perdida de un tercer poseedor de buena fé, no está obligada á reembolsarle el precio que por ella hubiese pagado, con excepcion del caso en que la cosa se hubiese vendido con otras iguales, en una venta pública ó en casa de venta de objetos semejantes (13). — „Angemessene Entschädigung“ weil ohne die onerose gutgläubige Erwerbung des Verklagten Kläger die Sache „schwerlich“ (dificilmente) wiedererlangt hätte, findet bei Mobilien und Immobilien statt (L. III. Tit. II. Art. 67).

El que hubiese adquirido una cosa robado ó perdida fuera del caso de excepcion del artículo anterior, no puede, por vender la cosa en una venta pública, ó en casas donde se venden cosas semejantes, mejorar su posesion, ni empeorar la del propietario autorizado á reivindicarla (14).

La reivindication de cosas muebles compete contra el actual poseedor que las hubo por delito contra el reivindicante [1]) (20).

---

[1]) Wer eine Mobilie verloren hat oder ihrer beraubt worden ist, kann dieselbe vindiciren, wenn sie auch bei einem dritten gutgläubigen Besitzer sich fände.

Die Vindicationsklage ist unzulässig gegen den gutgläubigen Besitzer einer beweglichen Sache, der an die Person, welcher der Kläger sie zum Gebrauch, zur Bewahrung oder zu irgend einem andern Zweck anvertraut hatte, den Werth derselben gezahlt hat.

Wer eine gestohlene oder verlorene Sache von einem dritten gutgläubigen Besitzer vindicirt, ist zur Rembourfirung des von ihm dafür gezahlten Preises nicht verpflichtet, ausgenommen den Fall, daß die Sache mit gleichen andern, auf einem öffentlichen Verkauf oder in einem Kaufhause für ähnliche Gegenstände erworben wäre.

Wer eine gestohlene oder verlorene Sache anders als in dem Ausnahmsfall des

6a) Fortsetzung. — Compete tambien contra el actual poseedor de buena fé que por titulo oneroso la hubiere obtenido de un enajenante de mala fé, ó de un sucesor obligado á restituirla al reivindicante, como el comodatario (22).

Ferner, contra el actual poseedor, aunque de buena fé, que la hubiese de un enajenante de buena fé, si la hubo por título gratuito y el enajenante estaba obligado á restituirla al reivindicante, como el sucesor del comodatario que hubiese creido que la cosa era propia de su autor[1]) (23).

7) In all diesen Fällen steht neben der Vindication, aber im Fall erzielter völliger Entschädigung sie ausschließend, die Klage gegen den Veräußerer zu (24).

Sea ó no posible la reivindicacion contra el nuovo poseedor, si este hubo la cosa del enajenante responsable de ella, y no hubiese aun pagado el precio, ó lo hubiese solo pagado en parte, el reivindicante (besser: der Eigenthümer) tendrá accion contra el nuevo poseedor para que le pague el precio, ó lo que quede á deber (25).[2])

8) Der Titel des Vindicanten genügt, wenn jünger als der Besitz des Verklagten, zur Begründung der Klage nicht, wenngleich letzterer keinen Titel vorlegt (34).

9) Accion negatoria hat nur auf Immobilien Anwendung. (L. III. Tit. IX. Art. 45 ff.)

10) Prenda (Mob.- u. Forderungspfand) fordert Uebertragung einer posesion real en el sentido de lo establecido sobre la tradicion

---

vorigen Artikels erworben hat, kann dadurch, daß er die Sache in einem öffentlichen Verkauf oder in Häusern, aus denen ähnliche Sachen verkauft werden, verkauft, seine Position nicht verbessern noch die des zur Vindication befugten Eigenthümers verschlechtern.

Die Vindication von Mobilien steht zu gegen den gegenwärtigen Besitzer, der dieselben durch ein Delikt gegen den Vindicanten hat.

[1]) Desgleichen gegen den gegenwärtigen gutgläubigen Besitzer, der sie unter lästigem Titel von einem bösgläubigen Veräußerer oder von einem gegenüber dem Vindicanten zur Restitution verpflichteten Successor, wie z. B. der Commodatar ist, erhalten hat.

. . . gegen den gegenwärtigen, wenngleich gutgläubigen Besitzer, der sie von einem gutgläubigen Veräußerer hat, sofern er sie unter gratuitem Titel hat und der Veräußerer dem Vindicanten zur Restitution verpflichtet war, wie z. B. gegen den Successor des Commodatars, der die Sache für das Eigenthum seines Auctor hielt.

[2]) Mag die Vindication gegen den neuen Besitzer möglich sein oder nicht: so hat doch der Vindicant (sic), wenn jener die Sache vom ihretwegen verantwortlichen Veräußerer empfangen und den Preis nicht oder nur zum Theil gezahlt hat, eine Klage auf Zahlung des Preises oder des Restes gegen den neuen Besitzer.

de las cosas corporales (L. III. Tit. XV. art. 1 f., 9) und, gegen Dritte, Schriftlichkeit (14). Die Rechte aus ihm enden mit dem Besitz, aber Verlieren und Bestohlenwerden sowie Fortgabe unter Restitutionspflicht gelten hier nicht als Unterbrechung des letztern (3,5).

... El acreedor que de buena fe ha recibido del deudor un objeto del cual este no era propietario, puede, si la cosa no fuese perdida ó robada, negar su entrega al verdadero propietario (das. 10).

El acreedor que de buena fe ha recibido en prenda una cosa mueble puede repulsar, hasta el pago de su crédito, la reivindicacion dirigida contra él por el propietario (L. III. Tit. IX. art. 26).

Si la cosa se ha perdido ó ha sido róbada á su dueño, y el deudor la ha comprado en venta pública ó á un individuo que acostumbraba vender cosas semejantes, el propietario podrá reivindicarla de manos del acreedor, pagándole lo que le hubiese costado al deudor (L. III. Tit. XV. art. 11).

Si el acreedor ha sido desposeido de la prenda contra su voluntad, puede reivindicarla durante tres años (L. IV. Secc. II. Tit. I. art. 16).[1] — Der Retentionsberechtigte kann gegen den b. f. Dritten nur im Fall des Diebstahls 2c. auf Restitution klagen (das. Tit. II. art. 7).

11) Beim Baar- und beim Creditkauf lastet ein Kaufpreisprivileg auf der unbezahlten Sache, solange Schuldner im Besitz ist, nach Weiterverkauf den rückständigen Kaufpreis erfassend (L. IV. l. c. 19), aber gegen den b. f. Erwerber eines Pfandrechts, dem auch die Rückständigkeit des Kaufpreises unbekannt war, nur für den etwaigen Ueberschuß wirksam (20), hinsichtlich Invecten dem Vermiether gegenüber durch „Vindication" in Monatsfrist geltend zu machen (21). Dasselbe besteht bei erwiesener Identität, auch an der umgewandelten Sache (22).

---

[1]) ... Der Gläubiger, welcher in gutem Glauben vom Schuldner eine Sache empfangen hat, deren Eigenthümer dieser nicht war, kann, sofern dieselbe nicht verloren oder gestohlen war, ihre Herausgabe an den wahren Eigenthümer verweigern.

Der Gläubiger, welcher in gutem Glauben vom Schuldner eine bewegliche Sache zum Pfand erhalten hat, kann die gegen ihn vom Eigenthümer erhobene Vindication bis zur Zahlung seiner Forderung zurückschlagen.

Wenn die Sache ihrem Herrn verloren oder gestohlen ist, und der Schuldner hat sie auf öffentlichem Verkauf oder von einem Individuum, das ähnliche Sache zu verkaufen pflegte, gekauft, so kann der Eigenthümer dieselbe aus den Händen des Gläubigers vindiciren, indem er ihm zahlt, was sie den Schuldner gekostet hat.

Ist der Gläubiger gegen seinen Willen aus dem Besitz des Pfandes gesetzt worden, so kann er es 3 Jahre lang vindiciren.

Auch der Deponent ist, wenn der Depositar veräußert, auf den rückständigen Preis privilegirt (23).

12) Cuando una persona ha contratado en diversas épocas con varias personas la obligacion de transmitirles sus derechos sobre una misma cosa, la persona que primero ha sido puesta en posesion de la cosa, es preferida en la ejecucion del contrato á las otras, aunque su titulo sea mas reciente, con tal que haya tenido buena fe, cuando la cosa le fué entregada (L. IV. Tit. 4. art. 8.) Entspr. für Mob. insbes.: 19 das., mit dem Zusatz: „der böse Glaube besteht in der Kenntniß der Obligation." Mangels Tadition geht der ältere, bei Immob. öffentl. beurkundete Vertrag vor (20 f. 23. 26).

Nemo plus juris etc. (9). Aber: „Die Regel ist unanwendbar auf den Besitzer beweglicher Sachen" (10).

Igualmente, las obligaciones que incumben al propietario de una cosa mueble, no pueden ser opuestas á los que de él la tengan en su poder (11).

Con relacion á terceros, cuando la obligacion de dar cosas ciertas tuviere por fin restituirlas á su dueño, si la cosa es mueble y el deudor hiciere tradicion de ella á otro por trasferencia de dominio ó constitucion de prenda, el acreedor no tendrá derecho contra los poseedores de buena fe, sinó solamente cuando la cosa le haya sido robada ó se hubiese perdido. En todos casos lo tendrá contra los poseedores de mala fe (24).[1])

Si la cosa fuere mueble y concurrieren acreedores á quienes el deudor se obligase á la entrega de ella por trasferencia de dominio ó constitucion de prenda sin haber hecho tradicion de la

---

[1]) Wenn eine Person zu verschiedenen Zeiten mit verschiedenen Personen die Obligation contrahirt hat, ihnen ihre Rechte über eine und dieselbe Sache zu übertragen, so wird bezüglich der Erfüllung des Vertrags die Person den andern vorgezogen, welche zuerst in Besitz der Sache gesetzt worden ist, möchte ihr Titel auch jünger sein, vorausgesetzt, daß sie bei der Uebergabe der Sache guten Glauben gehabt hat.

Gleicherweise können die Verpflichtungen, welche auf dem Eigenthümer einer beweglichen Sache lasten, denen nicht entgegengehalten werden, die die letztere von ihm besitzen.

Hinsichtlich Dritter bringt der Gläubiger, wenn eine auf bestimmte Sachen gerichtete obligacion de dar die Restitution an ihren Herrn bezweckt (?), sofern die Sache beweglich ist und der Schuldner sie einem andern Behufs Eigenthumsübertragung oder Pfandbestellung tradirt, gegen die gutgläubigen Besitzer nicht durch, einzig ausgenommen, wenn die Sache ihm gestohlen oder verloren gegangen ist. In allen Fällen siegt er gegen die bösgläubigen Besitzer.

cosa, es preferido el acreedor á quien pertenece el dominio de ella (25).[1])

Betr. cosas inciertas: despues de individualizada de cosa por la elecion del deudor (im Zweifel) o del acreedor gelten die Sätze für bestimmte Sachen (30. 36. 43).

13) L. IV. Secc. II. Tit. II. art. 31: Als Regel Formlosigkeit der Rechtsgeschäfte.

Schenkung schriftlich, betr. Mobilien und Inhaberpapiere schriftlich oder durch entrega, letztere aber als tradicion verdadera (Secc. III. Tit. VIII. art. 22 ff. 27 f.).

Las cosas ajenos no pueden vendersi. Haftung jedes Verkäufers gegenüber dem gutgläubigen Käufer für den Schaden aus der (vom Verkäufer nach Tradition nicht mehr durchzusetzenden) anulacion del contrato (Secc. III. Tit. III. art. 7).

14) Der Titel von der Verjährung (L. IV. Secc. III. Tit. I.) beschränkt schon in der Definition die Ersitzung auf Immobilien (Art. 8.) und erwähnt das Mobilar nicht.

Chile.

Civilcodex, in Kraft seit 1. Januar 1857.

(Codigo civil de la Republica de Chile. Edicion revisada i correjida por D. Manuel Amunategui en virtud de decreto del supremo gobierno . . . Valparaiso 1865.)

1)[2]) La tradicion . . . es un modo de adquirir el dominio de las cosas, i consiste en la entrega . . . (670, Salv. 684).

---

[1]) Ist die Sache beweglich und es concurriren Gläubiger, denen sich der Schuldner zur Uebergabe Behufs Eigenthumsübertragung oder Pfandbestellung verpflichtet hat, ohne die Tradition vorgenommen zu haben, so geht der Gläubiger vor, dem das Eigenthum der Sache gebührt.

[2]) Die Tradition ist ein Modus das Eigenthum der Sachen zu erwerben, und besteht in der Uebergabe.

Wenn der Titel eigenthumübertragend ist, so ist ebenwohl die Tradition nöthig.

Damit die Tradition gelte, wird ein Eigenthumübertragungstitel erfordert, wie Kauf, Tausch, Schenkung u. s. w.

1) Durch Gestattung der realen Apprehension einer gegenwärtigen Sache,
2) durch Beweisung,
3) durch Uebergabe der Schlüssel des Speichers, Magazins, Kastens, oder irgendsonstigen Raumes, in welchem die Sache bewahrt ist,
4) indem der eine Theil es übernimmt, die Sache am vereinbarten Ort zur Disposition des andern zu stellen,

Si el titulo es traslaticio de dominio, es tambien necesaria la tradicion (702, al. 3. Salv. 709.). — Obl. de dar verpflichtet zu entregar und, bei bestimmten Sachen, zu conservar (1548).

Para que valga la tradicion, se requiere un titulo traslaticio de dominio, como el de venta, permuta, donacion, etc. (675. Salv. 689).

(Irrthum invalidirt auch, wenn jeder der unterstellten Titel auf Eigenthumsübertragung zielt: 677.)

2) Mittel der Mobilartradition:

1) Permitiéndole la aprension material de una cosa presente;
2) Mostrandosela;
3) Entregándole las llaves del granero, almacen, cofre o lugar cualquiera en que esté guardada la cosa;
4) Encargándose el uno de poner la cosa a disposicion del otro en el lugar convenido;
5) Por la venta, donacion u otro título de enajenacion conferido al que tiene la cosa mueble como usufructuario...; i reciprocamente por el mero contrato en que el dueño se constituye usufructuario, comodatario ... (684. Salv. 698).

(Immobilartradition: Registro del Conservador. 686.)

La posesion de una cosa a ciencia i paciencia del que se obligó a entregarla, hará presumir la tradicion; a ménos que ésta haya debido efectuarse por la inscripcion del título (702, al. 4. Salv. 709).[1])

(Der bloße putative Titel wird unter den non justi aufgezählt: 704, Nr. 4. Salv. 711).

2a) La buena fe es la conciencia de haberse adquirido el dominio de la cosa por medios lejítimos, exentos de fraude i de todo otro vicio (706. Salv. 713).[2]) Bei Eigenthumsübertragungsgeschäften schließe das die „Ueberzeugung" ein, Auctor sei Eigenthümer.

---

5) Durch Verkauf, Schenkung oder sonstigen demjenigen zugewandten Veräußerungstitel, welcher die Sache als Nutznießer ... detinirt, und umgekehrt durch den bloßen Vertrag, in welchem der Eigenthümer sich als Nutznießer, Commodatar ... constituirt.

[1]) Der Besitz einer Sache mit Wissen und Dulden desjenigen, der sich zur Uebergabe derselben verpflichtet hat, läßt die Tradition präsumiren, sofern letztere nicht durch Eintragung des Titels hätte geschehen müssen.

[2]) Guter Glaube ist das Bewußtsein, das Eigenthum der Sache durch legitime von fraus und jedem andern Vitium freie Mittel erworben zu haben.

Error facti stehe der b. f. nicht im Wege, error juris schaffe Präsumtion für m. f., und zwar que no admite prueba en contrario (das.).

Guter Glaube wird vorbehaltlich der gesetzlichen Ausnahmen präsumirt; dsgl. daß der Besitzer Eigenthümer sei (707, 700. Salv. 714, 707).

3)[1]) Verificada la entrega por el vendedor, se trasfiere el dominio de la cosa vendida, aunque no se haga pagado el precio, a ménos que el vendedor se haya reservado el dominio hasta el pago, o hasta el cumplimiento de una condicion (680, al. 2. Salv. 694).

Si el tradente no es el verdadero dueño de la cosa que se entrega por él o a su nombre, no se adquieren por medio de la tradicion otros derechos que los trasmisibles del mismo tradente sobre la cosa entregada (682. Salv. 696).

4)[2]) Pueden reivindicarse (auch vom Pfandgläubiger: 2393) las cosas corporales (und die dinglichen Rechte: 891), raices (568) i muebles.

Esceptúanse las cosas muebles cuyo poseedor las haya comprado en una feria, tienda, almacen, u otre establecimiento industrial en que se vendan cosas muebles de la misma clase.

Iustificada esta circunstancia, no estará el poseedor obligado a restituir la cosa, si no se le reembolsa lo que haya dado por ella i lo que haya gastado en repararla i mejorarla (890, Salv. 865).

Bei Mobilarvindication, sofern gegründete Furcht vor Verlust oder Deterioration: Sequester (901. Salv. 876).

5) Besitzklage nur für bienes raices und derechos reales constituidos en ellos (916. Salv. 891).

6)[3]) Las obligaciones nacen . . . del concurso real de las vo-

---

[1]) Hat der Verkäufer die Uebergabe bewirkt, so geht das Eigenthum der verkauften Sache über, wenn auch der Preis nicht bezahlt ist; es müßte denn der Verkäufer sich das Eigenthum bis zur Zahlung oder bis zur Erfüllung einer Bedingung vorbehalten haben.

Ist der Tradent nicht der wirkliche Eigenthümer der Sache, die von ihm oder in seinem Namen übergeben wird, so werden mittels der Tradition keine anderen als die übertragbaren Rechte eben des Tradenten über die übergebene Sache erworben.

[2]) Vindicirt werden können die körperlichen Sachen, unbewegliche und bewegliche. Ausgenommen sind die beweglichen Sachen, die ihr Besitzer auf einem Markt, in einer Krambude, einem Magazin oder sonstigen industriellen Etablissement gekauft hat, wo bewegliche Sachen derselben Klasse verkauft werden.

Nach Feststellung dieses Umstandes ist der Besitzer zur Restitution der Sache nicht verpflichtet, wenn ihm nicht remboursirt wird, was er für sie gegeben und was er zu ihrer Reparatur oder Melioration verausgabt hat.

[3]) Die Obligationen entstehen aus dem wirklichen Zusammentreffen der Willen zweier oder mehrerer Personen, wie bei den Contracten oder Conventionen . . .

luntades de dos o mas personas, como en los contratos o convenciones u. s. f. (1437. Salv. 1371). Doch folgt 1443 (Salv. 1377) die Eintheilung in Real-, solenne und Consensualkontracte.

7)[1]) La venta de cosa ajena vale, sin perjuicio de los derechos del dueño de la cosa vendida, miéntras no se estingan por el lapso de tiempo (1815. Salv. 1749). —

8)[2]) Si álguien vende separademente una misma cosa a dos personas, el comprador que haya entrado en posesion será preferido; si ha hecha la entrega a los dos, aquel a quien se haya hecho primero será preferido; si no se ha entregado a ninguno, el título mas antiguo prevalecerá (1817).

9) Ersitzung: 3, 10, resp. 30 J. (2508 ff. Salv. 2418 ff.).

10) Mobilarpfand (prenda o empeno) nur unter Besitzwechsel (2384 ff. Salv. 2288 ff.); an fremden Sachen: parallel dem Verkauf, ob. Nr. 7 (2390. Salv. 2294).

11)[3]) El comodatario no tendrá derecho para suspender la restitucion, alegando que la cosa prestada no pertenece al comodante; salvo que haya sido perdida, hurtada o robada a su dueño, o que se embargue judicialmente en manos del comodatario.

Si se ha prestado una cosa perdida, hurtada o robado, el commodatario que lo sabe i no lo denuncia al dueño, dándole un plazo razonable para reclamarla, se hará responsable de los perjuicios que de la restitúcion se sigan al dueño.

---

[1]) Der Verkauf einer fremden Sache gilt, unter Vorbehalt der Rechte des Eigenthümers der verkauften Sache, solange dieselben nicht durch Zeitablauf untergehen.

[2]) Wenn Jemand eine und dieselbe Sache an zwei Personen, jede für sich, verkauft, so geht der Käufer, welcher in Besitz getreten ist, dem andern vor; ist die Uebergabe an beide erfolgt, so geht der vor, an welchen sie zuerst erfolgt ist; ist keinem übergeben worden, so siegt der ältere Titel.

[3]) Der Commodatar hat kein Recht, die Restitution unter dem Vorwand zu suspendiren, daß die geliehene Sache dem Commodanten nicht gehöre; vorbehaltlich daß sie ihrem Eigenthümer verloren, gestohlen oder geraubt gewesen, oder daß sie in Händen des Commodatars gerichtlich beschlagnahmt würde.

Ist eine verlorene, gestohlene oder geraubte Sache geliehen worden, so macht sich der davon unterrichtete Commodatar, der es nicht dem Eigenthümer unter Bestimmung einer zur Reclamation genügenden Frist anzeigt, für den Schaden verantwortlich, der dem Eigenthümer aus der Restitution erwächst.

Und wenn der Eigenthümer sie nicht rechtzeitig reclamirt, kann die Restitution an den Commodanten vor sich gehen.

Der Eigenthümer seinerseits kann ohne die Zustimmung des Commodanten oder ohne richterliche Verfügung ebenwenig die Restitution fordern.

I si el dueño no la reclamare oportunamente, podrá hacerse la restitucion al comodante.

El dueño por su parte tampoco podrá exijir la restitucion sin el consentimiento de comodante, o sin decreto de juez (2183. Salv. 2309. Ebenso beim Pfand (2390. Salv. 2294).

Peru.

Civilcodex, in Kraft seit dem 29. Juli 1852.

(Codigo civil del Peru, con citas ... por M. A. Fuentes y M. A. de la Lama. Lima; imp. del estado, 1870.)

1) Die Vindication (recojerla) als allgemeine Folge des Eigenthums (461).

2)[1]) Hay posesion natural por la mera aprehension corporal de la cosa; la hay civil por ministerio de la ley, aun sin dicha aprehension (466).

3)[2]) Bona fides: Der Glaube tenerla bien adquirida vom verfügungsfähigen Eigenthümer (467, 540); Besitz präs. pro suo (468), Besitzer präsumtiv Eigenthümer (470); bei der Ersitzung wird der gute Glaube präsumirt (541), außer en los casos en que no es concido el justo titulo (542); dsgl. bei Mobilien, vorbehaltlich Gegenbeweises, der j. t. (546).

Ersitzung von Mobilien (zwischen Abwesenden und Anwesenden) 3, von Immobilien 10—20 Jahre; wer 40 J. besitzt, hat keinen Titel anzugeben, ni á responder sobre su buena fé (543 ff.).

En cuanto á las cosas muebles que fueron robadas ó perdidas, el tercer poseedor las prescribira por seis años, si las adquirió con justo título en feria ó mercado, ó de alguna venta pública, ó de persona que comercia con cosas de la misma clase; y por doce años, si las hubiese adquirido tambien con título justo, pero en otros lugares, ó de otras personas diferentes de las indicadas (547).

4)[3]) Art. 571 ff.: Titel De la enagenacion.

---

[1]) Natürlicher Besitz entsteht durch die bloße körperliche Apprehension der Sache, civiler durch die Kraft des Gesetzes, auch ohne jene Apprehension.

[2]) Soviel geraubte oder verlorene Mobilien betrifft, so verjährt der dritte Besitzer sie in 6 Jahren, wenn er sie unter rechtmäßigem Titel auf Messe oder Markt, oder aus einem öffentlichen Verkauf, oder von einer mit Sachen derselben Klasse handelnden Person, und in 12 Jahren, wenn er sie zwar gleichfalls unter rechtmäßigem Titel, aber an anderen Orten oder von anderen Personen als den genannten erworben hat.

[3]) Die Veräußerung vollendet sich durch die Tradition, d. i. die Uebergabe, welche mit einer Sache geschieht, indem sie zur Disposition des neuen Eigenthümers gestellt wird.

La enagenacion se completa por la tradicion, que es la entrega que se hace de una cosa poniéndola á disposicion del nuevo dueño (574).

Die Schenkung ist perfekt mit Acceptation oder Uebergabe (581). Uebrigens, soviel den Vertrag angeht: System des Consensus (1219, 1232), insbesondere ist der Kauf perfekt ohne Tradition nach Zahlung (1306—1331).

5)[1]) Die obligacio de dar una cosa determinana verbindet zu entregarla und cuidarla (1262: ohne eine Bemerkung über den Eigenthumsübergang); die Gefahr geht ohne Tradition über (1263).

5a) No hay venta de lo aglno, ni compra de lo proprio (1326). Si se vende lo aglno, el comprador no adquiere el dominio, siuo la posesion, ó la mera tenencia de que hubiese gozado el [comprador — Redactionsfehler] vendedor (1327).

6)[2]) La rescision de la venta de cosas muebles ya entregadas, cujo precio no se pagó ni afianzó, no perjudica á un tercero que las haya comprado del primer comprador, y las tenga ya ensu poder, á no ser que se le pruebe dolo (sic.) (1392).

Si el tercer no ha pagado las cosas muebles, puede el primer vendedor pedir la retencion del precio; la que se ordenerá sin citacion ni andiencia, quedando en todo caso respousable á las resultas el primer comprador (1393).

Cuando el precio de la segunda venta de que habla el artículo anterior, sea menor que el de la, primera, el segundo vendedor pagará la diferencia al primero; das etwaige Plus gebührt dem zweiten Verkäufer, der aber jedenfalls die Kosten trägt (1394).

7)[3]) Si el comprador desmejora de fortuna, despues de haber

---

[1]) Verkauf fremden und Kauf eigenen Gutes hat nicht Statt.

Wird fremdes Gut verkauft, so erwirbt der Käufer kein Eigenthum, sondern nur den Besitz oder die bloße Detention, deren der Verkäufer genoß.

[2]) Die Auflösung des Kaufes schon überlieferter Mobilien, deren Preis weder bezahlt noch sichergestellt worden, präjudicirt einem Dritten, der dieselben vom ersten Käufer gekauft und schon in seinem Besitze hat, nicht, es sei denn, daß ihm böser Glaube nachgewiesen würde.

Wenn der Dritte die Mobilien nicht bezahlt hat, kann der erste Verkäufer die Retention des Preises verlangen, welche ohne Vorladung oder Verhandlung verfügt wird; dabei bleibt der erste Käufer jedenfalls verantwortlich.

Ist der Preis des im vorigen Artikel behandelten zweiten Kaufs geringer als der des ersten, so zahlt der zweite Verkäufer die Differenz.

[3]) Geräth der Käufer nach Empfang der Mobilien und vor Zahlung des Preises in Vermögensverfall, so kann der Verkäufer die „Devolution" derselben fordern, wenn die Zahlung nicht sichergestellt wird.

recibido la cosa mueble y ántes de haber pagado el precio, el vededor puede exijir la devolucion de la cosa, si no se le afianza el pago (1396).

8. Mobilarpfand (prenda, 1958) nicht an fremden Sachen (1987), wirkt ein Privileg nur solange der Besitz dauert (1988 f.).

Salvador.

Civilcodex vom 23. August 1859.

(Código civil de la República del Salvador. Nueva York. 1860. 4⁰).

Entspricht wesentlich Chile; s. dort.

Venezuela.

Civilcodex, in Kraft seit 27. April 1873.

(Venezuela. Codigo civil. 2. ed. ofic. Carácas. 1873.

1) Das Eigenthum erzeugt eine Vindication, „vorbehaltlich der gesetzlichen Ausnahmen (447). — In dubio pro possessore (645: ganz allgemein). — Besitzklage für Mobilien und Immobilien binnen einem Jahr (652 f.).

2)[1] Es poseedor de buena fé el que posee como propietario en fuerza de justo título, es decir, de un título capaz de trasferir el dominio, aunque sea vicioso, contal que el vicio sea ignorado por el poseedor (661). — Präsumtion des guten Glaubens (662).

3)[2] Eigenthumserwerb por ocupacion, sucesion, donacion y por efeto de los contratos (667 f.). — System des schlechthin verbindlichen Consensus (1047).

En los contratos que tienen por objeto la trasmision de la propiedad ú otro derecho, la propiedad ó derecho se trasmiten por efecto des consentimento lejítimamente manifestado; y la cosa queda

---

[1]) Gutgläubiger Besitzer ist wer als Eigenthümer in Kraft eines rechtmäßigen, d. h. zur Eigenthumsübertragung fähigen, wenngleich viciösen Titels besitzt, vorausgesetzt, daß ihm das Vitium unbekannt sei.

[2]) Bei den Verträgen, welche die Uebertragung des Eigenthums oder eines andern Rechtes bezwecken, geht das Eigenthum oder das Recht kraft des gesetzlich manifestirten Consenses über; die Sache steht auf Risiko und Gefahr des Erwerbers, mag auch die Tradition nicht bewirkt sein.

Wenn Jemand sich durch mehrere Verträge zur Uebereignung oder Ueberlieferung einer und derselben beweglichen Sache oder Inhaberurkunde an verschiedene Personen verpflichtet hat, so geht vor und behält das Eigenthum diejenige, welche zuerst in gutem Glauben den effektiven Besitz ergriffen hat, möchte auch ihr Titel thatsächlich jünger sein.

á riesgo y peligro del adquirente, aunque la tradicion no se haya verificado (1070).

Cuando por diversos contratos se haya alguno obligado á dar ó entregar una misma cosa mueble, ó un título al portador á diferentes personas, es preferida y retiene la propiedad la persona que primero haya tomado posesion efectiva con buena fé, aunque su título sea posterior en fecha (1071).

4)[1]) Die obl. de dar verpflichtet zu entregar und conservar (1145).

La venta es perfecta entre las partes, y el comprador adquiere la propiedad respecto del vendedor, desde que estan convenidos en la cosa y en el precio, aunque la cosa no se haya entregado ni pagado el precio (1375).

5) Mobilartradition: durch entrega real oder Schlüsselübergabe oder, wo erstere unmöglich oder Erwerber schon unter anderm Titel detinirt, durch Consens (1391).

6) Kein Kaufpreisprivileg auf Mobilien (1800).

7)[2]) Las cosas muebles se prescriben por tres años de posesion con justo titulo y buena fe (1914).

8) Das Privileg aus dem Mobilarpfand besteht nur zufolge Besitzwechsels (1771, 1775: im Uebrigen, wie auch sonst, analog dem Code Nap.).

Vereinigte Staaten von Nord-Amerika (gemeines Recht).

Commentaries on American Law. By James Kent. 10. ed. Boston 1860. Part V. Of the law concerning personal property (Band II).

1) Delivery (wenn auch nicht nothwendig in continenti) is essential, both at law and in equity, to the validity of a parol gift (sc. nicht unter Siegel) of a chattel or chose in action (S. 588 ff.); — (auch mortis causa) without actual delivery, the title does not pass. A mere intention, or naked promise to give, without some act to pass the property, is not a gift. There exists the locus poenitentiae, so long as the gift is incomplete and left imperfect in the mode of making it; and a court of equity will not interfere

---

[1]) Der Kauf ist zwischen den Parteien perfekt, und der Käufer erwirbt bezüglich des Verkäufers das Eigenthum, sobald beide über Sache und Preis übereingekommen sind, mag auch weder die Sache übergeben noch der Preis bezahlt sein.

[2]) Die beweglichen Sachen werden verjährt durch 3 Jahre Besitz unter rechtmäßigem Titel und gutem Glauben.

and give effect to a gift left inchoate and imperfect. (Note c läßt aber auch constructive or symbolical del. zu. Außerdem sind Dissentienten, welche Schriftlichkeit für genügend halten.) — Trotz vollzogener Tradition hat Revocation statt wegen Verkürzung der Gläubiger oder wegen fraud (S. 591), wobei Urtheile dahin gehen: that if the party be indebted at the time of the voluntary settlement, it is presumed to be fraudulent in respect to such antecedent debts . . . (593). Vgl. u. Nr. 9.

1a) Die delivery ist actual, symbolical oder constructive, letzteres beides ohne scharfe Trennung.

There may be a symbolical delivery (Ueberschreibung im Buch oder Uebergabe der Schlüssel des warehouse) when the thing does not admit of actual delivery. The delivery must be such as the nature of the case admits (699, 590). Aber (Note 1) it was held . . . that when delivery is essential to the contract, a symbolic delivery is effectual only when it can be immediately followed by actual delivery.

Ferner Beispiele (700): delivery of the documentary proofs of the title bei sale of a ship, or goods at sea; . . change of marks on bales of goods in a warehouse; . . . if the vendor takes the vendee within sight of ponderous articles, such as logs lying within a boom, and shows them to him; . . . . delivery of a sample (as part of the quantity purchased), when the goods could not be actually delivered until the seller had paid the duties . . (alles gelegentlich mit der Unterstellung schon bezahlten Preises); endlich — obschon this case has since been questioned, as carrying the doctrine of constructive delivery to the utmost verge of safety — endlich (wenigstens to take the sale out of the statute: u. Nr. 7) das kahle constitutum: (on the purchase of a horse without memorandum, payment or actual delivery) the verbal request of the buyer that the vendor keep the horse in his possession for a special purpose, and the consent on the part of the vendor.

Tradition an den Beauftragten des Käufers ist der delivery an diesen selbst gleich, vorbehaltlich des stoppage.

Wether a delivery of part of an entire stock, lot, or parcel of goods, be a virtual delivery of the whole, so as to vest in the vendee the entire property in the whole without payment, was . . . . left undecided by the court . . . . Die unter Umständen zu bejahende Frage sei viel discutirt und voller Subtilitäten (S. 688 ff.).

The effect of a consignment of goods by a bill of lading, is to vest the property in the consignee. A delivery to any general carrier, where there are no specific directions out of the ordinary usage, is a constructive delivery to the vendee .... But if there be no particular mode of carriage specified, and no particular course of dealing between the parties, the property and the risk remain with the vendor while in the hands of the common carrier (698).

The thing sold must . . . be . . capable of delivery . . If the subject — matter of the sale be in existence, and only constructively in the possession of the seller, as by being in the possession of his agent or carrier abroad, it is nevertheless a sale, though a conditional or imperfect one, depending on the future actual delivery (S. 640: vom Kauf).

Dann (S. 703) de lege ferenda: probity in dealing, the interest of commerce, and the variety, extent and rapidity of circulation of property, which it has introduced, require that delivery should frequently be presumed from circumstances . . . Schließlich: The good sense of the doctrine on the subject would seem to be, that, in order to satisfy the statute, there must be a delivery of the goods by the vendor, with an intention of vesting the right of possession in the vendee, and an actual acceptance by the vendee, with an intention of taking possession as owner, — ein Satz, der bei der Unbestimmtheit besonders des Worts actual, nicht deutlich macht, ob der Autor die reale Uebergabe oder schlechtweg das Constitutum, zu dem die Savigny'sche Theorie führt, empfehlen will.

2) Lecture 39. Of contracts. — An executory (Ggs. zu executed, = grant oder gift) contract is an agreement of two or more persons, upon sufficient consideration, to do, or not to do, a particular thing. Doch seien Autoren, welche die consideration aus der Definition fallen ließen (S. 605 f.).

Der Vertrag under seal („specialty" im Ggs. zu dem — mündlichen oder schriftlichen — agreement by parol) hat die stärkere Kraft, that the consideration in presumed. and so strongly that the obligor is estopped, by the solemnity of the instrument, from averring a want of consideration (605 Nr. 6). Contra: New-York (S. 630 Note a).

The agreement conveys an interest either in possession (z. B. bei beiderseits vollzogenem Kauf) or in action.

3) Of the consideration (S. 629).

. . . There must be something given in exchange, something that is mutual, or something which is the inducement to the contract . . . A contract without a consideration is a nudum pactum, and not binding in law, though it may be in point of conscience (Dig. 2, 14, 7, 4. Ib. 19, 5, 5).

The rule, . . . applies to all contracts and agreements not under seal, with the exception of bills of exchange and negociable notes, after they have been negotiated and passed into the hands of an innocent indorsee . . . The rule is well settled in English and American law . . . (630).

A valuable consideration is one that is either a benefit to the party promising, or some trouble or prejudice to the party to whom the promise is made. Any damage or suspension, or forbearance of a right, will be sufficient to sustain a promise. A mutual promise amounts to a sufficient consideration, provided the mutual promises be concurrent in point of time; and in that case the one promise is a good consideration for the other (631).

4) VII. Of passing the title by delivery, zunächst abgesehen (vgl. u. Nr. 7) von dem Statute of frauds (D. 687 ff.).

When the terms of sale are agreed on, and the bargain is struck, and everything that the seller has to do with the goods is complete, the contract of sale becomes absolute as between the parties, without actual payment or delivery, and the property and the risk of accident to the goods vest in the buyer. He is entitled to the goods on payment or tender of the price and not otherwise when nothing is said at the sale as to the time of delivery or the time of payment (cf. S. 693 und unten Nr. 7: im Zweifel gilt Erledigung Zug um Zug als beabsichtigt). The payment or tender of price is, in such cases, a condition precedent implied in the contract of sale, and the buyer cannot take the goods, or sue for them, without payment (auch nicht nach gegebenem earnest, whicte is only one mode of binding the contract: cf. S. 691); for, though the vendee acquires a right of property by the contract of sale (vgl. 693: außer beim Genuskauf vor der Individualisirung), he does not acquire a right of possession of the goods until he pays or tenders the price (s. S. 692 f.: geschieht das nicht in a reasonable time after request, the contract is [!] dissolved. But if the goods are sold upon credit (vgl. u. Nr. 7), and nothing is agreed upon as to the time of delivering the goods, the vendee is immediately entitled to the possession, and the right of possession and the right of property vest at once in him (doch werden Note 2 entgegengesetzte Urtheile citirt); though the right of possession is not absolute, but is liable to be defeated, if he becomes insolvent berfore he obtains possession. S. u. Nr. 7 die Lehre vom Stoppage in transitu.

5) Fortsetzung. — If he (der Verkäufer) does deliver freely and absolutely, and without any fraudulent contrivance on the part of the vendee to obtain possession, and without exacting or expecting simultaneous payment, there a confidence and credit are bestowed, and the precedent condition of payment is waived, and the right of property passes .... If it was even a condition of the contract, that the seller was to receive, upon delivery, a note, or security for payment at another time, he may dispense with that condition, and it will be deemed waived by voluntary and absolute delivery, without a concurrent demand of the security. Andererseits macht auch bloße implied understanding of the parties, that the goods should not be considered as sold until the security be given den Kauf bedingt, and the property does not pass by the delivery, as between the original parties; though as to subsequent bonâ fide purchasers or creditors of the vendee, the conclusion might be different (S. 691 ff. vgl. unten Nr. 8). Also die französische Unterscheidung; (anders in den Worten eines Urtheils: the sale is not complete as to third persons, until the price be paid and possession delivered; and if neither of them be done, a sale in good faith to a third person, followed by payment and delivery, will be good: S. 694 N. d.).

6) Fortsetzung. — If the delivery of the goods precedes for a short time (z. B. 6 Tage: S. 695 Note b.) the delivery of the note to be given for the price, according to particular usage in that species of dealing, and which usage is known to the buyer, ... the delivery is understood to be conditional. The condition is not deemed to be waived, and the seller will have a right in equity to consider the goods as held in trust for him, until the vendee performs the condition, and gives the note with security; and his right to the goods will be good, as against the buyer and his voluntary assignee, though not as against a bonâ fide purchaser from the vendee (Note 4 gibt eine entgegengesetzte Entscheidung).

7) Stoppage in transitu is the right which the vendor, when he sells goods on credit to another, has of resuming the possession (an anderer Stelle: revest the property) of the goods, while they are in the hands of a carrier or middle-man, in their transit to the consignee or vendee ..., on his becoming

bankrupt or insolvent resp. (u. A. S. 760 Note 1) embarassed, and propably not able to pay his debts. (Die bloße Insolventerklärung an sich wirkt noch nicht als st., aber anwendbar sind zur Realisirung any means not criminal: 762.)

The right exists only as between the vendor and vendee. Analog sei das Retentionsrecht, lien (760 ff.); an anderer Stelle it has been termed as a species of jus postliminii (764).

Noch unentschieden sei, ob das st. den Vertrag rescindire oder nur „Zurückversetzung in die Stellung vor Aufgabe des Besitzes" wirke. Dabei wird aber (was meines Erachtens der erstern Alternative durchaus entgegen ist) anerkannt, that the vendor may sue for and recover the price, notwithstanding he had actually stopped the goods in transitu, provided he be ready to deliver them upon payment (761).

Theilzahlung steht dem st. nicht im Wege; ebensowenig Empfang und Weiterbegebung eines Wechsels: letzterer will only be considered a payment to the extent of the dividend (im Concurs); desgl. nicht der Weiterverkauf durch den Käufer vorbehaltlich des unter Nr. 6 Eingerückten, (das. f. u. 768). Das Recht endet zugleich mit dem transitus; (ob erst mit actual delivery ist streitig); bis dahin kann auch der sich zahlungsunfähig fühlende, aber noch nicht fallit erklärte (sonst this would be to give a preference among creditors) Käufer zur Disposition stellen (763, 772).

Ueber das Wesen des Rechts noch folgende Sätze.

Sir William Scott observed, that this privilege of stoppage was a proprietary right, recognized by the general mercantile law of Europe, as well as by that of England. It was recognized in Scotland in 1790; and te French law (C. d. c. 576—580, 582) has gone very far towards the admission of the right, to the full extent of the English rule . . . . The civil law, and the laws of those European nations which have adopted the civil law, contain a great impediment to the absolute negotiabilily of bills of lading (vgl. u. Nr. 6); for they do not consider the transfer of property to be complete, even by sale and delivery, without payment or security for the price, unless credit be given. In case of insolvency, the seller may reclaim the goods, as being his own property, even from the possession of the buyer, provided they remain unchanged in form, and distinguishable from other goods (Cit. betr. Frankreich vor dem Codes: Domat, IV. 5, 2 Art. 3). — Kent, l. c. S. 772 f.

8) Fortsetzung. — But if the vendor has given to the vendee

documents sufficient to transfer the property, and the vendee, upon the strength of them, sells the goods to a bonâ fide purchaser without notice, the vendor would be divested of his right of stoppage in transitu.

Streit besteht in dieser Beziehung über die bill of lading, um so mehr als die Negocirbarkeit dieses Papiers nicht festzustehen scheint. Doch statuirt die Kings Bench, freilich gegen die Ansicht der Exchequer Chamber, that a bonâ fide indorsement, for a valuable consideration (diese Bedingung kehrt in dem citirten Urtheilen regelmäßig wieder), of a bill of lading, by the consignee to an assignee, who had no notice that the goods were not paid for, was an absolute transfer of the property, so as to divest the consignor of his right of stoppage in transitu. Nach Kent stimmt das amerikanische Recht (obschon nicht ohne Ausnahme) überein, sofern die Güter in See sind, und the rule is . . . necessary to render the consignee safe in the acceptance of the drafts of his correspondent abroad, and to afford him the means of prompt reimbursement or indemnity.

9) Das Statute of frauds gilt, Louisiana und Virginia ausgenommen, auch in den Vereinigten Staaten (668 f.) mit im Allgemeinen gleichen Details. Gesondert handelt Kent (S. 712 f.) of the memorandum required by the state of frauds. Eine Bleistiftnotiz reicht aus, auch ein gedruckter Name, gleichgültig wo er im Verhältniß zum Text steht. Ergänzung des wesentlichen Inhalts durch andern als schriftlichen Beweis (parol proof) hat aber nicht statt: for that would at once introduce all the mischiefs which the statute of frauds and perjuries was intended to prevent.

10) Die actio Pauliana (S. 717 ff.: of sales of goods, as affected by fraud, und 744 ff.: of voluntary assignments by insolvent traders).

The question of fraud depends upon the motive. The purchase must be bonâ fide, as well as upon a valuable consideration. Controvers: ob der Mangel der Besitzübertragung schlechtweg oder nur prima facie evidence of fraud sei.

11) A radical defect of title in the possessor is, by the general jurisprudence of Europe, available to the true owner against creditors and purchasers; and there is such a defect, when the person from whom the property was acquired was incapable of consent, or when the thing had been stolen, or obtained by violence. The true owner, in those cases, may vindicate his title. If goods be stolen, no title passes from the felon to the bonâ

fide purchaser. Vertrauensmißbrauch stehe dem Diebstahl nicht gleich (S. 407 f.).

It is understood that the English custom of markets overt does not appley to this country; and the general principle . . . throughout civilized Europe is that nemo plus juris in alium transfere potest quam ipse habet . . . a sale ex vi termini, imports nothing more than that the bonâ fide purchaser succeeds to the right of the vendor. —

Also: as a general rule, the title of the true owner cannot be lost without is own free act act and consent (Lect. 34 S. 406). Aber sogleich danach: How fare that consent, or a due authority to sell is to be inferred, in many cases, for the encouragement and safety of commerce, may be discussed in our future inquiries. Der Satz zwar: possession carries with it the evidence of property wird auf Baargeld, Banknoten und Inhaberpapiere beschränkt. Dann eine Entscheidung über Ladescheine: any person intrusted with a bill of lading or order for the delivery of the goods, was to be deemed the true owner of the goods, so far as to give validity to any sale . . . . Endlich aber (S. 860 f.) die eigentlich entscheidenden Präsumtionen, die zu Resultaten ähnlich dem englischen Recht, nur auf constructiv anderm Wege hinführen:

If the principal sends his goods to a place where it is the ordinary business of the person to whom they are confided to sell, a power to sell is implied. If one sends goods to an auction-room, it is not to be supposed that they were sent there merely for safekeeping. The principal will be bound, and the purchaser safe, by a sale under those circumstances. Entgegengesetzt, if a person intrusts his watch to a watchmaker to be repaired: the watchmaker is not exhibited to the world as owner.

12) The pledge of movables without delivery is void as against creditors, Rückvermiethung unstatthaft (S. 840).

Vereinigte Staaten von Nordamerika (Partikularrechte).

Canada.

The rule in Canada is, that if goods be sold for cash, and not paid for, they may be followed and claimed in an action of revendication, if brought within eight days, and if the goods have remained in the state in which they were delivered (Kent l. c. S. 695, Note b.).

Louisiana.

By the Code of Louisiana, art. 3194, the vendor of a chattel not paid for has a preference for the price, over other creditors of the vendee, wether the sale was made on credit or without, if the property remains in the possession of the purchaser, and the privilege exists, though the vendor has taken a note from the buyer . . .; if the vendee sells the goods before he has paid for them, the money due by the second vendee will represent the goods, and the first vendors privilege will attach thereon (Kent l. c. S. 695, Note l.).

Süd-Carolina.

In South Carolina, it is declared by statute, in 1830, that no parol gift of any chattel shall be valid against subsequent creditors, purchasers, or mortgagees, except where the donee is separate and apart from the donor, and actual possession delivered at the time, and continued in the donee and his representatives (Kent, l. c. S. 589 Note c.).

FSC
www.fsc.org
MIX
Papier | Fördert
gute Waldnutzung
FSC® C083411

Kolibri 360 GmbH
Ferdinand-Jühlke-Straße 7
99095 Erfurt, Deutschland
produktsicherheit@kolibri360.de